東アジア共同体構想と日中韓関係の再構築

星野富一
岩内秀徳 編

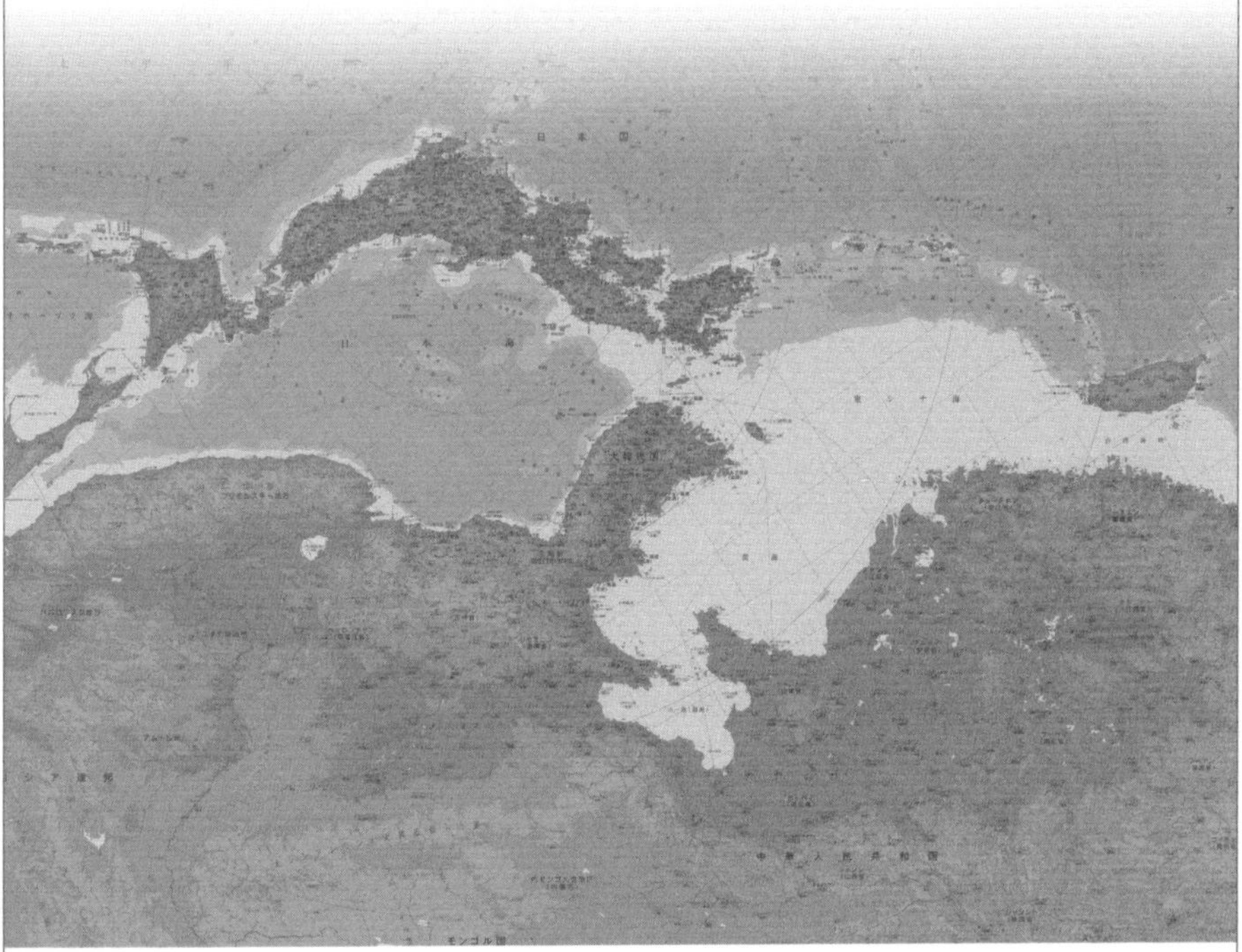

昭和堂

まえがき

今や世界の成長センターとなった東アジアは、域内の諸国・地域間での貿易や直接投資が急速に拡大し、実質的な地域経済統合が進捗している。しかし、それだけではない。東アジア諸国は自らの主体的な意志と選択により、ヨーロッパ連合（ＥＵ）、北米自由貿易地域（ＮＡＦＴＡ）と並ぶ第三の地域統合である東アジア共同体に向けて大きな歩みを始めたのである。二〇一五年中にはＡＳＥＡＮ経済共同体（ASEAN ECONOMIC COMMUNITY）が発足の運びとなっている。またＡＳＥＡＮ一〇カ国を中核とし、日中韓の三カ国を加えた当初の東アジア共同体構想はさらなる拡大を目指し、これにインド、オーストラリア、ニュージーランドをも加えたＡＳＥＡＮプラス六カ国よりなる東アジア地域包括経済連携協定（ＲＣＥＰ）へと発展しようとしている。仮にこの「ＲＣＥＰが実現すれば、人口約三四億人（世界の約半分）、ＧＤＰ約二〇兆ドル（世界全体の約三割）、貿易総額一〇兆ドル（世界全体の約三割）を占める広域経済圏が出現」することになる（経済産業省ホームページ）。このことは、日本にとってもその経済的利益は計り知れないと言えよう。のみならず、これら広大な地域が経済的利益によって結ばれることは、東アジアにおける人的文化的交流を通じた相互間の理解をより一層深め、安全保障環境の飛躍的改善に寄与することにもなるといえよう。

さらに、こうした動きを促進ないし強化する新たな提案も中国からなされている。二〇一三年に習近平主席が提起した陸上と海上の二つのシルクロード＝「一帯一路」構想に始まり、それを金融面から支えるアジアの国際金融機関の一つとして、二〇一五年三月末時点で五七カ国の創立メンバーによりアジアインフラ投資銀行（ＡＩ

IB）が発足しようとしていることである。新興諸国はいずれもその設立を歓迎している。それに対し、自らの国益が侵害されると考えたためかアメリカはその設立に強く反対し、関係各国にもそれに参加しないように強く働きかけていた。当初、先進各国はアメリカへの配慮からＡＩＩＢへの参加に及び腰であったように見える。しかし、今年三月に入りイギリスがＡＩＩＢへの参加を表明したことを契機として、ドイツやフランスなどのＥＵの主要国もまた雪崩を打ってそれへの参加を表明したことは、事態を大きく転換させることになった。今や先進国の中で不参加なのは、アメリカ以外ではわずかに日本だけという状況であり、その孤立は明白である。アジアにおけるインフラ需要は膨大でありアジア開発銀行（ＡＤＢ）だけではとてもそれに対応できないと言われる。ＡＩＩＢはＡＤＢを補完する機能も大きいと言われる中で、アジアの中で日本だけがそれに参加しないことは決して賢明な選択であるとは言いがたい。

このように東アジアでは地域統合に向けた大きな動きが巻き起こっているのだが、反面ではそれに逆行する動きが見られるのも事実である。特に東アジア地域統合の中心となるべき中国と日本、韓国の間での対立が深刻化してきたことである。「冬の時代に入った東アジア共同体」と呼ばれる事態がそれである。

まず第一には、東アジア地域統合の帰趨を左右するアジアの二つの大国である中国と日本が尖閣諸島（中国名釣魚島）の領有権をめぐり不毛な対立を続けていることがそれである。尖閣諸島周辺の海域で操業していた中国漁船の船長による日本の警備艇への体当たりとその船長の長期抑留と起訴、さらにこれに追い打ちを掛けた民主党の野田政権による尖閣諸島の国有化問題であった。このほか、日本と韓国の間でもやはり竹島（韓国名　独島）の領有権を巡る対立が生じているのである。

第二に、尖閣諸島問題と竹島問題にその後何ら解決の糸口が見えない中で事態をより一層悪化させたのは、第二次安倍政権誕生後の歴史認識問題と従軍慰安婦問題、安倍首相の靖国神社参拝を巡る問題である。安倍首相は政権発足直後から「侵略の定義は国際的には定まっていない」とか、第二次大戦中の従軍慰安婦問題における日本軍の関与を認めて謝罪した河野談話や、日本の侵略戦争への反省を表明し、その戦争によってアジアの多くの人々を犠牲にしたことに対して公式な謝罪をした終戦五〇年目の村山談話に対して、その見直しに言及したのである。さらに、第二次安倍政権発足後一年目の一三年一二月二六日には安倍首相が靖国神社への参拝をも強行した。「戦後レジームからの脱却」を信条とする安倍首相が、政権発足直後からこうした問題ある言動を繰り返したのは、あたかも中国や韓国との関係悪化を意図していたかの如くである。

第三に、昨今の中国は世界第二の経済大国及び軍事大国の威信を示そうとするかの如く、アメリカに対抗して一方的に防空識別圏を設定したり海洋進出を強化したりしつつあることも事実であろう。日本の尖閣諸島国有化に中国が決して納得していないことを示すべく、周辺海域に公船を頻繁に派遣して日本への対峙を強めているだけではない。アメリカも、尖閣諸島の日中間での領有権問題には関わらないとの慎重な態度を見せつつも、同島が日米安保条約の範囲内にあると公言し、中国側を牽制している。

さらに、南沙諸島でも中国はベトナムやフィリピンなどとの間で岩礁の領有を巡って小競り合いを繰り返し、また人工島の建設も進めていると言われている。南沙諸島での岩礁の埋め立ては中国だけが行っているわけではなく、ベトナムやフィリピンも行っていると言われることから、中国だけを一方的に非難するのは片手落ちだろう。しかし、それにしても周辺諸国とは国力で圧倒的な格差のある中国が、岩礁を埋め立て三〇〇〇メートル級の滑走路を建設し、しかもそれは軍事利用も目的の一つであると主張すれば、周辺海域での安全保障上の緊張が高まることは必至である。のみならず、公海上の航行の自由を主張するアメリカも、この問題への介入を強めている。また、日本の自衛隊も、国会での議論や国民への説明がないままに、フィリピン軍と周辺海域で共同演習を実施したり、ODA名目で同国に艦船の供与をしたりするなどの行動を行っている。自衛隊はさらにまたアメリカ軍やオーストラリア軍との間でも、中国の海洋進出を牽制して同様の作戦行動を行う予定だとも言われる。安倍政権は日本国憲法九条違反の疑いが強い事実上の解釈改憲によって、集団的自衛権行使容認の安保法制を立案し戦後日本の安全保障政策の大転換を目指しているが、現実にはそうした法制が成立する前にいくつもの既成事実を積み重ねているのである。憲法九条を持つ日本に今求められているのは、安全保障政策の転換を図り周辺地域における緊張を高めることではなく、中国や韓国との緊張緩和のためにより積極的で粘り強い外交努力を重ねることであろう。

以上のような、領土問題や安全保障、歴史認識などの問題で東アジア諸国との対立が強まっている中、「聖域なき関税撤廃」を謳うTPP交渉への東アジア諸国のスタンスの違いもまた、各国の中に分断と亀裂を生む可能性がある。RCEP交渉への参加一六カ国中、シンガポール、ブルネイ、ベトナム、マレーシア（以上がASEANの四カ国）、ニュージーランド、オーストラリア、日本の計七カ国が同時にTPP交渉にも参加している反面、今やアジア最大の経済大国である中国はTPP交渉には参加していない。TPPはアメリカが東アジア共同体に打ち込んだ楔だという見方もあり得る。中国はアジアの中で孤立感を深めてやがてTPPに参加するに違いないと見る向きもある。しかしその反面で、アジア最大の大国が参加しない通商ルールが果たして円滑に機能するのかどうかについて懐疑的見方もあり得る。

さらに、TPP交渉は各国の利害関係が深く絡み合い、一時期、難産ないしは流産だとも言われた。しかし、アメリカ議会ではこのほどTPP交渉に当たって大統領に通商交渉権限を一任する「大統領貿易促進権限（Trade Promotion Authority＝TPA）」法が成立し、TPP交渉妥結の可能性が一挙に高まっている。それに比べれば、一五年中の妥結を目指しているRCEP交渉は、引き下げる関税幅についての各国の思惑の違いが表面化し、はかばかしい進展が見られないのが現状である。今後の両交渉の行方が注目される所である。

以上で見た東アジア地域統合とそれへの対立・離反の動きに対して、富山大学のアジア共同体研究会ではこの間、日本と中国、韓国から著名な研究者を本学に迎え、これらの問題に関する対立を如何に解消し地域統合を促進すべきかをテーマに、一昨年と昨年の二回に亘り国際シンポジウムを開催した。本書はそのシンポジウムでの報告を、後日、各研究者の責任において取り纏めた論文に、若干の論文を付け加え共著として出版したものである。以下、本書の第I部と第II部に収録された計一二編の論文を簡単に要約しておこう。

第I部では、東アジアにおける地域統合を巡る統合と対立・離反を巡る動きに関する論文を中心に収録した。まず、第1章「アジア地域共同体と戦略的思考——TPPからRCEP（包括的経済連携）へ」（進藤榮一論文）は、東アジア共同体構想とTPP構想のせめぎ合いに視座を据え、米国の対アジア戦略の力学を闡明にすることを目的としている。それを通じて、東アジア地域統合の現在と未来への展望を明らかにし、日本の安全保障戦略としての人間安全保障構想の実践性を指し示そうとしたことである。本章では、以下の三つの論点を中心に議論を進めている。第一に、日本の外交観の根底に潜む戦略性の欠如を、米国の外交観との違いや日米間の文化の違いを軸に明らかにし、その違いの具体例を、アメフトと相撲という両国の国技の違いによって例証する。第二に、TPP構想を貫くアメリカン・グローバリズムの実相を、帝国の経済外交の自国中心主義的な実態の解明を通じて明らかにする。第三に、日本のアジア地域統合政策がとるべき今後の方向をRCEPに求めながら、日本農業のアジア大への地域協働作業のシナリオを描き出していく。

第2章「成長の東アジアと相克の日・中韓関係——重層化する課題の超克に向けて——」（平川均論文）は、東アジア地域が、経済の発展と経済の一体化にも拘らず日・中韓の国家間には「対立」が増幅しているが、この逆説的関係を、地域の経済発展が生み出す構造変動と、アジア・太平洋戦争（大東亜戦争）の戦後処理の在り方という歴史的要因の二つの視点から考察を加えている。中国と韓国の経済は成長し、日本は停滞の中にある。この構造が、中韓では人々の意識に自信を呼びお越し、日本では内向化の傾向を生み出す。そうした両者の立ち位置の変化が、互いにナショナリズムの感情を高めるよう作用する。また、敗戦後の日本の戦後賠償の在り方は、個人賠償を排除する国家賠償の形をとった。そのため、成長して発言力を増す人々への補償のあり方が問われることになった。それにも拘らず、日本はその構造変化を認識できずにいる。本章は、そうした重層的な二つの要因を克服することが、東アジアの繁栄と平和に向けての課題であるとする。

第3章「東アジア共同体の構築と日中の役割」（喬　林生論文）は、東アジア共同体は今でも「夢」或いは「幻想」と言われているが、東アジア共同体構想の提案は偶然的現象ではなく、当地域における経済、政治、安全保障関係の発展潮流の自然な結果だと主張する。東アジア共同体の構築は、東アジア協力の長期的目標として、一部の人の考えや政策提言から出発しつつも、今日では各国指導者の共通認識になった。然し、地域意識が薄く、政治信頼も不足し、経済の対外依頼度も高い状況において、各国は古い思考を捨て、共通の地域意識及び価値観を作り、組織の建設を強化し、「ＡＳＥＡＮ一〇ヵ国プラス３（日中韓）」を主なルートとして共同体のプロセスを推進する必要がある。日中両国は東アジア地域の主要なメンバーとして、共同体の積極的な推進者且つ協調者として、大所高所から周辺諸国との外交関係を適切に処理し、国内の政治経済体制改革を行い、自国の社会的安定と発展を促進することによって、東アジア共同体の進展を着実且つ有効に推進すべきであるとする。

第4章「地方がつながる――もう一つの東アジア共同体の可能性――」（五十嵐暁郎論文）は、東アジア地域における統合への方向性を、グローバリゼーション、とりわけそのダイナミズムにおける都市の重要性を重視しつつ考察する。冷戦の終焉直後から、この地域では平和と繁栄をめざす都市・地域間の交流が活発に展開された。冷戦期から続いていた対岸交流にもとづく環日本海交流圏などがその例である。この交流における期待は、その後の国家間のあつれきによって十分に実現されたわけではないものの、グローバリゼーションの展開にともなう都市・地域のグローバル化とそれにもとづく交流は着実に進行している。東アジアにおける「統合」は国家間関係にもとづいて論じられることが多いが、都市・地域間の統合も、それと並行して着実に実績を重ねている。本章は、富山や新潟の都市・地域を例にして、この動向を実証しようとしたものである。

第5章「歴史（認識）問題と日中関係――日中の歴史共同研究を踏まえて――」（王新生論文）は、歴史（認識）問題をめぐって鋭く対立する日中間の歴史共同研究が、相互の研究者間の理解を深めることに大きく貢献したことを、その経験に基づいて明らかにする。今日に至るまで、教科書問題、靖国神社問題、政治家の不用意な発言などの歴史問題が依然として日中関係に影響を与えている。歴史問題では、対立する双方が歴史認識における相違を表している。二年余に及ぶ共同研究の中で、日中両国の研究者は両国関係が発展することを強く望みつつ、同一のテーマがカバーする歴史問題の研究史をまとめ、整理し、問題とされている基本的観点を論述した。現在、日中間の歴史（認識）問題をめぐる対立は日ごとに激しさを増している。その原因は明らかに歴史問題それ自体を超えて、歴史、現実、文化の様々な国内外の要素と深く絡み、政治的、感情的な歴史認識へと影響を与えるのみならず、学術的な歴史研究をも考慮しなければならない問題である。学術的な歴史研究はまだ大きな役割を果たしてはいないが、歴史（認識）問題が両国関係ないしは対外関係を厳しく制約している今日、歴史共同研究の必要性はますます高まっている。本章は、歴史共同研究を行う場合に、注意を払うべき四つの論点についても考察した。

第6章「安倍政権「戦後レジームからの脱却」政策の不毛性」(星野富一論文)では、まず、安倍政権が執念を燃やす「戦後レジームからの脱却」とは何なのか、第二次安倍政権誕生後三年目に入って具体化され推進されつつあるその本当の狙いを確認すると共に、それは日中韓関係を悪化させる不毛な政策に過ぎないことを批判的に考察する。すなわち、憲法改正が安倍首相の究極目的であるとはいえ、当面は国民の過半数が憲法九条の改正に賛成しておらずその改正が困難であると見なすや、その前に日本国憲法の枠内でまず憲法九条を改変する行動へ大きく踏み出したことである。「武器輸出三原則」の撤廃による武器輸出の原則解禁、特定秘密保護法制定による安全保障関連情報の機密保持の強化、さらには解釈改憲による集団的自衛権行使の容認などがそれである。また、安倍首相やその側近は、第二次大戦で日本がアジア諸国に対して行った侵略戦争を事実上肯定する歴史認識を示し、従軍慰安婦問題への旧日本軍の関与を否定し、靖国神社参拝をも強行したりしている。しかし、そうした安倍政権の政策は欧米との関係のみならず、ただでさえ領土問題をめぐって関係が悪化している韓国や中国とのイデオロギー的対立ないしは「狭隘なナショナリズム」をいよいよ煽り、また特に中国との関係では軍事的な緊張を高めることにもなり、決して日本の国益に適うものではないことを強調した。

第Ⅱ部では、東アジアにおける通商交渉と企業活動に関する論文を中心に収録した。

第7章「日中韓FTAの必然性と政策的課題——韓国部品産業の育成の視点を中心に——」(金奉吉・趙貞欄論文)は、まず、日中韓の三カ国が地理的にも近く、経済的にも非常に密接な関係にあることから、日中韓FTAが加盟国に大きな経済効果をもたらすことを、共同研究の成果を踏まえつつ確認する。次に、ＦＴＡ締結による市場統合の影響が国によって程度の差はありながらも、どの国でも利益を受ける分野と被害を受ける分野が存在するが、韓国の立場から日中韓ＦＴＡの影響をみると、特に競争力の弱い中小企業は他のＦＴＡとは比較にならないほど大きな被害を受けることが予想される。したがって、韓国としては産業構造の高度化と中小企業の育成という観点から日中韓ＦＴＡ締結による影響を分析することにより、その対策の必要性が明らかになるとする。そうした観点に基づいて本章は、日中韓ＦＴＡの経過と今後の行方を検討し、貿易統計を利用して日中韓三カ国製造業の国際競争力を考察し、韓国中小企業の立場から日中韓ＦＴＡの影響や対応策を模索しようとした。

第８章「米韓ＦＴＡから見たＴＰＰの問題点」（郭洋春論文）では、交渉がいよいよ大詰めを迎えているＴＰＰの問題点を検討する。もしかしたら、本書が出版される頃には、ＴＰＰが合意されているかもしれない。マスコミの論調を読む限りでは、ＴＰＰ合意に比較的好意的なものが目立つ。その一方で、どのようなことが議論されているのかは、十分知らされていない。一体ＴＰＰとはどのような性格のもと、日本社会をどのようなものに変えるのか。その手掛かりとなるのが、米韓ＦＴＡである。本章は、ＴＰＰのミニモデルと称されている米韓ＦＴＡＰの内容を検討するとともに、それが韓国社会にどのような影響をもたらしたのかを検証しながら、ＴＰＰの持つ問題点を明らかにしている。そこから導き出される結論は、日本政府が喧伝するようなバラ色の成長というよりは、社会の隅々に自由競争の美名のもとに、今以上に激しい競争が繰り広げられ、一部の産業・企業のみが利益を享受する格差社会が蔓延していくというものだ。そこには都市も地方もなく、生産者や消費者の違いもない。そのようなＴＰＰに対して今こそ国民的議論が必要であると説いている。

第9章「アジア地域の経済統合にみるメガFTAAPと日本企業――TPP、RCEPにおけるAECの位置付けと日本企業の適応戦略と役割――」（岩内秀徳論文）はまず、二〇世紀後半から二一世紀初頭にかけて三〇年間、マスメディアが「アジアの世紀」と形容するように、アジア地域が国際経済にみる貿易・投資のみならず政治におけるポジションを高めてきたことに注目する。TPP、RCEPなどの通商交渉にみるメガFTA時代の到来は、アジア地域各国の政治経済・社会に影響を与え、企業の経営行動に変化をもたらし、企業組織に属する人々の生産者・供給サイドの側面、消費者・需要サイドの側面の両方に影響を与える。これからの二一世紀、ASEANはチャイナプラスワンとして日本および日本企業にとって政治経済上最も重要なパートナーの地域の一つとなりうると考えられる。本章は、メガFTA時代到来の現在、ASEANの位置づけの重要性を再認識し、日本企業の海外投資経営行動の変化、およびASEANの日本企業の官民連携的経営行動の現状を認識するとともに、日本とASEANとの関係性の再検討、必要性を説いている。

第10章「中国「国家資本主義」による石化の急成長と日中韓企業の収益力への影響――中国のアンチダンピング提訴濫発と「国家資本主義」企業成長後の課題――」（小柳津英知論文）は、政府主導による中国石化の急成長と日中韓企業競争力への影響を考察したものである。中国は、WTO加盟前から石油化学産業を五大支柱産業に指定し、現在までにSinopec、Petro china、CNOCCという多数の傘下企業を持つ巨大企業を育成してきた。特にWTO加盟後は、日韓石化企業にアンチダンピング提訴を頻発させ国内企業を保護するなど、自由貿易の理念とかけ離れたプロセスで業界を急拡大させてきたと言わざるを得ない。そのような中国政府と巨大石化企業の行動様式が、いわゆる「国家資本主義」（State Capitalism）批判として広まり、TPP推進の根拠にもなっているのである。こうした中国の政策に対し、日本の石化企業は、汎用品中心から転換を進めて収益力を確保し、また韓国の石化企業も、日本が撤退した汎用品で成功しつつある。その結果、世界化学企業ランキング五〇社における日中韓企業の推移を見ると、リーマンショック後に日本と韓国の企業数が増加し、中国は「国家資本主義」企業のみにとどまる。このことはつまり、長期的には中国政府の保護が石化企業の生産性向上を妨げてきたからだと考えられる。このことが示すように、今後の日中韓の石化企業の競争は、アンチダンピング合戦のような保護政策の連鎖を避けるべきであると主張している。

第11章「中国人技能実習生の日本からの離脱とインドネシア人、ベトナム人技能実習生の増大——東南アジア諸国との関連で——」（坂幸夫論文）は、まず技能実習生の生活や彼らの仕事が、かなり困難な状況下に置かれていることを確認する。建設業で言えば、日本人は彼らに対し、しばしば乱暴な言葉を吐く。もちろんそれは、彼らの生活習慣だとか仕事のことなどであって、例えば彼らがあまり掃除をしないことなどである。別にそのことで彼らが反感をいだくことはない。また中国人技能研修生の技能が最近になって落ちてきた、ということもよく耳にする。一人っ子政策や中国での人件費の上昇傾向もあり、技能実習生は集まりにくくなっている。それに代わって東南アジアの技能実習生が増えている。もちろんインドネシア人やベトナム人など、国によってそれは違いがある。特にインドネシア人は八割がイスラム教徒であって、彼ら独特の宗教的特徴がある。東南アジアは第一次産業の国から第二次や第三次の国に変貌しつつあり、技能実習生はいわばその先頭を切っていることにも本章は言及している。

特別寄稿「中国ビジネス四〇年——ビジネスマンの想い——」（横井幸夫論文）は、本書収録の他の論文とは異なり、長年、中国ビジネスの世界一筋に身を置いてきた著者ならではの深い想いが伝わる論文である。第1節「私と中国ビジネス」は、著者が中国ビジネスにかかわって間もない時期の中国を取り上げる。現在では、一九七〇年代の中国の状況を知ることは難しいだろう。中国はこの四〇年間で驚くべき発展を遂げてしまったからである。一九七〇年代の中国の置かれた立場、情況を知ることは現在の中国を理解する上でも有益であろう。第2節「中国人と日本人——考え方のココが違う——」は、筆者が考える中国人と日本人の国民性、性格の違いが考察される。最後に、第3節「日中関係の将来をどうみるか」は、現在の日本の政治状況や思想の潮流が、筆者の願いや期待と大きくかけ離れていることへの無念な想いが述べられる。

本書は以上の諸章から構成されている。貴重な原稿を寄せて頂いた執筆者各位に対して深甚なる謝意を表したい。また本書は当初の予定よりも出版時期が大幅に遅れてしまった。締め切りを厳守し、半年以上前に原稿を提出くださった執筆者の皆様には、編者として心よりお詫び申し上げたいと思う。

最後に、これまで富山大学で二回に亘り開催された国際シンポジウムはもちろんのこと、それらを取り纏め出版するに際しても、ワンアジア財団より多大なる助成を賜った。助成がなければ、本書が日の目を見ることはなかったと言わなければならない。執筆者を代表して、御礼を申し上げたい。

二〇一五年九月末日　星野富一・岩内秀徳

東アジア共同体構想と日中韓関係の再構築

目　次

序論　東アジア地域統合と日中韓関係——バンドンを超える道——

進藤榮一

1　「アジア力の世紀」とバンドン会議六〇周年

今、二一世紀情報革命のもとで「アジア力の世紀」が登場している。一九世紀産業革命が大英帝国の世紀、パクス・ブリタニカを生み出したように、二〇世紀工業革命は大米帝国の世紀、パクス・アメリカーナを生み出した。しかし今、情報技術革命の波が大米帝国の世紀を終焉させ、アジア力の世紀、パクス・アシアーナを生み出している。

それは、中国が単体として台頭し席巻するのではない。中国が、日本や韓国、ASEAN諸国やインド、豪洲、ロシアなどと相互に連鎖し、補完し合いながら、新しい世紀の潮流をつくり出しているのである。地域力としての「アジア力の世紀」である。

その「アジア力の世紀」の中で、国際関係の地軸は、西から東へ、北から南へと移動し続けている。

IMFデータ（二〇一四年一〇月）によるなら、中国やインド、ブラジル、ロシアなど、いわゆるBRICsと、トルコ、メキシコ、インドネシアを加えた新興七ヵ国のGDPは、三七兆八千億ドル。米国や日本、EUなど先進七ヵ国のGDP、三七兆五千億ドルを凌駕した。北と南の位置の逆転、南北逆転である。

購買力平価で換算した時、中国のGDPは、一四年に米国を凌ぎ、一九年に日本の五倍になる。南北逆転と東西逆転が相互に連動している。

それを、一六世紀以来の「近代の終焉」と呼び換えることができるだろう。植民地主義と軍事同盟と、武力による内政干渉と戦争という名の暴力が、世界を取り仕切ってきた近代が終わり、ポスト近代が幕を開け始めている。その時、なぜ今バンドン会議なのか、そしてなぜ「アジア力の世紀」が、バンドン会議六〇年の歴史と重なりながら、東アジア地域統合を進め、日中韓の地域協力と和解を求めているのかが、見えてくる。

2　バンドン以後、春から夏へ

人が一人で生きて行くことができないように、国もまた、一国だけで生きていくことはできない。とりわけ、独立したばかりの若い国々の場合はそうであろう。

独立した国々は、絶えず、介入と政権転覆の危機にさらされ続ける。巨大な力をなおも維持し続ける先進諸国が、内政に介入し、内戦の危機をつくる。

二つの世界大戦をへて独立を勝ち取ってまもない五五年四月――独立したばかりの若いアジアアフリカ二九ヵ国の首脳たちが、バンドンに集った。内政不干渉と領土保全、民族自決と武力不行使、そして国連による紛争の平和的解決など、いわゆるバンドン平和十原則を謳い上げた。バンドンの精神である。

その精神に基づいて、六〇年代中葉、東南アジアの新興五ヵ国は、地域協力の制度化に向けて協働体制を組んだ。

ASEAN共同体形成への動きである。そして九〇年代インドシナ内戦を収束させたあと、共同体の輪を、ASEAN一〇ヵ国へ広げた。

ASEAN一〇ヵ国はこの後、冷戦終結後のアメリカン・グローバリズムの脅威に対処すべく、アジア通貨危機の苦難の嵐の中で、日中韓三ヵ国を誘い込んで、ASEAN＋3、一三ヵ国サミットの場をつくる。その果実が、二〇〇〇年五月タイ・チェンマイで結ばれたチェンマイ・イニシアティブ、アジア通貨融通措置である。

東アジア共同体形成の動きは、ここから始まる。東アジアの地域統合、春の季節の到来である。欧州統合と違って、バンドン以来の小国主導による地域統合のプロセスである。

周知のように、情報革命は、新興アジアの成長と台頭をもたらした。しかし同時に、アメリカン・グローバリズムの脅威とリスクを生み出した。金融カジノ資本主義の国境を超えたリスクと、軍事技術情報革命による覇権一極主義のリスクである。

しかも情報革命は、人とモノとカネが瞬時に移動するグローバル化された世界をつくり、その世界の中で、国境を超えた感染症や煙害、山火事や海賊の頻発を産み落とした。東アジア一三ヵ国は、一連の脅威とリスクに対処するため、感染症・大規模災害予防システムや、海賊治安協力、緊急コメ支援システムをつくり上げた。

3　共通の利益、共通の文化へ

今や「クルマ一台が一国内で生産される」時代は終わった。いくつもの国々で部品を作り、それを組み立てて完成させる時代へと変貌している。モジュール化とよばれる部品生産化による、新しい生産工程の時代へと突入しているのである。

そのために、モノとカネとヒトの移動をはばむ壁、可能な限り低めていくことが求められる。一国繁栄主義は終わりを告げた。その先に国々と企業は、貿易と投資の自由化をはかり、FTA（自由貿易協定）の網の目をつくり上げている。

東京からバンコクまで、四五〇〇キロメートル、ニューヨークからロサンゼルスまでの距離と同じである。その空間の広がりの中でアジアの国々は、相互交流と相互補完と相互依存のための、点を線に変え、線を面に変えていく。共通のリスクに対処しながら、共通の利益の最大化を図っていく協働作業である。

その協働作業の中に、開発・建設共同体形成の動きが組み込まれている。東アジアには、インフラ整備の遅れた広大な海洋や地域空間が広がっている。大メコン河流域共同開発計画（GMS）から包括的アジア総合開発（CADP）への動きである。金融共同体から、通商共同体を経て、建設共同体に至る、東アジア共同体形成の展開である。

その延長上に、日中韓にインドと豪州、ニュージーランドを加えたASEAN＋6による、東アジア地域包括的経済連携（RCEP）のシナリオが描かれる。東アジア地域統合、夏の季節の到来である。

「先生は、嵐が好きですか」、ジャカルタの国際会議で若い日本研究者が、そう問いかけてきた。今や嵐やAKB48、村上春樹や高倉健は、国境を超えて若者たちの人気と憧れの的である。二一世紀情報革命が、東アジアの豊かな都市中間層に、共通の文化をつくり出している。

その都市中間層の文化が、儒教や仏教など、アジア悠久の歴史の中で民衆に根付いている文化の古層と基層と結び合う。それが、共通文化の広がりと深さを生み育てて、共同体形成の文化的基盤をつくり上げていく。

こうした共同体形成の動きにもかかわらず、地域統合の動きを押し止める二〇世紀の覇権国家、大米帝国の側から逆襲が始まる。いわゆるアジア・リバランス戦略である。TPP合意推進と日本市場取り込みの動きである。あるいは対中軍事包囲網形成と対中牽制である。それに対抗する中国版「軍産複合体」の動きである。

加えて、尖閣/領土問題と慰安婦問題を巡る、中、韓と日本との間の領土歴史問題の急浮上である。それが、帝国のアジア・リバランス戦略と重って、東アジア地域統合は、実りの秋を待たずに、一気に冬の季節へと突入した。

4 バンドンを超えて

バンドン会議六〇年目の今、私たちがなすべきことは何であるのか。

国と国とが、新興アジアと覇権国家アメリカとが、相互に牽制し合って、「地域協力」の制度化、つまり地域統合の果実を、いまだ手にできないのなら、今、私たちがなすべきことは何であるのか。

「国と国とを同盟させるのではない。人と人とをつなげていくのである」――欧州統合の父、ジャン・モネの言葉である。国家と国境を超えて、人と人とのつながりと連携をつくり上げること。

人が一人で生きていくことができないように、国もまた一国だけで生きていくことはできない。軍事にしろ金融にしろ、覇権国家のグローバリズムの脅威とリスクから、私たちの暮らしと命を守り、平和で豊かな暮らしをつくり上げるために、私たちが今なすべきことは、国境を超えた繋がりの輪を広げ、深めていくことである。

東アジア共同体形成の冬の季節を乗越えて、春の季節を引き寄せ、平和と繁栄の仕組みをつくり上げていく。その仕組みの中軸に、平和十原則を据えること。非同盟や非核地帯化から、紛争平和的解決や不戦共同体に至る、バンドンの精神を据えることである。二〇一五年一一月ASEAN経済共同体(AEC)の設立が、その具現化である。

　バンドンの精神に立ち帰って、日中韓三国の領土問題を超克し、歴史和解へのシナリオを紡いでいく。バンドンに帰って、バンドンを超える。

　厳寒の冬の季節に、種を蒔き、霜を踏んで、春暖の季節を引き寄せていく。バンドン会議六〇年の歴史が、東アジア地域統合の歴史と、日中韓の「和解と協力」の試みと重なりながら、私たちの未来を切り拓く所以である。

〔付記〕
本書は、富山大学主導下で、二〇一〇年以来進められてきた東アジア地域統合プロジェクトの三冊目の研究成果である。まさにジャン・モネのいう、「人と人とのつながり」がつくる知の共同体の一翼を担う試みである。プロジェクトを主導した星野富一先生と、同僚の諸先生、編集担当の岩内秀徳先生に感謝します。併せて、財政的精神的支援と助言を賜ったワンアジア財団の佐藤洋治理事長と鄭俊坤主席研究員に謝意を表しつつ。

第I部

東アジア共同体構想と日中韓対立の相克

第1章　アジア地域共同体と戦略的思考――TPPからRCEP（包括的経済連携）へ

進藤榮一

1　アメリカン・グローバリズムの外交戦略

◆アメフトと相撲

アメリカン・フットボール――アメフトと略称される米国の国技だ。対する日本の国技は、相撲である。この二つの国技の違いに、両国の外交文化の差が集約されている。その差を、最初の留学先、首都ワシントンで、クラスメートたちと初めて練習試合をした時に痛感した。「ボールは左に投げるふりをするから、お前は右に回り込め。そしてボールを取ってすぐ、敵の裏をかいて今度は左端のジョンに飛ばせ」。

試合開始前、綿密な作戦会議を行う。ハーフタイム毎に戦略を練り直す。まさに戦略と謀略のゲームの極致である。しかも重くてぶ厚い防具をつけて戦う。そして超ミニの華麗なチアガールがフィールドに繰り出し戦意を高揚させる。重武装とソフトパワーである。

対する日本の相撲は、まわし一本以外、何もつけない。土俵に塩をまき、不正をせずに技を競い合うことを観客の前で誓う。この文化の中で日本外交は展開する。正義論が好きな日本人の国民性がそれを倍加させる。

外交ゲーム――とりわけ米国流外交ゲーム――につきものの、謀略とリスクに気づかず、リスクも、真の脅威も見極めることをしない。「正義はいつも我にあり」と考える。相手方の行動を善か悪かで判断し、同盟国の善意を信じ好意に期待する。逆に非同盟国の悪意を信じ、その崩壊を期待する。領土問題でも拉致問題でもそうだ。

直近の例は、一〇年トヨタ欠陥車問題である。米国側の巨額の賠償要求に、社長自ら涙を流して謝罪し、制御システム欠陥による急発進問題について大規模リコール（回収）と総額四〇億円以上の賠償金支払いに応じた。しかし、一二年一月海外経済面の人目につかない最下段の短信によれば、米科学アカデミーは最終調査結果を公表し、トヨタ車の電子制御システムにいっさい問題がなかったと結論し、一一年二月米運輸省による「トヨタ車に欠陥なし」とする調査を、再保証していた（『朝日新聞』一二年一月一九日付）。何のことはない。リーマン・ショック後、景気浮揚に苦しむオバマ政権が、自動車業界とともに繰り広げた、GMなどデトロイト自動車産業救済のための、騙しの外交ゲームではないのか。

その後、一二年一二月末にトヨタは、欠陥事故問題のもう一つの争点、アクセルとペダルの誤作動問題訴訟でも和解に達した。和解金総額は一四億ドル（約一二二〇億円）にのぼる見込みとされる。

◆謀略のアメリカ外交ゲーム

米国外交史には、この手の謀略外交の例は、機密解禁文書で立証できるものだけでもあまたある。米国外交の正史では、けっして触れない謀略の歴史である。

外交と謀略とはいつも紙一重だ。米西戦争開戦時のメイン号爆破や真珠湾攻撃、沖縄基地問題、ベトナム戦争時のトンキン湾爆破事件から、九〇年八月イラクによるクエート侵攻に米国が仕掛けた外交謀略に及ぶ。最近公開のウイキリークスは、普天間問題や鳩山政権引きずり落としに至る、謀略の数々を暴き出している。

私たちが見極めるべきは、外交ゲームに潜む謀略だ。謀略に潜むリスクである。だからこそ、同盟国にせよ非同盟国にせよ、アメリカ外交と付き合う時に求められるのは、リスクに向き合う外交のリアリズムだ。そのリアリズムが、日本のTPP（太平洋通商連携協定）政策に決定的に欠落している。その欠落が、領土問題で日本を迷走させ、アジア地域統合の動きを減速させている。

いま私たちに求められているのは、農業であれ金融であれ、グローバリズムに潜むリスクを見抜くことだ。そのリスクに向き合って、「アジア力の世紀」を生き抜くことである。

いったい、そのリスクはいま、どんな形で表れているのか。そしてそのリスクが、アジア地域統合を減速させながらも同時に、なぜ外交と通商の現場で、アジア地域統合を促していかざるをえないのか。そもそもTPPとは何であり、いまなぜTPPなのか。以下、その問いに答えていこう。

◆米国の介入——グローバリズムとTPP

TPPの原型は、〇六年にシンガポール、ブルネイ、チリ、ニュージーランドの四小国が発足させた「例外品目なきFTA」、太平洋連携協定にある。いわゆる「P4」だ。それを米国オバマ政権は〇八年、TPPへと拡大変容させた。豪州、ペルー、ベトナム、マレーシアを加えて九カ国としながら、アジア太平洋市場への本格参入に乗り出してきた。

それ以前、九四年NAFTA発効後に米国は、一方でNAFTAを中南米へと拡大して、FTAA（アメリカ自由貿易協定）をつくろうとした。他方で、APECを拡大深化させて、二〇二〇年までにFTAAP（アジア太平洋自由貿易協定）形成に漕ぎつけようとした。そしてその外交プログラムを、〇六年APEC首脳会議（ハノイ）で再確認していた。

しかし前者、すなわちFTAAの道は、ブラジルなどの反対で挫折した。そのため、後者、すなわちAPECからFTAAP形成への道を、TPPの拡大推進によって実現すべく方向転換した。そして鳩山退陣後、TPPへの日本参加を要請し、一一年末には、NAFTA加盟国、カナダとメキシコをTPP交渉参加国に加えて、TPP交渉一一カ国体制を組み上げた。

◆アジアへの「軸足移動（ピヴォット）」戦略

米国は、TPPという一石で、三羽の鳥を落とそうとしている。

まず、東アジア市場への米国参入という鳥。次いで、日中韓FTAによる東アジア地域統合を阻止するという鳥。さらに、対中包囲網を敷くことによって、米国のアジアにおける覇権を維持強化するという鳥。「一石三鳥」の巧妙な外交戦略である。

その外交戦略が、オバマ民主党政権の一二年大統領再選戦略と結びついていた。すなわち、一〇年一一月の中間選挙での米民主党大敗後にオバマは、米国発グローバル金融危機後の景気雇用回復をはかるために、五年間輸出倍増計画とサービス貿易倍増計画を打ち出した。その市場を、TPPによって、アジアと、特に日本に求めようとした。コメや酪農品から、サービスや保険、金融、医療に至る巨大アジア市場参入――と日本市場切り込み――をはかる戦略である。

だから米国の最大の狙いは、何よりも日本を誘い込んで、米日双方で全GDPの九〇パーセントを占めるP12に拡大することにある。それによって、事実上の「例外品目（聖域）なき日米拡大FTA」をつくって対日市場攻勢の橋頭保を築くことにある。

加えて日本をTPPに取り込むことによって、日中韓FTAを軸とするアジア地域統合の動きに歯止めをかけ、台頭する中国を包囲し、アジアにおける米国の軍事プレゼンスを強めることができる。クリントン国務長官が一〇年一月ハノイで明らかにした、アジアへの「軸足移動（ピヴォット）」戦略である。のちに「アジア・リバランス」戦略とも呼ばれる。

◆スマート外交と同盟の落とし穴

ヒラリーによれば、アメリカ外交はもはや、九〇年代ポスト冷戦期の情報革命下での「ソフトパワー外交」ではない。九・一一後のブッシュ（ジュニア）政権下での「ハードパワー外交」でもない。ポスト・ポスト冷戦期のグローバル金融危機後を生き抜く「スマートパワー外交」へと、外交基調を転換させた。アフガン撤退後、米国は、アジアの台頭する中で、もはや軍事だけでなく、経済や文化なども動員させて外交を展開するというのである。

「スマート」は、米俗語で「狡猾さ」を含意し、「賢明さ」としての「ワイズ」と区別する。まことにそれは、軍事一本槍でない、狡猾な新アジア外交の展開を意図していたのである。

もっとも、生き馬の眼を抜く国際政治にあって、外交は本来、狡猾でなくては十分機能しないはずだ。ただ日本外交に関するかぎり私たちは、同盟国の善意と好意を信じ、敵か味方かの二項対立の論理で考えてしまう。日本の同盟外交に付いて離れない、外交のナイビテ（単純さ）である。

そのナイビテは、戦後サクセス・ストーリー（成功体験物語）のツケだったのだろう。すなわち、半世紀以上に亘って日本の安全は、日米安保で米国によって守られてきたと信じ切って、自主的な外交判断をしない。高度経済成長に専念し経済超大国に成り上ることができたととらえる、虚実入り混じった成功体験物語である。その戦後成功体験が、日本特有の単純な同盟信仰で強められる。かつての日英同盟も日独同盟の場合もそうだった。

その点でアメリカ外交は真逆だ。そこでは文化と戦略、謀略と外交がいつも表裏一体をなしている。その日米の違いが、両国の国技、アメフトと相撲の違いに集約される。

◆「ASEAN＋8」へ

米国は一〇年九月、菅政権下の前原外相（当時）に働きかけ、TPP交渉参加を打ち出させた。さらにプーチン政権を誘い込んでロシアとともに、東アジアサミット（EAS）参加国として承認を得た。一一年以降、東アジアサミット（EAS）は、「アセアン＋6」の一六カ国体制から、「アセアン＋8」の一八カ国体制へと拡大変容した。米国の狙いは、次のように要約できる。

もし「ASEAN＋8」によって米国が、「＋8」を基軸とする地域協力の制度化に成功するなら、東アジアサミットの主導権を握って、アジア市場参入の手掛かりを掴むことができる。しかしたとえ「＋8」の制度化がうまくいかなくとも、それはそれで逆に、東アジアサミットを事実上形骸化させ、東アジア地域統合の進展に歯止めをかけ、アジアでの米国プレゼンスを拡大する機会を掴むことができる。

可能性としては多分、後者の方が大きい。プレイヤーの数が増えればそれだけ、構成国間の利害が錯綜して、統合へのコンセンサスと制度化が難しくなるからだ。こうして米国は、「＋8」による一八カ国体制を発出させることによって、TPPとともに、対アジア外交に二重の罠をかけたのである。

◆「政策の窓」は開くのか

ジョン・キングズダンの「政策の窓」理論によるなら、業界からの強硬で広い反対が続く限り、「政策の窓」は開かれない。この理論に従うなら、少なくとも国境の枠内だけで考える限り、TPPが発出するのは容易でない。だからこそアメリカは、自国内の反対世論を巧みに誘導し、国境の外から日本の世論と業界を操作して、「政策の窓」をこじ開けようとしている。

私自身、TPP問題が浮上した当初から、TPPはアメリカが日本に仕掛けた外交の罠だ、日本の国益を棄損するだけだろう、結局TPPは、WTOのドーハラウンドと同じように、流産か難産の憂き目に逢うのではあるまいかと、予測してきた。

何よりも米国主導のTPPには、ドーハラウンドに先立つ九九年WTOシアトル閣僚会議で、会議決裂の一因となったMAI（多国間投資協定：投資企業に過度な内国民待遇を供与する条項）と類似の規定が、一連の〝毒素条項〟として埋め込められている。それが露わになった時に、TPPが関係各国の業界や世論の支持を得るのは容易でないと見た。

一二年一月、たまたまワシントンに滞在していた時に私は、「TPPを慎重に考える会」民主党訪米議員団のプレスクラブでの現地報告会に出た。米国滞在中、米国のメディアでTPPという言葉にお目にかかることが、まったくなかった。訪米議員団の報告で私は、米国内の自動車業界や労組、パブリック・シチズンのような市民運動団体が、TPP推進に反対し始めている事実を知った。米国の自動車業界は、TPPによる聖域撤廃によって日本車の米国市場進出を恐れ、市民団体は、遺伝子組み換え作物が世界中にばらまかれ、がん発症患者が広がるのを、危惧したのである。

問違いなくそこには、グローバリズムに潜む巨大なリスクが隠されている。圧倒的交渉力を持つ米国主導の「例外なきFTA」に、どんな例外を、どんな形で日本が取り付けることができるのか、その戦略構図が、TPP交渉参加支持論からいまだ見えてこない。

◈アメフトに、まわし一本で挑むパロディ

確かに首脳間の会談で安倍首相は、日本側にコメなど農業の一定分野を「センシティビティの高い分野」として大統領が認識し、「聖域（例外）」扱いする約束を取り付けることができたといって、交渉参加に舵を切った。しかしそのコメなどを「聖域と認識する」という表向きの合意と引き換えに、日本は逆に、自動車を「関税引き下げ対象外」として、米国にとっての「聖域とする」という、取引条件を、早くも呑まされた。普通車二・五パーセント、トラック一〇パーセントという、高関税をかけられたまま、日本がTPPに参加する日本産業界のメリットは、いったいどこにあるのか。

米国議会日程に従いつつ、同時にTPP既参加一一カ国が日本の交渉参加を容認した後、TPP条件交渉に日本が参加できるのは、二〇一四年についていえば、九月の全体交渉会議一回しかない。その一回の全体会議で日本が、「例外なき関税撤廃」を大原則とするTPP交渉で、農業や金融、医療など多様な分野でどれだけの例外措置を認めさせることができるのか。その多国間交渉で日本が、既参加一一カ国から譲歩を引き出すことのできる、外交取引上のバーゲニング・チップを持っているのか。日本に同調してくれる盟友がいるのだろうか。

◈内田さんの現地報告から見えるもの

実際、一三年三月、シンガポールで行われた第一六回TPP交渉会議に、米国NPOメンバーのステークホルダー（利害関係者）の一人として参加できた内田聖子（アジア太平洋資料センター事務局長）の現地報告は、その無知さをあからさまにしている。

TPP交渉国の交渉官約三〇〇人、各国企業や諸団体のステークホルダー約二〇〇から三〇〇人。会議は交渉官だけの完全な密室。ステークホルダー会議は、一〇日間の交渉会議の内、ただ一日だけ。その八割は、企業

関係者、半数以上は、カーギルやフェデックス、ナイキなど米国巨大企業一〇〇社が加盟する「TPPを推進する米国企業連盟」や米国商工会議所、米国製薬工業協会など業界団体代表たち。レセプションは米国企業による商談会もどきで、企業ブースではTPP後を見据えた交渉が進展している。

いったい、九月に交渉参加入りした日本側交渉官が、このアメリカン・グローバリズムの舞台回しの下で、TPPという一一カ国の関税撤廃協定に、どんな例外事項（聖域）を勝ち取ることができるというのか。

まさにアメフトの謀略と重武装とチアガールたちが踊るフィールドに、まわし一本で挑むパロディを見る思いである。こうして日本では、政権与野党からメディアに至るまで、TPPに潜むアメリカン・グローバリズムのリスクにあまりに無知だ。

2　先進国農業への無知——もしくは規制緩和の罠——

◆GDP一・五パーセント論のウソ

グローバリズムのリスクに対する無知、もしくは無理解の筆頭は、農業GDP一・五パーセント論だろう。「一次産業が日本のGDPで占める割合は一・五パーセント、それを守るために九八・五パーセントが犠牲になるのはおかしい」——前原外相（当時）は一一年一月、米国戦略国際研究所で大要こう発言してTPP参加推進論を展開した。

確かに一次産業としての農業、もしくは農林水産業だけを取り出すなら、工業化された先進国にあって、農業の対GDP比は、低くならざるを得ない。しかしそれは、日本に限らないのである。米国を含む先進工業国共通の現象だ。たとえばドイツ〇・九パーセント、英国〇・八パーセント、農業大国として知られるフランスですら一・二パーセントでしかない。いずれも日本よりもはるかに小さい比率なのである。

だがここで私たちが、農業を六次産業化された部門としてとらえ直すなら、日本農業は毎年八〇兆円以上、対GDPシェアで九・六パーセント、農水産業を除く食品産業の就業者人口で九九五万人（〇五年）に達する巨大な産業の裾野を持っている。ちなみに、自動車を中心にした「輸送用機器」でも、対GDP比でわずか二・七パーセント、製造業全体が占めるGDPのシェアで見ても一九・九パーセントでしかない。

いまや農林水産業は単なる一次産業ではない。情報革命下、豊かな食文化の展開の中で、二次産業としての食品製造産業部門から、三次産業としての販売サービス・流通部門に至る、二次と三次をも掛け合わせた、広汎で相乗的な経済効果を持つ六次産業へと変貌しているのである。

◈農の多面的機能へ

加えて農業には、水田や灌漑による水資源保護や環境保全機能や、グリーン・ツーリズムや景観、文化教育に至る、人びとの暮らしと文化の豊かさを育む多様な多面的な機能が隠されている。

だからこそ独、仏、英など欧州諸国では、日、韓と違って、一次産業としての農業の対GDP比が一パーセントを切ってもなお、国の基幹産業として農業部門の育成強化に力を入れ、食料自給率を高め、国全体としての農地を守り育てている。それが欧州地域統合の成立以来、欧州が力を注いできた政策分野なのである。効果的な農業政策不在のために、耕作放棄地が埼玉県相当の広さまで全国に拡がる日本と、欧州は対極にある。

CAP、それは欧州共同体の共通農業政策を表記する略称だ。そのCAPに、EU全予算の五割内外、六〇年代には七割、二〇〇〇年代でも四〇パーセント近くを割いている。寒冷なツンドラ地帯やアルプスの放牧から、海面下オランダ園芸や大規模平原放牧まで、「多様で強い農業」を育成発展させる。そのCAPを強化することこそがいま、グローバル金融危機下で苦悩するEUが力を入れ直し始めた基本政策の一つなのである。

ヨーロッパには、農こそが国の生命と文化の基盤をつくり、人間の顔をした国と地域を描くことができるという、文明論のリアリズムがある。まさに農（アグリカルチャー）の中にカルチャー（文化）がある。カルティヴェイトとは、「畑を耕す」だけでなく「人を育てる」意味を併せ持つ。農と文化が一体をなすとい文明観だ。そこには、TPP推進論者に見えないリアリズムがある。

その違いが、欧州とアジアの先進工業国間の、国のかたちの違いに表出している。すなわち、放牧地を含む農地面積が全国土面積に占める割合（〇九年）は、日本一二・二パーセント、韓国一八・六パーセントでしかないのに、ドイツは四七・三パーセント、フランス五三・三パーセント、英国に至っては七一・一パーセントにも及んでいる。「田園まさに荒れなんとする」国が、どうして「美しい国」であり得るのか。

◆「農業生産大国」というウソ

二つ目の虚説、もしくは変貌する日本農業に対する無理解は、「日本は世界五位の農業大国」であるという言説にある。その言説の延長上に、だから日本農業は、関税撤廃を恐れるに足らず、TPPを進めて農業輸出大国へ転換すべきだという、TPP推進論が展開される。

「ニッポン農業生産大国」論者によれば、「国連食料農業機構（FAO）発表の数値から導き出すと」国内生産額で、一位が人口大国の中国、二位米国、三位インド、四位ブラジルに次いで、日本は世界五位で、仏、独、英など「EU諸国のどこよりも多い」ことになる（浅川芳裕『日本は世界5位の農業大国』講談社）。国会のTPP審議過程で、安倍首相自らも言及した数値だ。

しかしこれは、FAOのデータからは導き出されない数値だ。農業大国の正体は、まったく逆の現実を指し示している[1]。

◈「食料輸出小国」という現実

先進六カ国に、新興人口大国（中、印、伯、露）に豪州を加えた主要一一カ国で比較してみよう。食料生産量（〇九年）で見ると、一位中国（一四億八八四万トン）、二位ブラジル、三位インド、四位米国（二億六四八六万トン）、五位ロシアの後、六位フランス（一億二一八二万トン）、七位ドイツ（一億六〇二万トン）、八位英国（六五九一万トン）、九位豪州、一〇位日本（四五五一万トン）、一一位韓国（二五七一万トン）だ。日本は、米国の六分の一、フランスの三分の一、正真正銘の「食料生産小国」なのである。生産量でなく生産額で見ても、数字をごまかさない限り、日本が「食料生産大国」になり得ない。

したがって日本は「食料輸出大国」にも、なり得ない。食料輸出量では、一位が米国（一億七五三万トン）でダン突に大きく、その量は、二位フランス（四九三七・三万トン）や三位ドイツ（四一七八・三万トン）の二倍以上、中国の三倍、日本（一二万三千トン）の一〇〇倍ある。だからこそ米国は、日本をＴＰＰに参加させ、日本市場を狙い撃ちしようとしているのである。

日本が「食料生産小国」であることは同時に、「食料輸入大国」にならざるを得ないことを意味する。日本の食料輸入量（四三七二万トン）は、独（三九七二万トン）や仏、英のいずれをも凌ぐ。日本の食料国内供給量（八八六五万トン）は、上記で見たように、自国内で食料生産できる総量の二倍ある。独、仏と違って、自国内食料生産高では、国民の食料需要を到底まかない切れないのである。まさに日本の食料自給率が、韓国と並んで先進国中、最下位に位置していることから来る、「食料輸入大国」の現実である。

表1　主要国の関税率　(%)

	日本	米国	ＥＵ	韓国	タイ	インド
全品目(2003年)	3.3	3.9	4.4	8.9	16.9	3.3
農産物(2000年)	12	6	20	62	35	124

データ;世界銀行銀行、ＯＥＣＤ資料。出所;服部信司『ＴＰＰ問題と日本農業』農林統計協会。

◆「ＴＰＰ開国」論の虚妄

大手メディアを含めて一般に、「日本は高関税に守られた鎖国状態に近い」、特に韓国政権のＦＴＡ推進路線と対比され、「貿易の閉鎖性が日本衰退の主因の一つだ」という言説が通っている。それが、「韓国の貿易黒字と高成長は、積極的なＦＴＡ推進戦略の産物だ」という論理と結び合う。

しかしそこには、韓国経済の次の基本事実が捨象されている。まず韓国の場合、その積極的ＦＴＡ政策にもかかわらず、表1に示されるように、関税率は日本よりはるかに高い事実。次いで韓国の貿易黒字の増大が、〇六年来の（一二年まで六年間に対円で半額になった）超ウォン安で、韓国製品の競争力が強化されたという事実。さらに、韓国の貿易依存度が八〇パーセントを超え、「貿易小国」日本の四倍に達しているという、韓日間の貿易構造の巨大な違い。日本の平均関税率はすでに、全品目でも農産物平均でも、いまや世界最低水準にある。日本の対外開放度の高さは、「ＴＰＰ開国」論を支える根拠にはけっしてなりえない。

確かに日本の場合、コメ七七八パーセント、バター四八二パーセント、コンニャク一七〇五パーセントといったように、一部農産品が、異常に高い関税率で守られているように見える。だがその高い関税率はいずれも、普遍的な国際ルールとしてＷＴＯによって、日本が一定量の輸入を受け入れ、その輸入量を超えた場合に課している関税率だ。ＷＴＯ下での国際公約に従った上での高関税率なのである。しかもコメの場合、年間輸入義務量七七万トンの内半分は、米国産コメの買い入れを無条件で義務付けられる。

ＷＴＯは、工業品等に関して関税撤廃を原則としながらも、各加盟国が、全輸入品枠の一〇パーセントまでは関税によって守ることができることを規定している。だからこそ農業大国カナダですら、牛肉、バター、鶏卵などにそれぞれ二八四パーセント、三五一パーセント、一九二パーセントの高関税を課しているのである(1)。

◈食料自給率低下の危機

私の瞼にはいまも、八〇年代晩秋、シカゴからアイオワ州デイモンまで四時間半かけてバス旅行した時の車窓風景が焼き付いている。行けども行けども、黄金色の穂に彩られて波打つ小麦畑が延々と続いている。大農場を見慣れた北海道育ちの私ですら、圧倒され続けた。まさに新大陸型農法の典型がそこにある。

農家一戸当たり耕作面積は、ヘクタール単位、〇五年数字で、豪州二七〇〇、米国一九六に対して、EU一五、日本は一・五九で、米国の一〇〇分の一以下、EUの一〇分の一。韓国は一・四九四、中国は〇・七五でしかない。日本の場合、「農業王国」北海道ですら、EU並みの一五ヘクタールに止まっている。

この新大陸型の巨大規模農業と、アジアモンスーン地帯の小規模農業との規模の圧倒的違いが、TPP「農業開国活性化」論の虚構を明らかにする。TPPによる「開国」なるものが、日本農業の体質強化と農業再興につながるという言説の虚構だ。

山々の裾野から中腹まで続く美しい棚田風景が、アジア型農業の原風景だ。人口稠密で小規模農法のモンスーン気候地帯アジアの場合、そもそも、国境措置（関税）なしに農業の活性化は無論のこと、その存続すらはかることは難しい。米国や豪州とアジア諸国との農業生産規模が違いすぎるからだ。国際競争のための初期条件の巨大な違いが、両者の間に越えがたい壁としてある。その圧倒的違いを無視して、国境措置をなくした時、日本農業は、ごく少数の果実など農産品や農業経営者を除いて、壊滅へと追いやられざるを得なくなる。開国は、まさに「壊国」を意味していく。

◆「農業保護国」攻勢の中で

ここで私たちは、米国が、WTO原則に反して、隠された補助金を農業に支出し、欧州は、地域統合の保護下で農業強化策を続けていることを、想起しておいてよい。欧米各国の自給率がカロリー・ベース（〇七年）で、米一二四パーセント、仏一一一パーセント、独八〇パーセント、英六五パーセントにまで達している根源的理由の一つだ。

専門家たちのシミュレーションによれば、日本がTPPに参加した場合、たとえ農産品関税撤廃に一〇年間の猶予期間が認められたとしても、カロリー・ベース自給率は四〇パーセントから二〇パーセント前後にまで低下する。生産額ベースで見ても、コメ、麦、牛肉、豚肉、サトウキビ、乳製品などが、軒並み減産に追いやられて、生産額ベース自給率六六パーセントは、五〇パーセントを切る。

また主食コメについていえば、たとえ日本人が食する短粒種のジャポニカ米が世界コメ輸出市場でわずか七パーセントしか占めていなくとも、類似のカリフォルニア産中粒種は、日本産コメの四分の一以下の原価であるために、米国産中粒種が、容易に日本市場を席巻し、コシヒカリなどごく一握りのブランド米だけしか生き残れないだろう。

小麦の場合、この三〇年間、米国産小麦が日本市場に参入して、日本の自給率は一一パーセントまで縮小している。その収穫量の六割は、かろうじて大規模農法の北海道農業によって守られてはいる。しかし関税撤廃によって、米国産小麦が食品業界を席巻した時、北海道産の高質な小麦すら全滅の危機にさらされることになる。しかも小麦など畑作の場合、連作障害を予防すべく、豆類と馬鈴薯と甜菜と小麦との輪作体系を取っているために、小麦生産の全滅は、輪作体系の崩壊をもたらし、畑作全体が壊滅することになる。同じことは、牛肉など酪農製品に関してもいえる。米、豪など「農業保護国」による対日輸出攻勢の前で日本農業は、TPP参加を機に崩壊の危機を深めることになる。

◈食の安全を脅かす

加えて食の安全問題である。遺伝子組み換え作物（GMO）問題だ。

GMOは、欧州でも日本でも、厳しく輸入が禁止されている。世界中でがん発症の原因となっていることが明らかになっている。TPPで米国は、モンサント社など米系食糧多国籍企業、いわゆるアグリビジネス企業とともに、GMOの規制を緩和させ、その輸入解禁を求めている。

しかもモンサント社は、遺伝子組み換え種子とともに、その種子に関連する化学肥料や除草剤や、その除草剤に耐性を持つ作物とワンセットにして、世界展開を図り、特に飼料を通じてインドやブラジル、さらには中国で、住民のがん発症など健康被害ばかりでなく、農地の枯渇化をもたらしている。アグリ（農）グローバリズムというより、アグリー（醜い）グローバリズムだ。

これまでも米国は、日本に対して九〇年代以来毎年、対日「年次改革要求書」によって、郵政民営化などとともに、遺伝子組み換え食品を含む、一連の国境措置の撤廃を働きかけてきた。それが、鳩山政権発足後、一時中断された。同政権退陣後、今度は「日米経済対話」と名前を変え、形をTPPと変え米国は、日本側仲介役を介しながら、同種の要求を繰り返してきたのである。

その隠れた仲介役の一角に、住友化学株式会社がいる。同社は一〇年一〇月——菅政権下でTPP参加方針が打ち出された翌月——モンサント社と、GMOの遺伝子組み替え作物用除草剤〝Roundup〟と関連種子、肥料等について長期業務提携を交わし共同世界展開に乗り出した。いうまでもなく同社会長、米倉弘昌氏は、経団連会長を兼務し、経団連は、主流派メディアとともに政権党にTPP参加を執拗に働きかけ続けている。いったい、だれのための、どこの国の「経団連」なのだろうか。

総じて日本のTPP参加は、好むと好まざるとにかかわらず、日本の食料自給率をさらに低める。そして食の安全を脅かし、食料主権すら、覇権国家主導のグローバリズムに明け渡すことを意味する。

しかし、米国がTPPで狙いを定めているのは、単に食品、食料分野だけではない。もっと広範な経済分野に及んでいる。農業分野は最重要分野であるとはいえ、全交渉対象二一分野の一つにすぎない。政府調達、医療、金融、保険、公共事業、法律、会計サービス、土地所有など、およそ国の骨格を形成するほとんどの分野を含んでいる。

◈地域医療と国民皆保険を崩壊させる

マイケル・ムーア監督は〇八年、映画「SiCKO（シッコ）」で、高額医療保険制度の荒廃した米国の現実を描き出した。映画の冒頭は、事故で膝に大怪我をした中年男が、無保険で医療費が支払えないため、自分で傷口を縫う衝撃的シーンから始まる。続いて、テーブルソーで指を二本切った中年男性が、接合手術に中指六万ドル、薬指一万二千ドルするといわれ、薬指だけを選ぶシーンが登場する。

そうした米国流医療保険制度を、なぜ私たちは、TPPによる規制緩和の回路を通して、日本に移植すべきなのか。疑いもなく米国は、医療保険分野の規制緩和によって、混合診療制度と医療機関株式会社化とを認めさせようとしている。狙いは無論、豊かな消費人口を持つ日本だ。

ここで混合診療制度とは、保険診療と、全額自己負担となる自由診療とを組み合わせる医療サービス方式のことを意味する。まさに高額なカネのかかる、貧乏人にはかかることのできない、米国流医療制度だ。その実態を、私自身、留学中に何度も見聞きした。

米国は、この混合診療制度規制緩和に関する対日要求を、すでに「二〇〇六年日米投資イニシアティブ報告書」で明らかにした。その規制緩和を、今度はＴＰＰを借りて打ち出してきたのである。

日本は、戦後民主憲法下、社会保障制度の導入を進め、一九六〇年に国民皆保険制度を確立した。それによって日本国民は医療サービスを、医師が設立する医療法人によって受け、国民が等しく低コストで医療にかかることができる。その医療福祉制度が、社会保障制度の基盤を支え、ぶ厚い中間層をつくり、戦後の経済成長を生んだ。諸外国の垂涎の的となっている医療制度だ。

しかしもし米国流に、医療の世界に株式会社化が導入されるなら、医療は株主の利益を最大化させる手段と化すだろう。赤字診療部門は切り捨てられ、高額所得者を対象とする自由診療部門が拡大していかざるをえまい。自由診療部門の導入拡大は、世界に誇る日本型国民皆保険制度の瓦解第一歩となる。

◈金融サービス分野に参入する

しかも自由診療部門の導入拡大は同時に、高度な資金運用のノウハウを持つ米国系保険会社が、日本の保険市場に参入してくることを意味する。日本国内の金融資産が、米系保険金融機関に蚕食され、米国流のカジノ金融資本主義が跳梁跋扈することになるだろう。

米系保険会社の日本参入は、鳩山民主党政権下でいったん途絶した郵政民営化――と米系保険会社の国民金融市場参入――の動きを再始動させる動きと結び合う。つまりところ、医療保険分野に向けた米国の狙いは、米国金融業界が、一四二〇兆円に上る日本の民間金融資産を、一連の規制緩和によって吸い上げることのできる仕組みをつくることにあると、約言できる。

加えて指摘されなくてはならないのは、米国金融保険業界が農協JAの金融資産に、もう一つの巨大標的を定めていることだ。

JAバンク預金総額は約九〇兆円。みずほフィナンシャルグループ預金総額に匹敵する。米国金融業界が、日本財界とともに、のどから手が出るほど欲しい分野だ。農業が、TPP交渉二四分野の一つでしかないのに、米国が、日本財界とともに、農協つぶしに出ている所以だ。だからこそ、二〇一五年五月訪米に先だって安倍首相は、JA全中の一般社団法人化を強行し、萬歳会長を辞任にまで追い込んだのである。

◆浸食される政府調達、保険、金融分野

TPPで米国はさらに、日本の膨大な政府調達分野にも、狙いを定めている。すなわち、政府公共事業の入札に関して、これまでのような「最恵国待遇」扱いだけでなく、米系建設企業を、日本企業と同じような「内国民待遇」扱いをするよう、TPP参加によって求めようとしている。

通常のFTAと違ってTPPの場合には、条約加盟の相手国企業に対する障壁は取り外され、外国企業は、自国企業と対等の扱いを受けることができ、しかも公共事業市場への参入条件についても、いっさいの障壁をつくってはならないことになる。

これまで外国企業が入札に参入できるのは、自治体発注の場合には二三億円以上、政府発注の場合には六億八九〇〇万円以上の公共事業に限られていた。しかしTPPによって、これら公共事業の入札参入壁は撤去され、海外巨大ゼネコンが競り落とす事態が展開する。

しかも技術サービス分野への公共事業の参入壁は、海外企業にとってさらに低くなる。国内企業が発注する

ために求められる書類等の様式は、英文表記に統一されるだろう。特に地方の中小土建業者と地域経済に対する経済的打撃は、計り知れないものがある。

◆覇権国家のための毒素条項

最後に指摘されるべきは、TPPが一連の〝毒素条項〟を含んでいることである。

まず、ISDS（投資家・国家間紛争解決）条項。

この条項によれば、投資企業は、投資相手国で不利な処遇を受けたと判断した時に、相手国政府を、世界銀行傘下の国際仲裁機関に訴えて、損害賠償や規制緩和を要求できる。

確かに日本も、これまでアセアンやラテンアメリカなど途上国とのFTAにISDS条項を入れている。しかしアジア型ISDSと米国主導TPP下のISDSとは異質だ。米国主導のTPP下にあっては、訴訟社会アメリカが国際訴訟に関して高度なノウハウを駆使できる。TPP訴訟の国際仲裁機関は、首都ワシントンの世界銀行の強い影響下におかれている。実際NAFTAの場合、全四七件のISDS訴訟中、米系企業が敗訴した事例は皆無。逆にカナダ、メキシコ両政府は全件で敗訴、対米企業賠償総額は邦価で二六一億円に上る。

次に、ラチェット条項。

これによって投資相手国は、自らがいったん規制緩和をした事項に関しては、二度とそれ以前の規制に戻すことが認められないことになる。しかも米国の主張するTPPは、いわゆるネガティブリスト方式を取る。そのため、投資企業は、事前に目録に記載した「例外事項以外のすべての問題に関して」相手国を訴訟できるようになる。

さらに非違反申し立て条項。

これによって、たとえ投資相手国側が、TPP協定に違反していない場合でも、その相手国側の措置によって、投資企業が当初期待していた利益が得られず侵害された時には、ISDS手続きによって相手国を訴えることができる。

そして極め付きは、交渉内容の非公開主義である。

TPP既参加国間の合意によれば、参加国間では、交渉が終結または決裂しても四年を経過するまで、交渉内容は非公開にすることが義務付けられる。外交には機密を要するという大義名分下での、徹底した非公開秘密主義である。この手の外交手法は、沖縄返還の日米交渉過程などで今日よく知られるようになった。大英帝国以来、帝国が好んで行使する外交戦略の不可欠の一部といってよい。TPPは、まさに覇権のツールとして機能しているといってよい。

◆米韓FTAとNAFTAの帰結——アジア型FTAへ

「私たちは日本に、米韓FTAの二の舞を踏んでもらいたくないのです、それは、アメリカとチェボル（財閥）のための自由貿易なのですよ」——。韓国有数の市民団体「参与連帯」の担当者は、私たちにそう語った。壁には、「経世済民」の額が掲げられている。

覇権国主導のFTAが、いま米韓FTAの帰結として、韓国経済に黒く長い影を落としている。確かに李明博政権はウォン安を利用し、米韓FTAをはじめ積極的な海外通商開放政策を推進して、貿易黒字を稼ぎ出した。高度経済成長を成し遂げ、現代自動車など超巨大企業は収益を上げた。しかしその対外通商開放政策の影で、農村部は疲弊し、貧富の差は拡大して少子化が進展した。若者は非正規雇用で使い捨てられ、非婚率と自殺率で日本をしのぎ、先進国中で最悪水準にある。

覇権国家主導のＦＴＡが、国境を超えた規制の緩和と撤廃を進め、地域社会を崩壊させる格好の例証だ。その先例は、米加墨自由貿易協定（ＮＡＦＴＡ）下のメキシコにも見ることができる。

「シティーは危なくなったよ。友達が夜、三人組に襲われ、車で町中引き回されて、カードで現金を残らず引き出させられたよ」。首都の変貌ぶりを、旧友の日系パラグアイ人エコノミストはそう嘆いたものだ。

私自身、九一年春の四カ月、首都のメキシコ・シティーで客員教授暮らしをした。シティーの地下街には貧民が溢れていたが、ラテン文化の安全で贅沢な夜を満喫できた。だが九〇年代中葉以後、格差はさらに拡大し、貧富の差を示すジニ係数は今日〇・五一にまで上昇し、格差でも相対的貧困率でも、世界最悪水準にある。

疑いもなく米国主導のグローバリズムの波は、ＮＡＦＴＡを介してメキシコ社会を襲った。ＧＤＰは膨れたけれども、米系アグリ（食料）多国籍企業が参入し、土着資本が淘汰されて伝統農業が崩壊した。格差が広がり社会不安が増大していたのである。

覇権国家下のグローバリズムの波は、単にドルやマックバーガーだけではなく、米国固有の文化を――弱肉強食の新自由主義経済や金権政治文化から、銃を愛してやまない文化まで――国境を超えて溢れ出させていたといってよい。

そこから私たちは、生産大工程を軸にネットワーク分業によって結ばれるアジア型のＦＴＡと、金融とサービスとアグリビジネスを軸にグローバリズムを推し進める覇権国家主導のＦＴＡ、つまりはＴＰＰとの、異質さを見ることができる。その時改めて、ＴＰＰとは異質で、しかもアジア力を強める、もう一つのＦＴＡと地域協力のあり方が見えてくる。いまそれが、日中韓ＦＴＡと東アジア地域協力の形をとってあらわれている。

◆日中韓FTAのすすめ

逆説的にいえば、TPPは、日本農業の内向き志向に警鐘を鳴らした。そしてTPPではなく、日中韓FTAと「アセアン+3（日中韓）」FTAこそ、日本農業輸出戦略への貴重な機会を提供していることが、いま次のような形で明らかになり始めている。

とりわけ、一四年一一月、APEC北京会議開催直前に、中韓FTAが原則合意に達した今日、日本の中韓FTAへの参加が、日本の農と経済にとって、最重要政策課題に転じている。

第一にTPPと違って、日中韓FTAの場合、巨大な食料消費人口を抱える中国と、潜在的な食料大市場を持つ韓国が、協定の当事国であること。

また日中韓貿易には、すでに分業棲み分け構造ができている。日本は、工作機械や産業用ロボット、電子部品など資本財を売り、韓国は電子デバイスなど中間財をつくり、中国は消費財を売る。だから、韓国や中国が伸びれば伸びるほど、日本の資本財輸出も伸びる。相互のウインウイン関係を進める棲み分け構造ができている。

しかもアジア経済研究所が明らかにしたように、商品関税率に関しても三国は、相互補完関係にある。すなわち食品・飲料に関し（〇七年）、日本が九パーセントの低関税率であるのに、韓国二九パーセント、中国一八・四五パーセントの高関税率を維持し、家電、自動車についても、日本が〇パーセントであるのに、中国は約二〇パーセント、韓国は約八パーセントの高関税を維持している。

だから日本は、中国や韓国から、農産品を含め関税削減の譲歩を引き出すことのできる取引条件を持っている。

それを介して日中韓三国は、ＦＴＡを結実させることができるはずだ。

ちなみに、かつて〇三年に、日韓ＦＴＡ第一次交渉が座礁した主因の一つは、北朝鮮ケソン経済特区の韓国製品の原産地表示を巡って、日本がそれを「韓国製」と表示するのを認めなかったことにあった。「日本がもっと柔軟で戦略的な対応をとっていれば、ケソン経済特区の活性化を促しながら、朝鮮半島の緊張緩和につなげることができたはずです。日本は新しい東アジア秩序形成の観点からＦＴＡ交渉をまとめる、大国としての度量と戦略を持ってほしい」。〇五年――交渉が決裂した翌年――サムスン電子相談役・崔ウ錫は、そう苦言をもらしていた（国際フォーラム主催「日韓政策対話」〇五年六月）。

それは、日本経済再生の鍵が、大局的観点からウィンウィン関係を築くことのできる、戦略的思考にあることを、私たちに示唆している。

◈アジア食料食品共同体へ

第二にＴＰＰと違って、日中韓ＦＴＡの場合、食品検疫制度を巡る相互協力の仕組みをつくることが必須の政策課題であること。

コシヒカリや津和野「ヘルシー米」、青森産リンゴ、福岡産イチゴ「あまおう」、十勝産「川西ナガイモ」などは、中国や香港、台湾の中間富裕層で強いブランド力を持っている。いずれも各地の農協が、産官学商の連携下で懸命の営業努力を進めた成果だ。

叶芳和氏が指摘するように、中国には、コメ需要が一億五千万トンある。そのわずか一パーセントだけでも日本から輸入できる仕組みができれば、輸出量は年間一五〇万トンになる。日本の年間コメ生産総量のおよそ二割に相当する。年間減反分を補填して余りある。

しかも日本の食品業者が、現地に農場を持ち、食品生産工場を共同管理経営する時代に変容している。いわゆる開発輸入の時代だ。国境を越えてアジアは、日本にとっての豊かな農場や漁場となり、巨大な食品生産工場へと化している。国境を超えた六次産業化の時代だ。

豊かな食文化と、健康で安全な「フード・ジャパン」の広がりの中で、六次産業として農は、限りない潜在性を持っている。そのため日本は、農水産物のバリューチェーンの構築をアジア大に進めることが求められている。日本農業再生の切り札として、いま巨大な市場が、中国を中心にアジアへ広がっているのである。そのため何よりも私たちは、アジア諸国との間に、信頼と友好のウインウインの相互依存関係を構築し、それを深化させなくてはならない。

その新しい時代の展開を見すえて、早くも二〇一〇年五月、鳩山、温家宝日中両首脳は、食品安全に関する鳩山イニシアティブを進めることで正式合意した。〇七年餃子事件のような対日食品輸入にかかわる不祥事再発を防ぐ仕組みの構築である。その輸入食品安全イニシアティブを、日中韓FTAの枠内に組み込むこともできる。共同検疫制度を創設し、三国間の食材輸出入円滑化のウインウインの仕組みにつなげて、東アジアFTAと地域協力協定に拡大することもできる。

EUはすでに〇一年に欧州食料安全庁を発足させ、国境を超えた域内での食の安全システム構築に乗り出した。アジアの場合もまた、食品貿易の壁を低くしながら、食の安全を図って、東アジア固有の食料食品共同体を構築する時が来ている。

◆農業技術支援から緊急コメ備蓄支援制度へ

第三に、TPPの場合と違って日中韓FTAの場合、日本のすぐれた農業技術を、中国や韓国に伝播し、共同研究開発や合弁企業によって、地域共同プロジェクトを展開する基本的枠組みをつくることができる。日本を軸に、中、韓やアセアン諸国との農水産業技術研修や研究交流は長い歴史を誇って今日定着している。

しかも日中韓三国は、アセアンとともに、飢饉や災害の発生時に備え、緊急コメ備蓄支援制度を構築している。緊急コメ備蓄支援の制度化の歴史は、次のように記される。

早くも七〇年代食糧危機を機にアセアンは、七九年に域内六カ国による「緊急コメ支援システム（ＡＥＲ）」を構想した。その後九五年東南アジア一帯に山火事が発生し、インドネシアが食糧危機に襲われ、日本は七〇万トンのコメ貸付支援を行った。さらに九〇年代末に深刻化した北朝鮮の飢餓に日本は、〇〇年から〇一年に、韓国と共に国連世界食糧計画を通じてコメ支援に乗り出していた。

そうした実績を踏まえて〇一年「アセアン＋３」農林大臣会議は、東アジア緊急コメ備蓄（ＥＡＥＲＲ）パイロット事業を発出させた。各国が年毎に申告する登録上用意する備蓄と、国内倉庫に現物で積み上げる実際上の備蓄との二種類のプログラムから成り、飢餓災害発生時には後者の備蓄米が、飢餓国に緊急放出されることになる、という仕組みである。

〇七年までは、もっぱら日本だけが申告制コメ備蓄登録を進め、プロジェクト財政負担し、タイが事務管理を担う、限定的なパイロットプランでしかなかった。しかし〇七年の食料資源価格高騰や四川大地震の発生、フィリッピン等での食料暴動の勃発に後押しされ、〇九年以降、中国と韓国もコメ備蓄申告制度に参画した。そして一二年には、アセアン＋日中韓３国（ＡＰＴ）は、ＥＡＥＲを格上げ恒常化し、「アセアン＋３コメ緊急備蓄（ＡＰＴＥＥＲ）」協定を締結発効させた。

しかもアセアン諸国は、それ以前からＥＡＥＥＲプロジェクトと共に、緊急災害時に備えた「アセアン食料情報システム（ＡＦＳＩＳ）」を発足させていた。ＡＦＳＩＳもまた、十年の実績を基礎に整備強化され、アジアの食料生産情報や農業技術情報の相互交換システムとして域内で定着し、ＡＰＴＥＥＲを補完しながら、域内諸国の食料生産性の向上に資するに至っている。

その意味でアセアンが、日中韓とともに、人間生存の基礎にある食料に関する安全保障システムの構築に乗り出したことの意味は、十二分に評価されてよい。

◈アジア人間安全保障共同体へ

二一世紀アジアにあって、もはや安全保障概念は、同盟と軍事力を軸にした伝統的な軍事安全保障だけでとらえ切ることができなくなった。

グローバル化の波は一方で、国々の経済社会的な相互依存関係を深化させ「不戦の世紀」をつくり始めた。その波は他方で、貧困や飢餓をつくり、テロや海賊の横行を生み、鳥インフルエンザや急性感染症、さらには排ガスの生む粉塵群（ｐｍ５）による環境大気汚染のリスクを拡大させた。国境を超えて人びとの生活や生存が脅かされる事態が現出し始めたのである。

それに、津波や巨大地震など自然災害や原発事故がもたらす、共通のリスク群が加わる。アジア太平洋プレートは今日、巨大な地殻変動期に入っている。最近二五年間に、死者二万人以上出した巨大災害一〇個の七割、死者総数一〇三万七千人の七五パーセントは、広義のアジア地域が占める。三・一一後、二〇一一年のＮＥＡＴ総会で日本側代表は、災害予防予知システム構築のための、一連の政策を提言した。

それらは、アジア地域特有の非軍事的なリスク群だ。貧困や低開発、人口爆発や環境汚染から、巨大自然災害や原発事故に及んでいる。アジアの国々は、そのもう一つのリスク群に対処するためにいま、共通の仕組みをつくるべき時がきている。それこそが、三・一一の教訓であり、二一世紀サステナビリティー・ゲームを生き抜く知恵であるはずだ。

いま伝統的な国家安全保障から非伝統的な人間安全保障へと転換し始めている。その転換が、一九九四年国連の委託で、アマルティア・セン（ハーバード大学教授）と緒方貞子（当時、国連高等難民救済事務所長）が出した『国連人間安全保障報告』に集約される。それが、アジア地域共通のリスク群を軸に、アジア地域共同体を創成していく動きに連動する。

だが、そうした連動にもかかわらず私たちは、とりわけ尖閣問題以来、膨張する巨大中国の影におびえ、巷間、「日中、もし戦わば」の声すら聞こえるようになった。しかも、竹島／独島問題ばかりであく、従軍慰安婦問題をめぐって、日韓関係が冷え込んでいる。

いったい、この外交の隘路から、私たちはいかにして抜け出ることができるのか。

ここでも私たちは、近隣諸国との歴史和解に成功した、欧州統合の歴史に学ぶことができるはずだ。

4　第三の選択肢としてのＲＣＥＰ

◆欧州の歴史に学ぶ

これら東北アジアの共同開発プロジェクトの推進が、東シナ海ガス田共同開発や、独島／竹島周辺海域の漁業資源共同開発や観光開発と組み合わせることができるなら、そしてそのための原資を、アジア債券市場で起債し、域内の余剰貯蓄の域内投資化を進めることができるなら、アジアもまた、欧州石炭鉄鋼共同体に始まるヨーロッパ地域統合の歴史から、再び学び直すことができるだろう。

ヨーロッパの場合、第二次大戦後の一九五二年、独仏間の歴史的な紛争地域、アルザス地方を共有化し、戦争の原資である石炭と鉄鋼を共同生産管理して「不戦共同体」の道を拓いた。そのヨーロパから学んでアジアもまた、先ずは日中間の歴史的な紛争地点、尖閣周辺海域に眠るガス田の共同開発管理を進めて、アジア「不戦共同体」の道を拓いていく時がきているだろう。

その意味で私たちに求められているのは、欧州地域統合の歴史に学びながら、アジア固有の条件を踏まえて地域統合推進のメカニズムを一つ一つ、つくり上げることだ。

そのメカニズムは、中国主導の「アセアン＋3」か、日本主導の「アセアン＋6」か、あるいは米国主導のTPPか、はたまた「アセアン＋8」か、といった不毛の選択の中にはないだろう。あるいはTPP交渉参加を前に、覇権国家のアメフト流外交ゲームのリスクにさらされて、国益を棄損し続ける必要はあるまい。いまそれらを超えて、アジア地域統合のウィンウィン関係の制度化を進める第三の選択肢が浮上し始めているのである。それが、アセアンをハブとする通商共同体を起点とし、金融共同体や食料共同体を派生させながら、開発共同体を進展させていま、東アジアの「地域包括的経済連携（RCEP）」として展開し始めている。

◆対立を超えて

RCEP（アール・セップと発音する）――それは、東アジア地域包括的経済連携の略称だ。

二〇一二年五月、アセアンは日中韓とともに、インド、豪州、ニュージーランドを加えて、RCEPを、東アジア地域統合の第三の枠組みとすべく政策提起した。そして八月、カンボジアのシェムリープの経済大臣会合の合意をへて、一一月に交渉入りした。APT一三カ国を基軸にしながら、アセアン＋6の一六カ国間で、貿易・投資の自由化を進め、アジア地域統合を推進していく。新しいアジア地域統合の基軸である。

「私たちは、野心的だが、実現可能で現実的なシナリオを、いま描き始めているのですよ」。二〇一二年八月末、トラック一・五機関NEAT一〇周年記念の北京会議で旧知の張蘊岭・中国社会科学院アジア太平洋研究所長は、基調記念講演の後、興奮気味に語っていた。氏は、RCEP構想を描いた知恵袋の一人だ。ちょうどシュムリープでの「アセアン＋6」経済大臣会合でRCEPの合意にこぎ着けて、カンボジアから帰国したばかりの席だった。

RCEPは、次の三つの要素からなっている。

先ず、「アセアン＋6」の一六カ国を、構成メンバー国とする。原則的に、そこでの合意対象領域は、貿易通商分野―FTA関連領域――とする。そしてそれ以外の非貿易通商分野――環境、エネルギーや、農業、食料から防災や防疫、安全保障や教育、文化に至る領域――については、「アセアン＋3」の一三カ国間に委ねる。

時間軸でいえば、RCEPの基本形を二〇一五年までに仕上げる。次いで、その基本形に基づいて二〇二〇年にそれを単一の、制度的な国際法人格を持った組織体に格上げする。それを、EAC（東アジア共同体）、もしくはEAEC（東アジア経済共同体）と呼ぶことができる。従来までのバラバラな機能的諸分野の地域的取り決めの集合体を超える道である。それによってはじめてアジアにも、一九六〇年代中葉の欧州で実現をし始めたような、制度的な地域共同体の骨格が形成されていく。

氏は、〇三年のNEAT創立以来、終始、東アジア共同体構想実現に向けて、精力的な政策提言活動を進めてきた。若い日にジョンズホプキンズ大学国際研究大学院に留学して欧州統合史を学び、その後ベルギーのブリュージュにある欧州大学院大学や、イタリア・フィレンツエのヨーロッパ研究大学院で研鑽と交流を深めていた。氏もまた、カレルギー伯やジャン・モネの汎ヨーロッパ運動の思想と政策に共鳴し、アジアにも不戦共同体を構築するという夢を描いて、「アジア人」としての先駆的役割を果たそうとしている。

その意味で私たちに今求められているのは、幾人、幾十人、幾百人ものジャン・モネであるといってもよい。

◆三様の外交戦略

アジア地域統合の道はこれまで、さまざまな提案（＋3、＋6）や、外部介入（＋8、TPP）の中で揺れ動いて、定まることがなかった。そのアジア地域統合のかたちが、第三の選択肢によってはじめて、欧州共同体に類似した制度主義的な地域統合の道へと歩み出すことができる。

それは、すぐれて戦略的な外交の選択肢だといえる。

第一に、覇権国主導のTPP提案によって、アセアン域内で、参加国と不参加国とに分断され、アセアンが分裂の危機に見舞われるのを回避できる。そしてアセアン共同体としての統一を固めて、アジア地域統合におけるアセアン中心性（セントラリティー）を維持強化できる。

第二に、東アジア共同体構想が、中国主導のアセアン＋3と、日本主導のアセアン＋6との間で股裂きにされ膠着状態に陥っている現状を克服できる。同時に、中国が日本に譲歩する形で、アセアン＋6の枠組みを域内FTAの基本とすることによって、日中間の対立を乗り越え、アジア地域統合を一歩も二歩も前進させることができる。

第三に、インドや豪州を東アジア地域統合の通商上の枠組みに組み入れることによって、台頭する中国の影響力の増大に対して、「力の均衡」を維持回復し、アジア太平洋地域の政治的、軍事的安定化への布石を打つことができる。

これらRCEPに向けた一連の動きは、次のようにもいえる。すなわち、米国が打ち出した覇権国主導TPPの外交戦略が、はからずもアセアン分裂の危機感——とアジア地域統合の分断支配への懸念——を、アセアンや中国に募らせた。その危機感と懸念の中で、アジアの国々はそれぞれに、RCEPの中に、「＋3」か「＋6」か、TPPへの参加か反対かという不毛の選択を乗り越えことができる、第三の選択肢を見出していたのである。

◆最適地域統合圏へ

第三の選択肢――RCEP――は、域内諸国家間の貿易連結度の指数に合致している。だからそれは、アジア地域統合の最適解として位置付けることができる。

かつてノーベル賞経済学者ロバート・マンデルは八〇年代に、最適通貨圏の条件を、①生産要素の移動性。②経済の対外開放性、③産業構造の多様性、に求めた。それを基礎に、欧州が主権国家の枠を超えて地域共同体として共通通貨を発行できる条件を手にしていることを示唆し、共通通貨ユーロ創設の理論的支柱をつくり上げた。

その最適通貨圏の理論によって私たちは、最適通貨圏ならぬ最適地域統合圏の条件を、以下のように理論仮説できる。

第一に、モノとヒトの往復が一〇時間内外で可能な「一日経済圏」が成立していること。第二に、域内国家間の発展が不均衡で、そのため通商と開発を軸に相互補完性が強く、「生産ネットワーク分業化」の発展潜在性を持っていること。第三に、域内諸国家間の「貿易結合度」と「貿易相互依存度」が深化し、おおむね一・五以上の貿易結合度と、三五パーセント以上の域内貿易相互依存度によって、互いに結ばれていること。

この理論仮説によった時、アジアは、拡大EUやNAFTAにもまして、地域経済統合圏としての条件を備えている現実に気付く。そこから、アジア太平洋地域の最適統合圏が、TPPでもアセアン＋8でもないこと、まして「日米新経済圏」でもFTAAPでもないこと。逆にアジアの最適経済統合圏が、アセアン＋3を基礎とし、日中韓（CJK）を内包しながら、アセアン＋6に波及している。その新しい現実が明らかになっている。

それら三重の地域統合圏の条件がいま、広域東アジア地域経済圏としてＲＣＥＰへの限りない潜在性を示している。

その潜在性を前提にした時いったい私たちは、いま何をなすべきか。領土歴史問題で日本の立ち位置が問い直されているいま、先進ヨーロッパの経験が私たちに指し示している「歴史の教訓」は、あまりにも大きい。

注

（1）FAO Food Balance Sheets, 出所：『世界国勢図会、２０１２／１３』二二一～二二五頁。

（2）ＷＴＯ、ＦＴＡ、ＥＰＡ
ＷＴＯ（世界貿易機関）は冷戦終結後１９９５年に発足。貿易・投資の多角的自由化の推進と順守を加盟国（現在一五七国・地域）に義務付ける。ＦＴＡは、複数国・地域間の自由貿易協定である。ＥＰＡはヒトの移動なども含む。いずれもＷＴＯ体制を補完し、貿易総額一〇パーセント以内であれば、農産品など関税撤廃の例外品目が認められる。しかしＷＴＯ下では、農業や投資、サービスに関し世界大の合意形成ができず、勢いＦＴＡ網が世界大に拡大している。

（3）貿易依存度と貿易結合度
貿易依存度は、Ａ国とＢ国（地域）との輸出依存関係の度合いの深さを表すのに対して、貿易結合度は、両国間の貿易が世界全体の貿易総額に占める度合を表す。中国経済規模の拡大に伴ってアジア各国は、対欧米（特に対米）依存度を低下させ、九〇年から一一年にかけアセアンは、一九・四パーセントから八・六パーセントへと半減、逆にアセアン＋3域内で三六・〇、アセアン＋6域内では四一・二へと相互依存度を急増させている。貿易結合度についても、日本の対米は九〇年二・二から一一年一・三へ半減、対ＥＵが　〇・三なのに、対韓は二・九、対中は二・三、対アセアンは二・三、アセアン＋3全域で二・〇、アセアン＋6全域で一・八へと高い結合度を示す。（唄新福井県立大教授の作成資料、データはジェトロ等による）。

［付記］本稿は、拙著『アジア力の世紀』（岩波新書）第三章を基礎に改稿したものである。

第2章　成長の東アジアと相克の日・中韓関係——重層化する課題の超克に向けて——[1]

平川均

はじめに

東アジアをNIES、ASEAN、中国、日本から成る地域とすると、これらの国の経済成長は、この地域を世界最大の経済圏に押し上げている。半世紀前までの通説であった「貧困と停滞」のアジア観は「成長」のアジア観に置き換わった。実際、韓国や台湾などNIESは今や先進国とみなされ、中国は世界第二位の経済力を有する国となって浮上した。東アジアでは域内貿易の拡大と共に経済統合が進み、地域の一体化が進んでいる。

ところが、この経済的一体化は、日・中韓との間の外交でも国民意識でも、相互に理解を深める方向に向かっていない。日中間では、それまでの「友好」意識から「対立」意識に逆転現象が起こっている。中韓両国ともに、日本の戦後処理のあり方それ自体に根本的な疑問を呈している。

この経済関係の深化と政治外交的、社会的対立という逆説的な関係を生み出す背景は何なのだろうか。それが本章の課題である。そのために、アジア太平洋戦争（大東亜戦争）終結後の日・中韓の戦後処理の歴史的事実と現代東アジア経済の発展に伴う構造変動の、二つの視点から日・中韓関係を考察し、戦後日本の戦争処理のあり方と、経済における東アジアの地域の日・中韓の立ち位置の変化が生み出す人びとの意識の変化の増幅現象として対立のメカニズムを捉えたい。そして、この対立を乗り越える基本的立場を日本について考えてみることにしたい。

1　発展の東アジアと対立の日・中韓関係

1　発展の東アジアと構造変動

世界経済における東アジア地域の位置は過去半世紀以上にわたって劇的に変化してきた。世界のＧＤＰに占める地域別シェアの変化をみると、一九八〇年代以降、東アジアの地域のみがシェアを伸ばしてきたことが分かる（WB 2009）。そして二〇一〇～一一年が大きな画期の時期となる。図1が示すように、一〇年の東アジア全体の経済規模はアメリカのＧＤＰを超え、その後確実にアメリカとの差を広げている。ＥＵとの規模もこの時期にほぼ拮抗し、一二年には追い越した。域内の構造でも同様である。日本がバブル経済に踊った一九九〇年頃まで東アジア経済にあって、日本は圧倒的な経済力を有していた。しかし、その後、日本のアジアにおけるシェアは急激に低下し、対照的に中国は九七年のアジア通貨危機も二〇〇八年の世界金融危機も乗り越え、今世紀に入ると一段と上昇している。一九九〇年の中国の経済規模は日本の一〇分の一に満たなかった。それが二〇〇五年には日本の半分に、わずか五年後の二〇一〇年には日本を超えて世界第二位の経済力を有するまでに成長した。東アジアの経済動向は二〇〇〇年代初めまで日本の経済に連動していた。それが今や、中国に連動するようになっている。

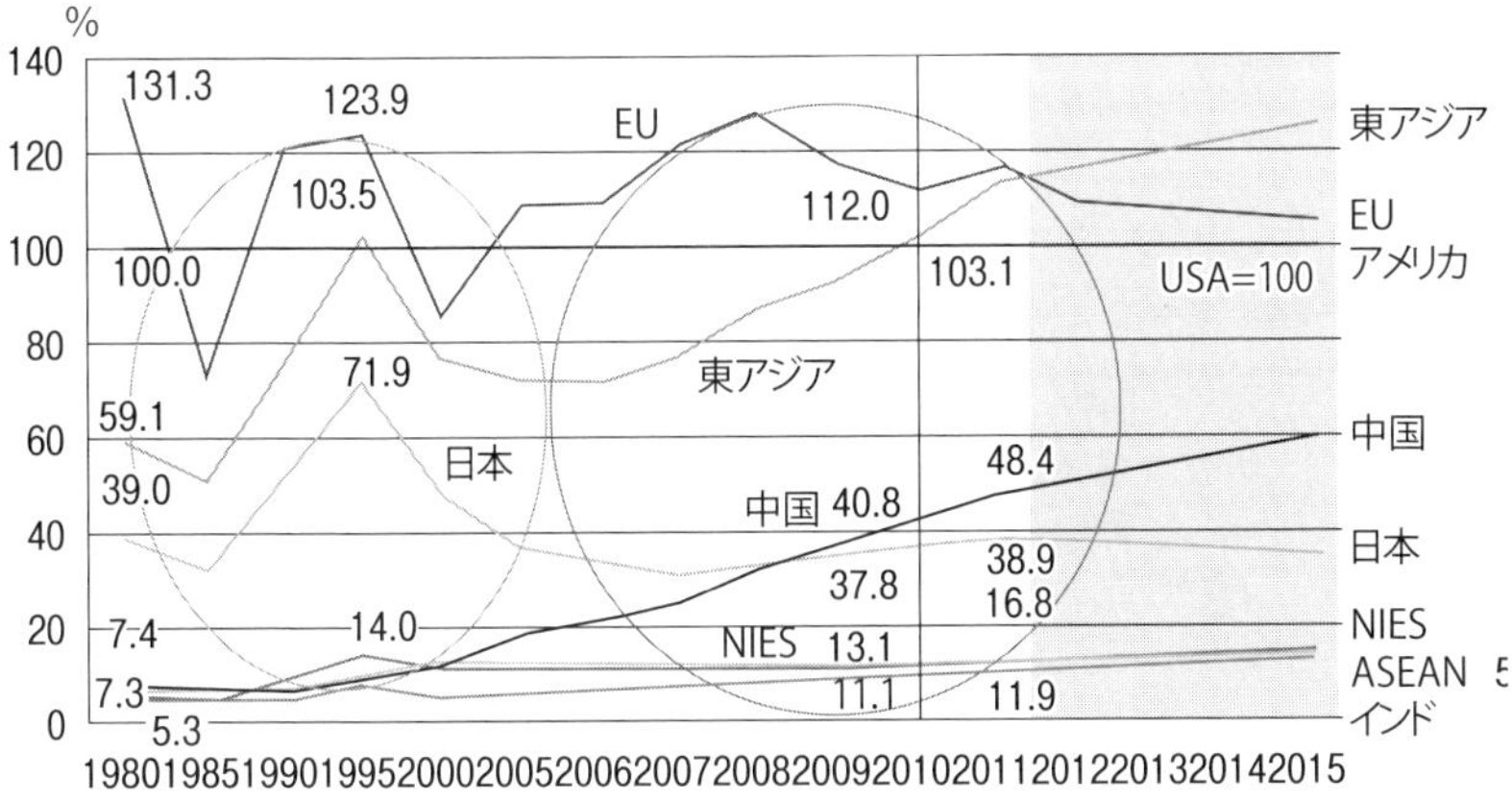

注：アメリカの名目GDPを100とする。1980年の比率は、下からNIES、中国、ASEAN5 、日本、東アジア、米国(100)、EUである。2012年より推計値。
出所：平川(2014)「構造転換の世界経済と東アジア地域の制度化――ASEAN に注目して――」山田・磯谷・宇仁・植村編『転換期のアジア資本主義』より引用(原資料IMF World Economic Outlook, April 2012より作成)。

図1　各国・各経済圏のＧＤＰのキャッチ・アップ率（対アメリカ）

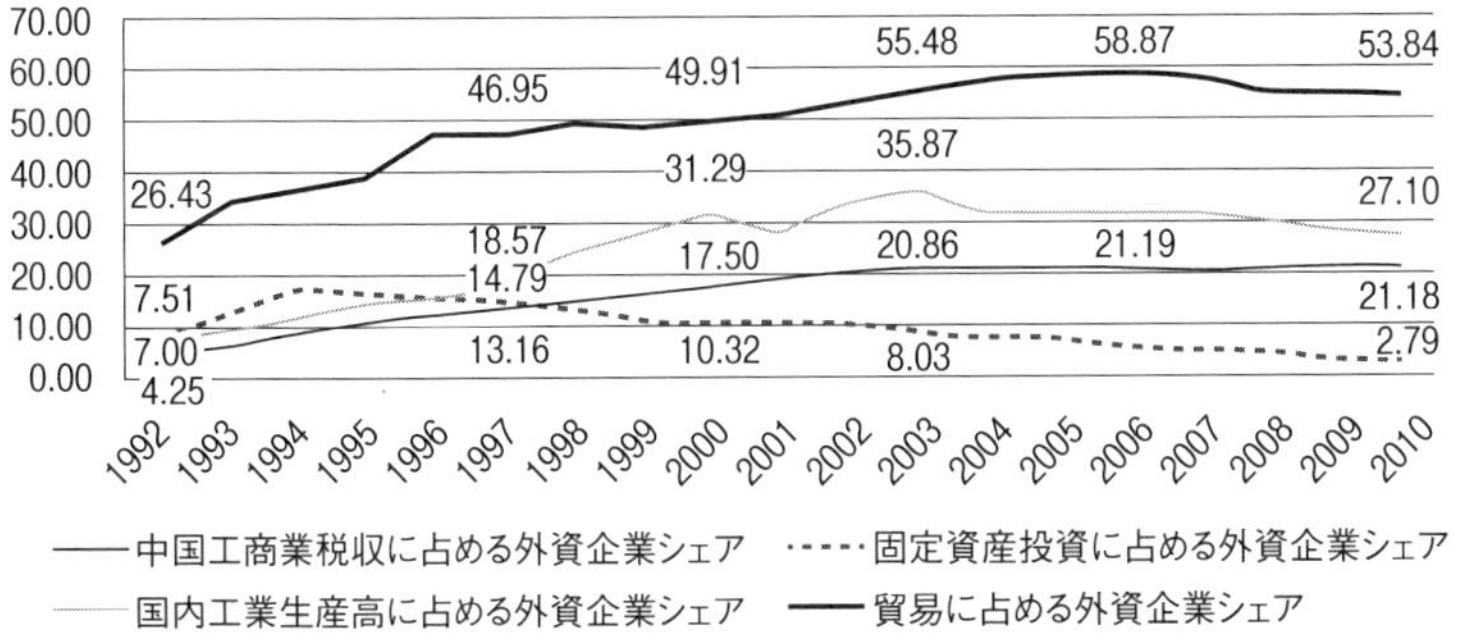

出所：中国国家統計局(2011)『中国外資統計2011(Statistics on FDI in China 2011)』より作成。

図2　中国における外資系企業の諸指標　1992-2010

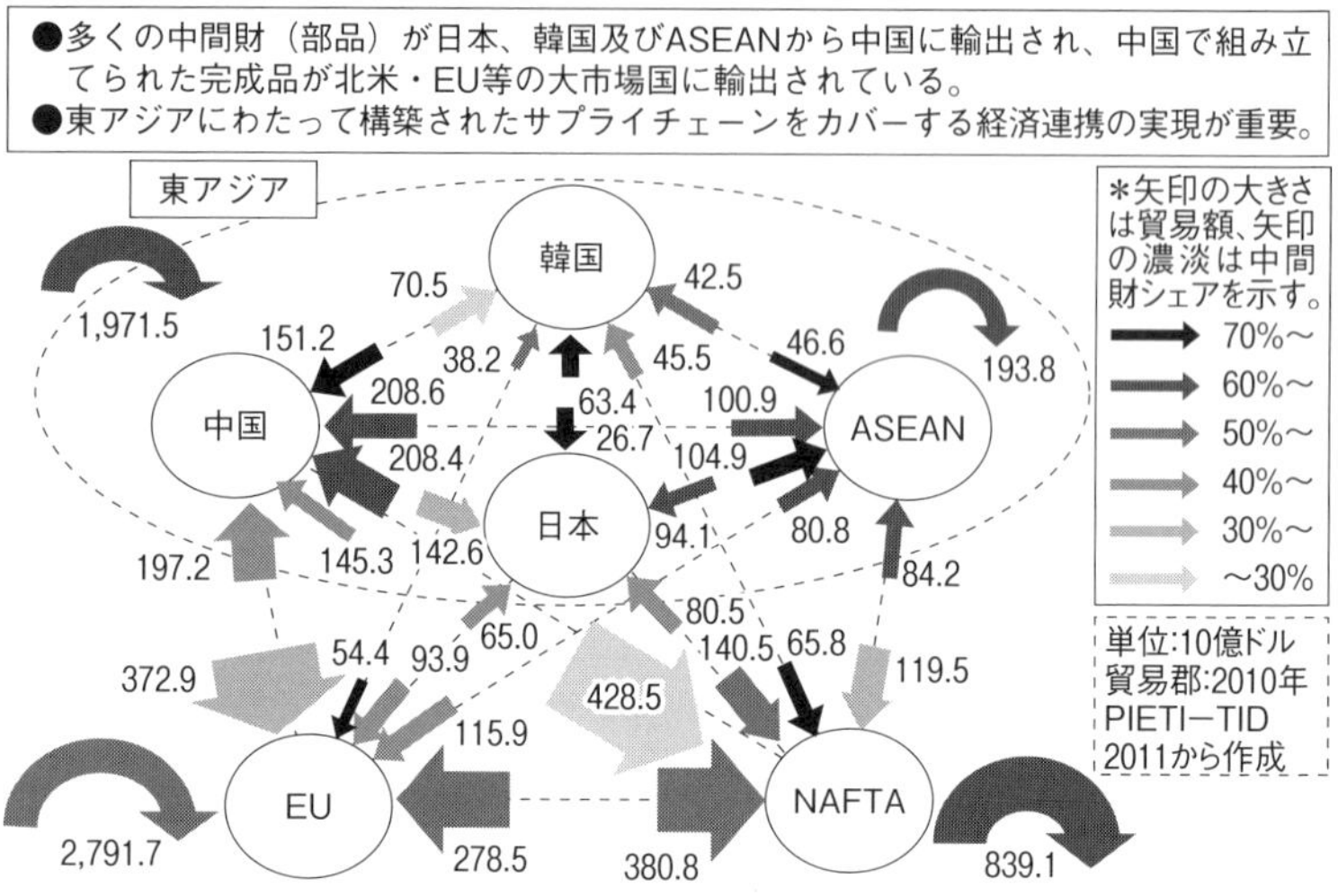

出所：産業経済省（2013：57、第Ⅱ-1-1-1）より引用。

図3　東アジア地域の財別域内貿易構造（2011年）

もっとも、この変化は中国のみによって引き起こされている現象ではない。韓国をはじめとしてＮＩＥＳ、ＡＳＥＡＮ、さらにインドなども中国ほどではないが確実に成長を続けており、その筆頭に中国が位置する。東アジアは今や世界における最大の経済圏として登場しているのである。

ところで、成長の著しい東アジアは外資系企業が成長で大きな役割を果たしてきた。その特徴は、中国経済の発展においてとりわけ顕著である。中国国家統計局のデータを基に経済に占める外資系企業の諸指標を図２で確認すれば、中国の貿易額（輸出＋輸入）に占める外資系企業の割合は今世紀に入ってピークに達し、六〇パーセントに迫る水準にまで上昇している。こうした東アジアの発展が域内分業構造を高度化させ、域内経済統合を実現させてきた。図３は、東アジアの域内貿易が中間財中心でなされていることを二〇一一年の貿易額とそこにおける中間財の水準で示したものであるが、日本と共に韓国が中国、ＡＳＥＡＮへの中間財輸出の拠点となっていることがわかる。一九六〇年代～八〇年代において、韓国などのアジアＮＩＥＳは日本から中間財、資本財を輸入し、組立・加工して消費財をアメリカに輸出する、いわゆるトライアングル構造のもとで発展を果たした。それが今では産業構造を高度化させ、ＮＩＥＳは日本と同様の位置に上昇し、かつての自らの位置にＡＳＥＡＮ、中国、後発ＡＳＥＡＮ諸国が組み込まれて、東アジアの新たな域内貿易構造が創り出されているのである（平川二〇一一ａ）。

２　対立の日・中韓関係

二〇一二年八月一〇日、ロンドン・オリンピックが終わりに近づく中で、李明博韓国大統領（当時）が、同国の領有権を主張して竹島（独島）に上陸し、大統領の行為を八割の韓国の人びとが支持した。五日後の一五日は日本の敗戦の日、韓国にとっては解放の光復節であるが、この日の祝典で朴大統領は従軍慰安婦問題に対する日本政府の立場を批判し、また前日には天皇の訪韓に関しても自らの見解を述べた。日本政府が日本の領有権を主張する尖閣諸島（釣魚島）へ香港の活動家が上陸した事件が起きたのも同じ一五日である。これを機に中国では反日デモが一気に広がった。在北京日本大使の乗った車に掲げられた日の丸が奪われる事件も起きた。

韓国との従軍慰安婦問題では、二〇一三年五月に橋下徹・大阪市長が、従軍慰安婦の強制連行の根拠は無い、当時にあっては慰安婦がいるのは当然であるとする発言を行い、国内はもちろん国際的にも批判を浴びた。一三年四月には安倍晋三首相自身も、一九九五年八月に当時の村山富市首相による「日本の植民地支配と侵略を謝罪」した村山談話に疑問を呈し、「侵略という定義は、学会的にも国際的にも定まっていない。」などの発言を行なっている。その後、内外からの強い批判に会って村山談話を引継ぐとしたものの、首相再就任の一年目に当たる一三年一二月二六日には靖国神社参拝を強行した。他方、韓国では、憲法裁判所や最高裁判所において、戦時中の慰安婦や日本企業による人びとの徴用に対して、個人の賠償請求権が成立するとの立場に立つ判決が相次いで下されている。新日鉄や三菱重工業の強制徴用では、会社側への賠償支払い判決が言い渡された（日経二〇一三・七・一〇）。二〇一三年二月に政権を受け継いだ朴槿恵《パククネ》大統領も、慰安婦問題や歴史問題について日本政府の立場を強く批判している。この立場は、日韓条約により賠償問題が「完全かつ最終的に解決」されたとする日本とは真っ向から対立し、両国は対立を深めている。

今回の尖閣諸島領有権問題については、そもそも石原慎太郎・東京都知事（当時）が私有地である尖閣諸島の購入計画を立てたことで再発した出来事と言えるが、同じ二〇一二年八月には東京都議ら地方議員五名を含む一〇名が尖閣諸島の魚釣島に上陸し、石原自身も政府に上陸許可を申請した。しかも、こうした対立を回避しようとして日本政府が翌九月に行った国有化措置も、中国内に大きな反発を生み、日中間の尖閣諸島問題にさらに油を注ぐ結果となった。こうして、尖閣諸島の日本による領有を「日本軍国主義の侵略と拡張」の結果であるとする中国政府は中国公船を派遣して「侵犯」を繰り返す措置で対抗している。さらに、二〇一三年一一月には東シナ海上空を「防空識別圏」(2)に指定する措置さえ採るまでにエスカレートさせている。台湾政府も基本的に領有権を主張している。日・中韓では歴史問題に端を発する領有権や個人の賠償請求権問題では、解決の緒を見いだせない危険な状況が常態化しているのである。

だが、成長を謳歌し日・中韓相互に経済的人的交流が深まる中で、何故これほどまでに対立が深まらねばならないのだろうか。次にそれを考えてみよう。

2　戦後処理のあり方

1　サンフランシスコ平和条約と戦争賠償問題

戦争賠償は、戦争の加害者がその「損害や苦痛」を償うものと捉えられている。敗戦した日本はこの賠償義務が生じたが、その後に顕在化する冷戦構造の下で賠償の性格が大きく歪んだと言わねばならない。しかも、中韓との賠償交渉も曖昧なかたちで処理されてきた。韓国は第一次世界大戦以前の一九一〇年に日本の植民地となっていて、アジア太平洋戦争（大東亜戦争）における直接的当事者になれず、賠償請求権の正当性自体が問題になった。長い日中戦争を戦った中国についても、一九四九年の中国革命によって誕生した中華人民共和国との間では国交正常化が遅れ、一九七二年まで賠償請求権問題は真の意味では未解決のまま残された。これらの経緯を確認する中で、日本の戦争処理がどのようになされたかを見ていくことにしよう。

日本が敗戦を受け入れポツダム宣言を受諾したのは一九四五年八月一五日であるが、その年の暮に賠償問題担当として来日したエドウィン・W・ポーレーは日本の軍国主義を解体するという強い姿勢のもとで賠償請求案を作成した。四七年四月からは賠償問題が未解決の中で「中間賠償」として軍需関連施設とみなされる工場が撤去され、中国、フィリピン、蘭印（現インドネシア）、ビルマなどへ移設が行われた。しかし同じ頃、強まる「冷戦」構造の下でポーレー案は破棄され、その後、アメリカによる無賠償案が出されるまでになった。これに対して、フィリピンやインドネシアなどは強く反発し賠償請求権は認められたものの、実質的には日本の戦後復興に極めて有利な賠償義務が課されることになった。ちなみに、四九年五月にはマッコイ極東委員会アメリカ代表による声明が出され、工場撤去も打切られた（朝日新聞、一九四九・五・一四）。

一九五一年九月、アメリカの指導の下、連合国と日本との間でサンフランシスコ平和条約が結ばれた。同条約第一四条（a）で日本は「存立可能な経済を維持する」限りでの賠償責任があり、「戦争中に生じさせた損害及び苦痛」に対して「賠償を支払うべき」であると規定されるが、続く（b）では「別段の定めがある場合を除き」、連合国は「請求権を放棄する」と明記された。つまり、賠償義務を日本は負うが、日本の経済復興に影響を与えない限りでの賠償支払いでよい、との内容になるのである。同条約では、極力それが可能となるように、賠償の支払い方法において強い限定が課された。賠償は「損害を修復する費用」について日本人の役務により支払うとされ、「苦痛」に対する償いについては明記されなかった。さらに、その支払いにおいて求償国は「外国為替上の負担を日本に課してはならない」とされたのである。サンフランシスコ平和条約は、日本が戦後の復興を第一の目標に据えて、それに影響を与えない限りで賠償すればよい、人びとの「苦痛」に関しては賠償義務を曖昧にするというのが基本的内容であった。

日本は同条約に沿って賠償交渉を有利に進めた。他方、賠償請求権を行使した国々は不本意にも、その交渉において日本に対して自らの主張を貫くことができなかったと言っていい。賠償請求権を行使したフィリピン、ベトナムは平和条約に基づき、平和条約に不参加、または調印しなかったインドネシアとビルマは個別の賠償協定によって交渉を行ったが、その賠償額は請求額を大きく下回る形で決着した。当時、外務省が決定したインドネシアとの賠償交渉方針には、日本政府の基本的立場が直接的に確認できる。すなわち、「日本の賠償責務は、インドネシアが被った損害及び苦痛によって量られるべきではなく、日本国の履行能力」による。あくまで「直接戦争損害」のみに限定し、例えば「一家の長及び賃金労務者の死傷ないし行方不明の結果としての家庭所得の喪失」は一種の「期待利益」であって賠償の対象でない、などというものであった（外務省アジア局一九五二）。そして、賠償形態も「役務賠償」から「資本財賠償」へと方針を変えていくのである。日本の戦後復興によって生産されるようになった機械類などの資本財を賠償を通じて供与することで、日本製品の市場を開拓する方向が示されるのである。それは、その後のアジアの国々との賠償交渉と経済協力における基本的立場であった。ちなみに、筆者はそれを政府間で交渉を決着させる「G2G」（政府対政府）での解決策と呼ぶことにしたい。

2 「G2G」の韓国と中国との戦後賠償処理

日本の敗戦によって植民地支配は終焉したものの、朝鮮半島は米ソ間で三八度線によって分断占領され一九四八年八月に韓国、翌九月に北朝鮮の二つの国家が成立した。しかも五〇年六月から五三年七月まで朝鮮戦争を戦った韓国の戦後賠償問題は、いわゆる日韓条約の締結にも拘らず韓国の人びとからすれば未解決状態にあると言うのが正確な表現であろう。国交正常化が未達成の北朝鮮との間ではもちろん今日まで解決されていない。交渉を行った韓国にとって、それは困難を極めた。韓国は、そもそも一九一〇年の日韓併合が非合法であり、連合国の一員であるとする立場からサンフランシスコ会議への参加を要請したが、認められなかった。一九五一年から始められた国交正常化交渉で韓国は賠償を要求するが日本政府はこれを認めず、単に「請求権」問題として解決が図られた。その決着は六五年六月の日韓基本条約の締結まで実に一四年を要した。しかも、この協定では無償供与三億ドル、有償供与二億ドルで「請求権」問題が最終的に完全に解決したとされ、開発を急ぐ当時の韓国政府との間で、準賠償として経済協力と抱合せで成された政治決着であった。それは戦後復興を果たした日本が韓国への請求権支払い要求を日本の発展に組込む形での解決策であり、個人による賠償請求（個人補償）は基本的に認められなかった。日韓併合の合法性問題を含む日韓関係が曖昧のままに、国民の心情を無視してのいわば「G2G」（Government to Government）の政治的解決であった。

中国の賠償請求権は、最終的に中国政府が放棄する形で決着した。一九四五年時点の連合国としての中国は中華民国であったが、一九四九年の中国革命によって大陸を統治する中華人民共和国と台湾を統治する中華民国の二つの政府が成立していた。そのため、サンフランシスコ平和会議には両国とも招聘されず、日本の完全独立後に日本政府自身が交渉国を選択するとすることになっていた。日本はアメリカの意向に沿って一九五一年一二月の吉田書簡により台湾の中華民国を正統な政府とみなし、サンフランシスコ平和会議の発効と同時に同政府と日華講和条約を締結し、同政府は賠償請求権を放棄した。中華人民共和国（中国）政府は、一九五五年八月、一〇〇〇万人以上の犠牲者と数百億ドルの公私の財産の損害を受けたとの外交部声明を出して賠償請求権を主張した（服部二〇一二、六六）。だが、一九七二年の日中国交正常化交渉において中国は賠償請求権を放棄する。日中交渉の中国側責任者である周恩来は、日本が日華講和条約によって賠償請求権問題は決着済みとする立場に同意はしないものの、日本の侵略が一部の軍国主義者によって引き起こされたものであり日本の一般の国民に責任はなく、したがってその負担を日本に課さないとの解釈の下に、毛沢東の方針に沿って賠償請求権を放棄したのである。他方、日本の外務省は当時、日中国交正常化交渉に当たって賠償請求権問題が採り上げられるならば正常化は極めて困難との立場であったが、中国共産党の請求権放棄が事前に伝えられていたこともあって賠償問題を検討することはなかった。中国政府は中ソ対立が深刻化する中で、対日国交正常化を政治的に優先したのであった（服部二〇一二、六六―七〇：石井・朱・添谷・林二〇〇三、六〇―六四）。この決着については中国国内で強い不満があった。周恩来は国内の説得に腐心し、党中央、外交部、中国の主要都市、東北地方などで講演し、さらに日本が長く占領した東北地方では党の幹部大会を開いて毛沢東と周の指示を伝達したのである（服部二〇一二、二〇八）。国交正常化は、「未曾有の戦禍を強いられた中国人の心」を置き去りにして「Ｇ２Ｇ」で実現したのである（服部二〇一二、二一九）。

日本はサンフランシスコ平和条約に基づいて国際復帰を果たした。そして、日本政府は、戦争による「損害と苦痛」に対して誠意を持って償ったと言う。しかし、賠償問題の解決は、戦争の直接の犠牲者であり苦痛を味わった人びとに対する償いは基本的にはなされず（平川二〇〇六、四六五）、中韓の両国民に対しては理不尽なものであったと言わねばならないだろう。

3　対立の日・中韓関係の増幅メカニズム

1　構造変動の東アジアと日・中韓経済関係

一九六〇年代後半以降、韓国、台湾、シンガポールなどNIESに始まる経済成長は、先発ASEAN、中国、後発ASEANへと東アジアに広がりを見せてきた。東アジアは一九九七年のアジア通貨危機と二〇〇八年の世界金融危機で深刻な打撃を被るものの、その都度、強靭な回復力を見せ、今日まで世界の成長の極であり続けている。世界経済における東アジアの位置を見ると[3]、一九八五年の一七・八パーセントが一九九五年には二五・八パーセントにまで上昇した後、通貨危機でいったんシェアを大きく減らすが再び上昇して二〇一二年に二五・四パーセントに回復している。図4は東アジアにアメリカ、EU、さらにインドとその他の区分で世界経済のGDPの国・地域別構成を見たものであるが、今世紀に入って主要な先進国（EU、アメリカ、日本）のシェアが相対的に縮小していることがわかる。東アジアが中核になって新興経済がシェアを伸ばしているのである。

ここで同時に注目したいのは、東アジア経済の域内構成比の大きな変化である。図5は一九八〇年代以降の東アジア主要国・地域GDPの対日相対規模の推移を見たものであるが、一九八〇年には日本を一〇〇としてアジアの主要グループの規模は一〇～二〇パーセント台にあった。韓国のみでは約六パーセントであった。九〇

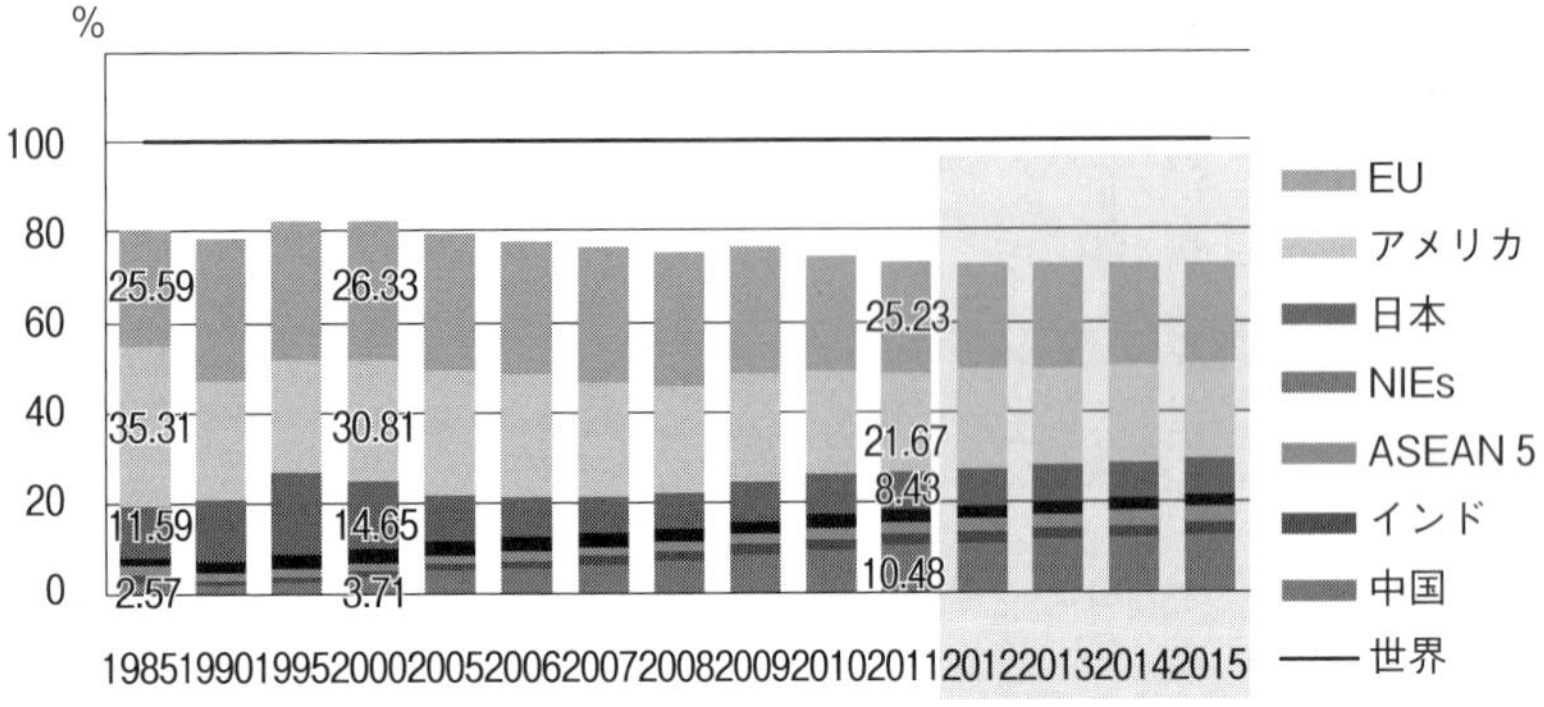

注：アメリカの名目ＧＤＰを100とする。1980年の比率は、下からNIES、中国、ASEAN 、日本、東アジア、米国（100）、EUである。
出所：IMF（2013）World, Economic Outlook , Aprilより推計値。

図4　世界に占める主要国・経済圏の名目ＧＤＰ構成比

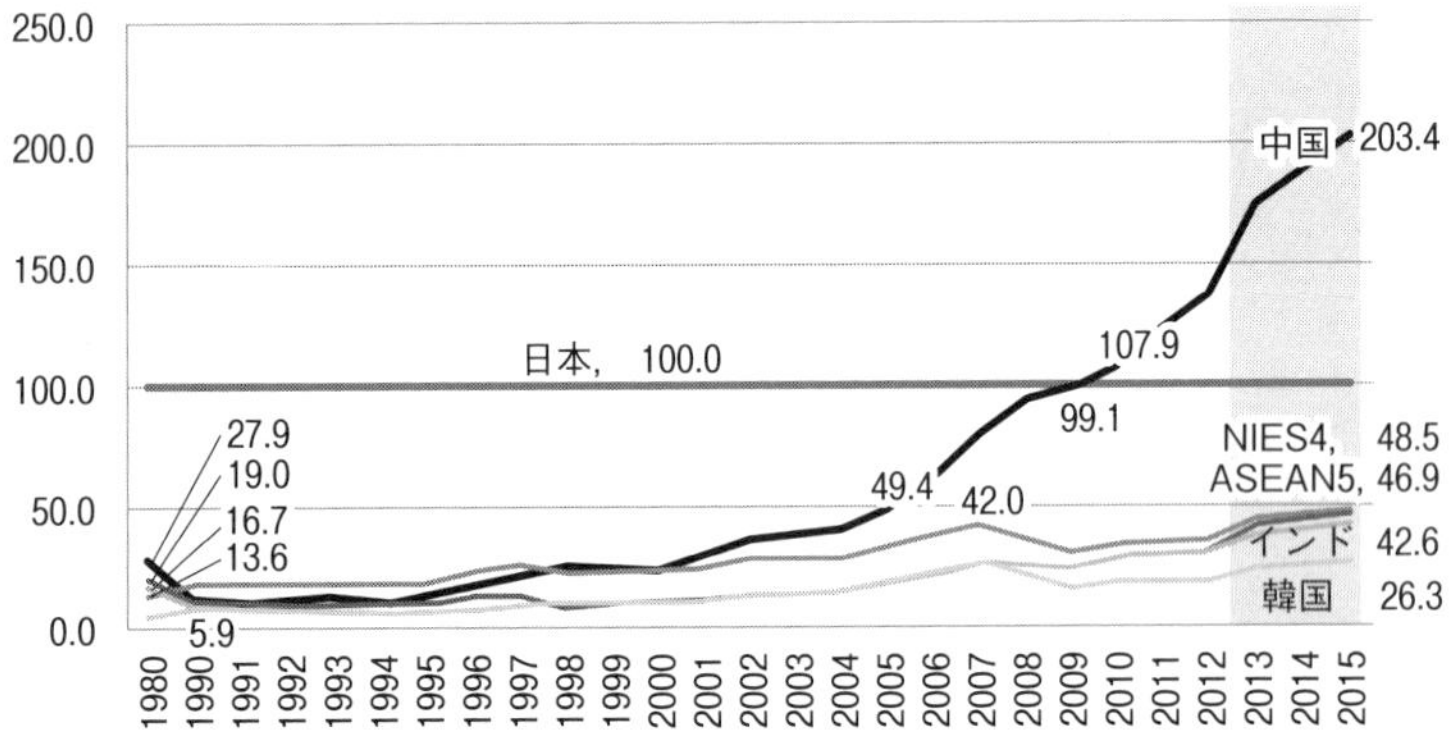

注：現行ドル価格基準、NIES4：韓国、台湾、香港、シンガポール、ASEAN5：インドネシア、マレーシア、フィリピン、タイ、ベトナム、網かけ部分は推計。
出所：IMF（2013）World, Economic Outlook Detabase, Aprilより作成。

図5　アジア主要国/地域ＧＤＰの対日相対規模の変化

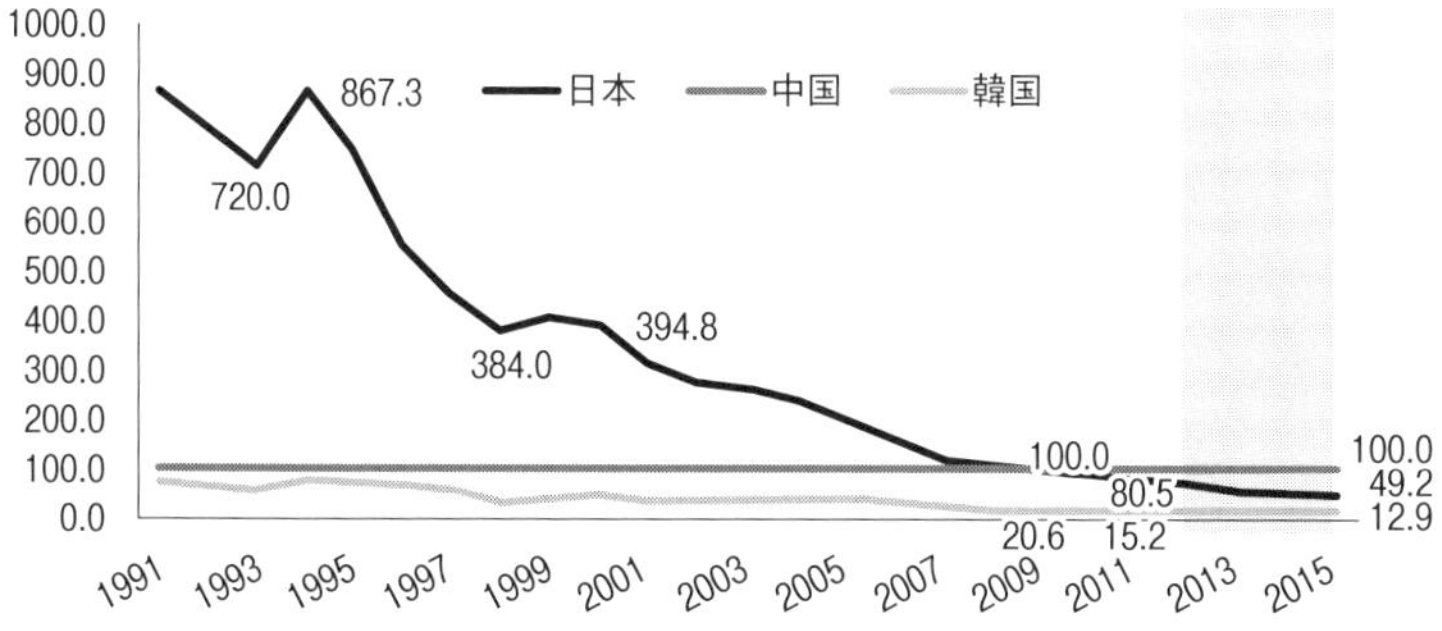

注：現行ドル価格基準のＧＤＰ。2013から抜粋。
出所：IMF(2013) World, Economic Outlook, Aprilより作成。

図6　中国を基準とした日本と韓国の経済規模　1991－2015

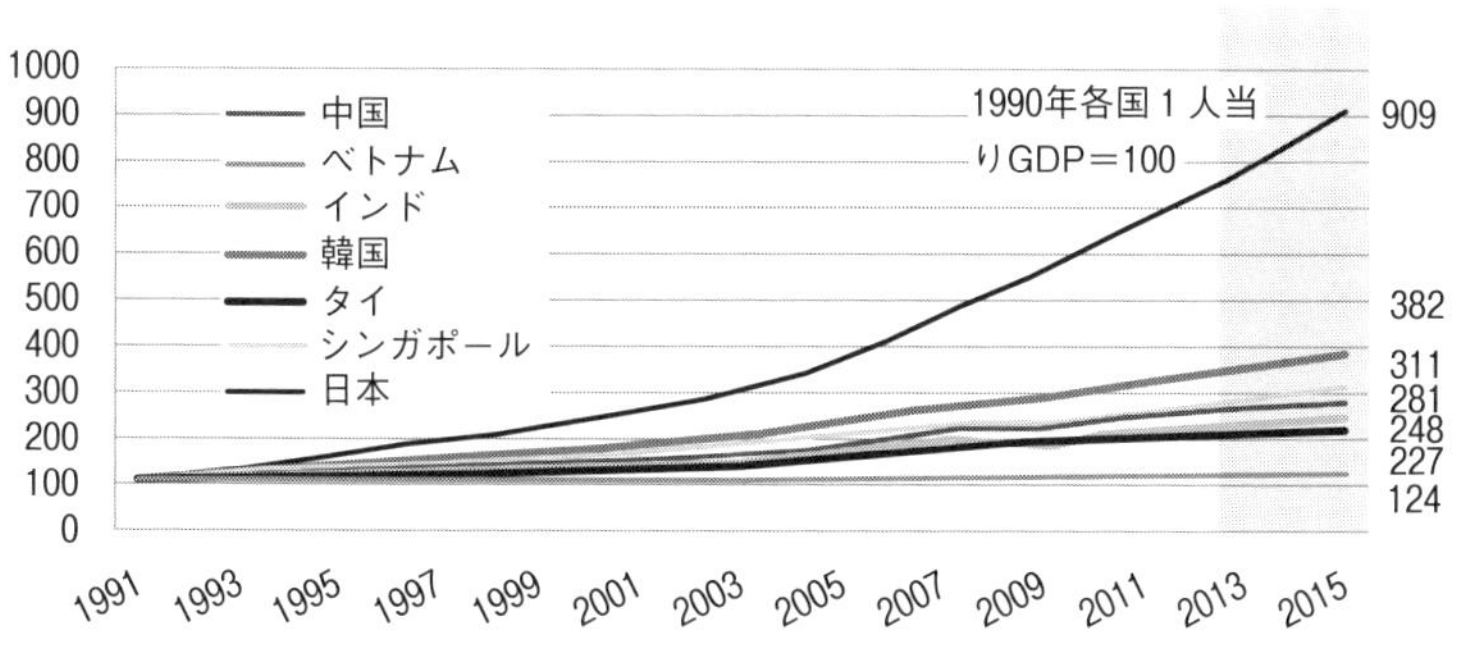

注：GDP per capita (GDP per capita (constant price)の1990年を100とした変化。
出所：IMF(IMF(2013) World, Economic Outlook Detabase, Aprilより作成。

図7　アジア主要諸国の１人当りGDP指数変化　1991-2015

年のそれらの国・地域の規模では、日本がバブルで経済を膨張させたこともありせいぜい一〇パーセント程度であった。それが九〇年代後半から上昇し始め、アジア通貨危機で短期的に停滞するものの今世紀に入って反転する。中国は二〇〇五年に日本の半分となり五年後の一〇年には追い越し、二年後には一・四倍となった。一四年には二倍を超えた。他の地域は二〇〇八年の世界金融危機の影響でシェアを減らすが、その後再び上昇して日本の約半分に迫ろうとしている。

この関係を日中韓で見たものが図6である。一九九一年から中国のGDPを基準にして日韓を見ると、九五年には中国の八倍であった日本の経済規模は二〇一五年にはほぼ間違いなく半分以下に減る。韓国は中国の七七パーセントを占めたが今は一〇パーセント台に落ちている。

一九九〇年を基準に一人当りGDPの伸びを見たのが図7である。この間、日本の一・二五倍の伸びに対して、中国九倍、韓国二・八倍である。伸び率ではベトナムが中国に続き、次いでインド、韓国、タイ、シンガポールの順である。日本の低成長と対照的に、中国その他の東アジアの国々が順調な伸びを示している。

東アジア経済の規模と各国の一人当りGDPの両方における急激な上昇そして、中国の突出した発展構造は、それ自体が新しい課題を生んでいることは間違いないにしても、対日及び対中認識における大きな変化の経済的根拠を作り出している。中国や韓国においては、成長の実績をもとに人びとは自信を深め、自尊心を高めていることは容易に理解できる。李明博・韓国大統領(当時)は、竹島(独島)上陸の背景を明らかにする中で、「国際社会での日本の影響力も以前ほどではない」と語ったとも言われる(朝日新聞二〇一二・八・一四)。これは、東アジアの経済的構造変化の事実認識のもとに語られたものであろう。他方、停滞する日本の、成長するアジアへの対処の姿勢は、とりわけ膨張する中国への脅威感の増幅であり、韓国に対しては強い反発のように思われる。

2　日・中韓における相互認識のすれ違い

一九七八年より毎年行われてきた内閣府の「外交に関する世論調査」によると、中国・韓国に親近感をもつ日本人の割合は今世紀に入って顕著に減っている。中国に「親しみを感じる」日本人は一九七〇～八〇年代に七〇パーセント台、九〇年代では低下するものの五〇～四〇パーセント後半を維持していた。それが今世紀に入って二〇一二年調査では一八パーセントに落ち込み、対照的に「親しみを感じない」との回答は八〇パーセントに達している。韓国に「親しみを感じる」との回答は、一九九〇年代が四〇パーセント台、二〇〇〇年代が五〇パーセント台、二〇〇九〜一一年では六〇パーセント台に上昇していた。それが、一二年には二〇ポイント減少して三九パーセントになり、逆に「親しみを感じない」が五九パーセントに達した（内閣府「外交に関する世論調査」）。

では、中韓の対日観はどうか。共同通信社が二〇〇二年八月に実施した「日中関係についての国際比較世論調査」では、日本に「親しみを感じる」中国人の回答率は二六パーセント、反対に「親しみを感じない」中国人が六七パーセントに達し、日本リサーチセンターによる二〇〇四年一〇月世論調査でも同じく七一パーセントの中国人が「親しみを感じない」と回答した（日本リサーチセンター 二〇〇五）。二〇一一年七月に日本の世論総合研究所と中国の零点研究コンサルティンググループ・北京大学が共同で行った世論調査によると、中国では日本に「良くない印象をもっている」との回答が六六パーセントであった。ちなみに、中国を「良くない印象をもっている」と答えた日本人も七八パーセントに達している（世論総合研究所ほか 二〇一一）。アメリカ調査機関ピュー・リサーチ・センターが一三年七月に発表したアジア各国の対日感情調査を伝える朝日新聞（二〇一三・七・一三夕刊）によると、対日感情を「悪い」と答えた回答率は東南アジアでは最高のフィリピンでも一八パーセントだったのに対して、中国で九〇パーセント、韓国で七七パーセントの高率を記録している。中韓での対日感情は際立って悪い。

何故、両国では日本に親しみを感じないのか。二〇〇四年調査では、中国での日本に「親しみを感じない」理由として「歴史認識が違う」が六九パーセント、「領土・領有問題」が五一パーセント、「日本で反日感情が強い」が四七パーセントであった。また、一二年の「日中共同世論調査」を伝える人民網（二〇一二・六・二〇日本語版）は、反日感情の理由として七九パーセントが「過去の日本の侵略」を挙げ、同年二月に「南京事件は無かったのではないか」と発言した河村たかし名古屋市長などを挙げて、政治家の不適切発言が反日感情を高めていると報道している。前掲ビュー・リサーチ・センターによる二〇一二年度のアジアの対日世論調査結果を伝える上掲の朝日新聞も、「日本が戦時中の軍事活動について十分に謝罪していない」の回答が韓国で九八パーセント、中国で七八パーセントに達していて、同センターも「日本が過去を十分に謝罪していないという思いのようだ」と報じている（朝日 同上）。

3　中韓反日感情の増幅メカニズム

東アジア諸国には一九九〇年代にアジア通貨危機、今世紀に入って世界金融危機などの大きな陥穽が待ち受けてはいた。しかし、一九七〇年代以降、高成長の路線を外れることはなかった。二〇世紀後半から今日まで世界の成長の極であり続けてきたのである。しかも、一九八〇年代後半には、韓国と台湾は権威主義体制を乗り越えて政治的民主化を達成し、東南アジア諸国においてはもちろん、中国においても人びとの声の力は曲折を経ながらも確実に増している。情報技術の発達がそれを支えている。蛇足だが、中国を共産党独裁の国と批判しその支配は危ういと主張する一方で、反日運動の勃発には途端に政権によるヤラセであると、もっともらしく解説されることにはご都合主義を感じる。そうした面がないとは言えないにしても、一九八〇年代以降の東アジア社会で人びとの発言力は着実に増してきたと言っていいだろう。

実際、日・中韓の歴史認識問題は一九九〇年代以降、その性格が変わってきた。馬場公彦は次のように述べる。「それまでも教科書問題や靖国神社公式参拝問題や竹島（韓国名独島）・尖閣諸島（中国名釣魚島）をめぐる領有権問題など、歴史問題は散発的に発生していた。だがそれらは日本と中国あるいは韓国との二国間の外交問題という形態をとっていた。それに対して、九〇年代以降に発生したこれらの歴史問題は、当該国の被害当事者や国民が主体となって、日本政府の責任を追及しようとするところに特徴がある」（馬場二〇一三：九四）。ロンドン・オリンピックのサッカー試合では、対日戦に勝った韓国選手の一人は「独島（竹島）領有」のメッセージを会場で掲げている。同じ時期の尖閣諸島上陸事件は香港の民間活動家によって引き起こされた。それが中国国内の日本への抗議行動につながっている。韓国の従軍慰安婦問題は、市民の運動に支えられた元従軍慰安婦の方々の日韓裁判所への告発によって顕在化した。それは、政治の特権的事柄として国家間の戦後処理がなされてきたことに対する告発である面を持っている。

だが、日本はこの構造に目を向けているのだろうか。二〇一三年一一月、戦時中の日本企業の強制徴用に関わって韓国で日本企業に賠償命令が出されたことに対して、例えば、日経新聞は浅田正彦・京大教授の見方を報道している。新聞報道の正確さはわからないが、専門家の意見とするこの報道では、「日韓請求権協定の締結によって、当時、無償・有償で計五億ドルが日本から韓国に支払われた。韓国政府はこの資金をもとに植民地支配を含む被害者への救済を行わなければならなかった」。「今なお韓国国民が救済が不十分だと言うのなら、それは韓国政府の不作為の結果にほかならず、その責任を日本に転嫁しようとしているのが問題の構図だろう」と（日経電子版二〇一三・一一・一二）。「賠償」という用語の発する語感にも拘らず、既に本稿で確認してきたように日本の賠償・準賠償では、個人補償はなされていない。日本政府は戦争の直接的な物理的損害に対してのみ賠償し、「苦痛」に対しては基本的に賠償義務がないとの方針のもとに交渉を行ってきた。この方針は韓国政府に対しても同じである。それでも相手国が「賠償・準賠償」として経済協力の資金と共に受け取ったのであるから賠償は終わったというのであれば、あまりに被害者への配慮を欠いた解釈のように筆者には思われる。中国政府の賠償請求権放棄も政治的決着の賜物である。国際政治の中で台湾の政府も北京の政府も日本との国交回復に当たって、それぞれに請求権を放棄してきた。だが、日本の侵略で犠牲を強いられたのは生身の人間であり、一般の人びとである。彼らの「苦痛」の問題に日本政府は償いをしてこなかったのである。今世紀に入っての日本の政治家をはじめとする一部の人びとの対応は、とりわけ中韓の人びとの立場に立てば、心を逆撫でするものであったと言わざるを得ないのではないか。

今世紀に入っての日・中韓の深刻な対立は、二〇〇一年に小泉純一郎首相（当時）が彼の就任とともに始めた靖国神社参拝を契機にしていると言っていい。振り返れば、一九九九年の第三回ASEAN＋3（日中韓）首脳会議は「東アジアにおける協力に関する共同声明」を発するが、この時、小渕恵三首相（当時）の提案で日中韓三首脳による初の会食が実現した。二〇〇八年には日中韓首脳会議が始まり、協力の枠組みも成立した。しかし、小泉靖国参拝に始まり、その後の日本の首脳や責任ある人びとによる靖国参拝問題は中韓の強い反発を呼び起こした。二〇〇四年一一月のASEAN＋3首脳会議で実現した日中首脳会談（小泉・温家宝首相）では、中国側から靖国参拝問題の適切な処理の要請があった。しかし、「心ならずも戦場で倒れた人びとへの慰霊の気持ちからであり、不戦の誓いを新たにするもの」というのが日本の首相の対応であった（外務省二〇〇四）。

だが、日中国交正常化における中国側の処理の仕方は、日本の戦争責任を一部軍国主義者の誤りとして国交正常化を実現させた経緯があった。A級戦犯の合祀された靖国参拝は、中国の人びとの心の問題への配慮を欠いていると言わざるを得ない。たとえ東京裁判によるA級戦犯は戦勝国による一方的な判決に過ぎないと強弁したとしても、日本は今日まで一度として自ら引き起こした戦争責任を質してはいない。靖国神社参拝を日本人の心の問題とする一部の政治家や支持者の主張とその行動は、日本が国交正常化に当って当時行った戦争責任の処理の本質に抵触している可能性がある。戦争で犠牲を強いられた中韓の関係者には、たとえ暗黙であってもA級戦犯の戦争責任は国交正常化における争う余地のない前提条件であった。たとえ、外交に関わる限られた人びとの間での政治決着であったにしてもである。

二一世紀の現在はそうした過去の時代とは異なる。A級戦犯を合祀する靖国神社へ日本国家を代表する人びとが参拝することは、中韓の政治家はもちろん一般の人びとに、日本に戦争責任がないと主張するに等しい。アジアの人びと、とりわけ中韓の人びとには決して認めがたい攻撃的な行為と映るであろう。時代は経済発展の中で、人びとが各々の社会で自らの意思を表すことのできる段階へと移っている。日本の戦後の処理の在り方は、自らが引き起こした戦争によって犠牲となり「苦痛」を被った人びとへの配慮を欠いた処理でもあった。それにも拘らず、強行される靖国参拝は、その前提すら否定する行為であろう。中韓の人びとの心にこそ配慮すべき現在において必要なのは、政府による犠牲となった人々への配慮、つまり「G2P」(Government to People) の姿勢なのである。だが、現実は真逆の行為が行われている。そのことが、日・中韓の対立に油を注いでいる。それが中国にせよ韓国にせよ、人びとが日本の帝国主義的行為それ自体をいまや問題とするに至る真因ではないか。実際、日韓併合そのものの正統性にも疑問が付されているのである。[4] 日本は中韓の反日の高まりを相手国の内的要因に帰して責任転嫁するのではなく、日本の戦争とその償いの問題として自らを正す姿勢が必要であろう。

4　日・中韓対立関係の超克に向けて

1　新段階の新興経済の発展メカニズムと中国

東アジア新興経済はNIESに始まり、その後ASEAN、中国、後発ASEANへと成長空間を広げてきた。そして、その成長は、今世紀に入ると東アジア地域を超えてインド、ブラジル、ロシアなどの巨大な人口を擁する国々、即ち、BRICsにまで広がりを見せている。BRICsは、アメリカの投資会社ゴールドマンサックスの投資銀行向け経済誌に載せられた一つの論文が契機となった。同論文は、ブラジル、ロシア、インド、中国の頭文字から作った造語BRICsを用い、それらの国の成長が近い将来、先進国に代わって世界経済における

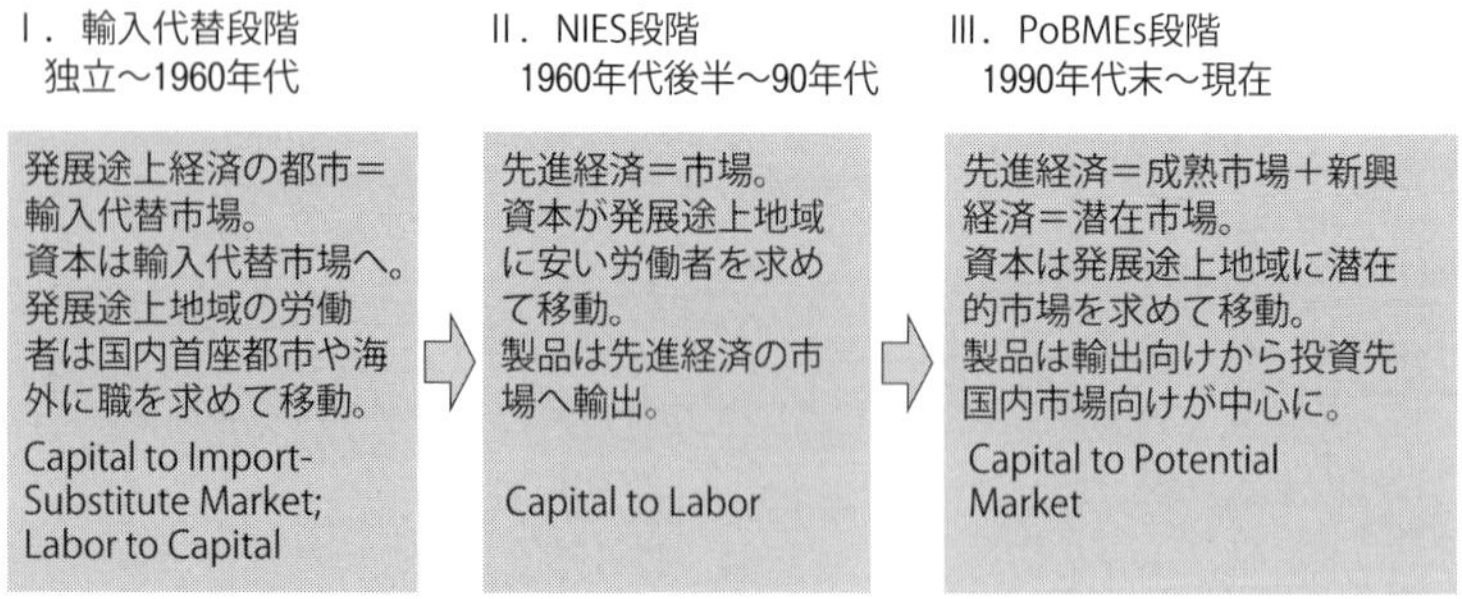

Ⅰ．輸入代替段階
独立～1960年代
Ⅱ．NIES段階
1960年代後半～90年代
Ⅲ．PoBMEs段階
1990年代末～現在
発展途上経済の都市＝輸入代替市場。資本は輸入代替市場へ。発展途上地域の労働者は国内首座都市や海外に職を求めて移動。
Capital to Import-Substitute Market; Labor to Capital
先進経済＝市場。資本が発展途上地域に安い労働者を求めて移動。製品は先進経済の市場へ輸出。
Capital to Labor
先進経済＝成熟市場＋新興経済＝潜在市場。資本は発展途上地域に潜在的市場を求めて移動。製品は輸出向けから投資先国内市場向けが中心に。
Capital to Potential Market

注：PoBMEsは、Potentially Bigger Market Economiesの略語。植民地期の主な形態は、資本が資源を求めて発展途上地域に移動し、資源は先進経済に輸出。

出所：平川作成。

図8　資本、労働、市場野空間関係の変遷：概念図

大国へ成長するだろうというものである（O'Neill 2001）。だが、私見によれば、この成長は一九六〇年代後半以降に韓国や台湾、シンガポールなどが発展したメカニズムとは本質的に異なる。

　中国の発展に注目すれば、同国は一九九〇年代以降のとりわけ豊富な労働人口に裏付けられた低賃金による輸出主導型経済成長が注目されるが、ロシアは資源の輸出、インドはＩＴサービス製品の輸出急増が注目されている。そして、輸出を担った主要な主体は地場の民族系企業である場合も外資系企業である場合もあり、ＢＲＩＣｓ間には世界経済への参入の仕方に多様性が認められる。しかし、巨大な人口を有する新興国である点において、ＢＲＩＣｓは共通性を持つ。ＮＩＥＳが輸出を前提にして低賃金に競争力の源泉を見出したのと対照的に、ＢＲＩＣｓでは、地場市場の発展可能性がとりわけ注目されているのである。しかも、そうした国はＢＲＩＣｓの四カ国を超えて発展可能性の高い国々に広がっている。筆者はそうした潜在力を有する経済を総称してポブメス（PoBMEs: Potentially Bigger Market Economies；潜在的大市場経済）と呼ぶ。そして、新興経済の発展のメカニズムは、多国籍企業が輸出を目的に進出して産業化を実現させたＮＩＥＳ型から、世界市場への一定の参入を果たすだけでなく市場の潜在力を有するとみなされる新興経済に参入を競

うポブメス（PoBMEs）型に移っていると理解する。以上の変化を資本（技術）、労働、市場の三つの要素の空間関係として概念化したのが図8である。現在は資本主義の新しい段階にある、と言っていい（平川二〇一一a）。

現在の資本主義の発展は、空間的に新興経済を創りだす段階的傾向を示しており、その地理的中心は紛れもなく中国を核とする東アジアにある。

2　東アジアとアジア太平洋の相克

東アジア経済は今や世界最大の経済圏に成長した。しかし、この経済圏はEUやNAFTAと比べてより分業構造で密度の高い中間財貿易を核に置いた経済圏である。一九九〇年代末に誕生した東アジア地域協力の枠組みは、直接的にはアジア通貨危機を契機にするものの、こうした経済統合が基礎となって急速に強化された。一九九七年はASEAN成立三〇年目の年に当り、この機会にクアラルンプールに集まったASEAN+3（日中韓）の首脳は危機への対処の必要性を認識した。翌年には首脳会議の定例化に合意し、一九九九年の首脳会議は東アジアにおける協力に関する共同声明を発した。またこの会議が設置した東アジア・ヴィジョン・グループは二〇〇一年の首脳会議に報告書「東アジア共同体に向けて」を提出し（East Asia Vision Group 2001）、二〇〇五年には東アジア首脳会議（EAS）が実現した。また、日中韓の位置する北東アジアでも、北東アジア共同体が語られるまでになった（和田二〇〇三）。

今世紀になると、経済統合に向けた地域の動きも活発化する。ASEANを中心に東アジア各国が自由貿易協定（FTA）を結び、ASEAN自体も一九九七年に二〇二〇年のASEAN共同体創設を目標に据えたASEANヴィジョン2020を採択し、二〇〇七年には共同体建設を五年前倒しして二〇一五年に実現する目標を採択した。二〇〇四年には中国がASEAN＋3をメンバーとするEAFTA（東アジアFTA）の推進に動き、二〇〇六年には日本がASEAN＋6（日中韓＋インド、ニージーランド、オーストラリア）をメンバーとする東アジア包括的経済連携（CEPEA）の推進に動いた。地域統合に向けた動きで日中の主導権争いが繰り広げられるものの、確実に前進した。二〇一〇年、横浜で開催されたAPEC首脳会議ではアジア太平洋自由貿易協定（FTAAP）創設が合意され、次いで見るアメリカ主導の環太平洋戦略的連携（TPP）を含んで将来的なFTAAPへの統合が合意された。二〇一三年には、日中で主導権争いが繰り広げられた二つの構想を包括的地域連携（RCEP）に統合する案がASEANのイニシアチブによって提案され合意された。同じ年、日中韓三国によるFTA交渉も始まった。こうした東アジアの動きは他の経済圏に大きな影響を与える。とりわけアメリカは自らを外されたこうした動きへの参画を試みるようになる。それがTPPであろう。

だが、二〇一五年現在、アメリカの主導の下で日本を含む一二カ国が交渉するTPPは何を求めるものなのだろうか。それが単純に貿易の促進を目指すものでないことは間違いない。アメリカの狙いは同国の参加決定時点のTPPを見るとき明確になる。表1は、オバマ政権がTPPに参加を決断した時期以降の構成国のGDP比率を確認したものである。二〇〇九年末時点では交渉参加国の全GDPの八七パーセントがアメリカ一国のシェアである。今日、日本が加わることによってやっと六〇パーセントを割るまでに低下した。このことは、当時の交渉国のみの貿易自由化では、アメリカが貿易と雇用で大きな効果を望めないことを示している。アメリカの狙いが他のところにあることが明瞭であろう。

ではそれは何か。日本を交渉に参加させることが念頭にあったことは当然であろう。当時、世界第二位の経済を擁する日本市場への参入はアメリカにとって最も直接的で重要な目標であったに違いない。だが、それ以上に重要な狙いがあるように思われる。それは世界最大の経済圏に成長するはずの東アジアにおける、アメリカによ

表1　TPP交渉参加国のGDP構成

	GDP(2010) 10億 $	TPP9 2009.12～12.9	TPP11 2012.10～13.6	TPP12 2013.7～
ブルネイ	12.37	0.07	0.06	0.05
チリ	203.30	1.21	1.02	0.82
ニュージーランド	140.51	0.83	0.70	0.56
シンガポール	222.70	1.32	1.11	0.89
P4	578.88	3.44	2.89	2.32
米国	14,526.55	86.27	72.53	58.32
オーストラリア	1,237.36	7.35	6.18	4.97
マレーシア	237.36	1.41	1.19	0.96
ペルー	153.80	0.91	0.77	0.62
ベトナム	103.57	0.62	0.52	0.42
TPP9計	16,838.13	100.00	84.07	67.60
カナダ	1,577.04		7.87	6.33
メキシコ	1,034.31		5.16	4.15
TPP11　計	19,449.47		100.00	78.08
日本	5,458.80			21.92
TPP12	24,908.27			100.00
参考中国＋香港	6,327.18			25.40

注：＊TPP12ヵ国に対する中国＋香港の割合

出所：平川作成。数値はIMF（2011）World Economic Outlook Datebase, Septemberを基に作成。

る自国に有利な通商ルールの制度化であろう。

オバマは二〇〇九年のＴＰＰ交渉参加にあたって、アジア太平洋地域において「二一世紀型貿易協定の価値を持つ高い水準の地域協定」を目指すと述べていた。日本の交渉参加の前提条件として、農産品に対しても例外を認めない高いレベルの自由化を目指すと繰返し表明してきた。アメリカ産品の輸出の障害となるルールの撤去、アメリカ企業に有利な知的所有権の保護、投資家対国家の紛争解決制度（ＩＳＤＳ条項）の承諾などが広範に組み込まれている。そして、これらはアメリカ的な市場に至高の価値を置く貿易ルールに他ならない。その上、交渉過程は秘密とされ、今後の交渉過程への参加でも、参加希望国はすべての既交渉国の合意がいる。出遅れた参加国に極めて不利なルールの下で、交渉が進行しているのである（Hirakawa 2012）。

そして、その最大の狙いは中国を包囲しアメリカのルールの下に組み込むことである。新興経済の中国は脆弱な中小企業が多数存在し、また大規模な国有企業が政府主導の発展政策の下で温存されている。その中国が高水準の自由貿易ルールを受け入れることは極めて困難である。それ故ＴＰＰは、東アジアにおける経済統合でますます力を増す中国を牽制し、同国主導のアジアの通商のルール化を阻止する効果を持つ。それは、中国の膨張に脅威を感じる日本をとりこむ誘引ともなる。日本では民主党政権を国内の強い反対にも拘らずＴＰＰを無視できない立場に追い込んだ。積極的に日米同盟関係を強める方向を目指す自民党政権では、ＴＰＰ交渉参加を決断させることになった。

ＴＰＰは、アメリカを抜いた東アジアの地域統合と協力枠組みに大きな修正を迫り、また分裂の可能性を持ち込む効果を持っている。歴史的に東アジアと太平洋の二つの経済に依存して発展してきたのが日本である。現在においてもその構造は変わらない。その意味で日本は間違いなくジレンマを抱えている（平川二〇一一ｂ）。したがって、日本政府によるＴＰＰの選択は、十二分に熟考されたアジア政策と並行して進められるべき課題なのである。東アジアの多くの国においても、このジレンマは多かれ少なかれ当てはまる。

３　日・中韓関係の超克の条件：Ｇ２Ｐの再認識

日・中韓との間には、戦後処理において抜け落ちてきた課題があった。日本政府が「Ｇ２Ｐ」の姿勢を切り捨てたことである。それが地域経済の構造変動の中で発言力を強めた中韓の人びとが、戦後処理の在り方に異議を唱え、相互不信のスパイラルを産むメカニズムを産んでいるのではないか。本稿で指摘してきたのはこのことである。戦争責任の政治的決着は人びとの頭越しになされてきた。アジアの発展がその課題を、世紀を超えて告発しているといっていい。この現実を直視しない限り、この歴史を理解しない限り、根本的な解決の糸口を見つけ出すのは難しい。戦時中に一〇〇〇万人の犠牲者を出し、今日では世界最大の人口を擁し第二位の経済力を有するに至った国の人びと、長い植民地時代を経験し民族の誇りを死守してきた人びとの心に思いを致さない限り、その解決はほとんど不可能ではないか。

ところが、そうした本質に目を閉ざし戦争の責任も曖昧にし、戦後の再出発の最低限の条件をも踏みにじる無思慮、無責任な行為が持て囃されているのが今の日本のように思われる。残念なことは、日本の少なくない影響力あるマスメディアがそうした想像力と自制を育むのとは逆の選択をしているように見えることである。ある月刊誌は「中韓との百年戦争にそなえよ」、「日中韓百年戦争　戦時賠償、従軍慰安婦、領土、靖国参拝」と特集を組み、また週刊誌は「総力特集『やっかいな隣人』を黙らせる方法　韓国に〝一〇倍〟返しだ！」と激情に訴える(5)。こうした扇情的商業主義が、安倍政権による憲法軽視、集団的自衛権行使容認の安全保障法制の制定と手を携えて進んだ。しかし、それは問題を一層悪化させ、相互不信を強める作用を果たすだけであろう。まさか一〇〇年戦争を準備せよと本当に思っているのだろうか。そうした行き過ぎは、今度は相手の行き過ぎた行動を誘発する。しかも成長で自信を抱きつつある人びとに対してであればなおさらである。負のスパイラルに陥っている印象が強い。日・中韓ともに自制が求められていることは間違いない。だが、自らの落ち度を省みず相手の行き過ぎをなじり、独りよがりな自説を振り回しているのが今の日本ではないか。今必要なのは、互いに相手を尊重し、相手の立場に立ってその主張を理解しようとする想像力と自制であろう。そこから、信頼関係を創るしかない。

歴史が向かう方向は後からその岐路が理解されるものであるが、今はその岐路であるに違いない。現実の動きに目を奪われ、互いに非難を繰り返すのでなく、今一度その行為がなされる根源、背景に目を向け、国民はもちろん、政治もマスメディアも冷静に繁栄と平和の構築に向けて知恵を出す行動が求められている。とりわけ、日本の近隣アジア諸国との歴史において再出発の大前提を踏みにじる行為は、決して許されないように筆者には思われる。そうした行為は相互不信を積み重ねるだけなのである。

注

（1）本稿は、富山大学主催の国際シンポジウム「日中韓関係の再構築」（二〇一三年九月二六日）での報告論文に一部修正を加えたものである。報告から二年、敗戦後七〇年の二〇一五年九月一九日、参議院本会議において安倍晋三・自民党政権は安全保障関連法を強行可決した。平和憲法を戴く国として理性を政治の場に戻さねばならない。
（2）国防上の措置として設定された空域であり、この領域を飛行する場合は事前に通告が必要となる。中国の防空識別圏には、領有権問題は存在しないと日本政府が主張する尖閣諸島が含まれている。
（3）ここでの東アジアは、日本、NIES、ASEAN10、中国、モンゴル、チモールを加えた合計である。
（4）日韓併合一〇〇年の二〇一〇年五月、韓国と日本の識者による日韓併合の合法性に対する疑問が「『日韓併合』一〇〇年日韓知識人共同声明」として公表されている。そこでは、日韓併合が「帝国主義の行為であり、不義不正の行為」であったと指摘されている。
（5）『文藝春秋』二〇一三年一〇月号、『文春』二〇一三年八月二九日号。他の週刊誌の中には、表紙に「反日・韓国に『経済制裁』を！」と刷り込まれているものなどもある（『週刊ポスト』（小学館）二〇一三年一一月一八日）。

参考文献

石井明・朱建栄・添谷芳秀・林暁光編（二〇〇三）『記録と考証 日中国交正常化・日中平和友好条約締結交渉』岩波書店。

外務省（二〇〇四）「（小泉総理大臣）ASEAN＋3首脳会議の際の日中首脳会談（概要）平成一六年一一月三〇日（http://www.mofa.go.jp/mofaj/kaidan/s_koi/ASEAN+3_04/china_g.html）。

外務省アジア局（第一課）（一九五二）「日本・インドネシア間の賠償に関する中間協定案の解説」外交資料館史料。

経済産業省（二〇一三）『通商白書二〇一三』経済産業省。

世論総合研究所・零点研究コンサルティンググループ／北京大学（二〇一一）「二〇一一年・第七回日中共同世論調査比較結果」八月。

日本リサーチセンター（二〇〇五）「日中関係についての国際比較世論調査（縮刷版）」。

服部龍二（二〇一一）『日中国交正常化』中公新書。

馬場公彦（二〇一三）「同時代史としての日中関係――相互の「認識経路」を手掛かりとして――」佐藤幸雄・森川裕二編『日中対話の新たな可能性をめざして――歴史・記憶との共生――』富山大学。

平川均（二〇〇六）「賠償と経済進出」倉沢愛子・杉原達・成田龍一ほか『岩波講座　アジア・太平洋戦争七　支配と暴力』岩波書店。

平川均（二〇一一ａ）「東アジアの経済統合と構造転換――ＮＩＥＳからＰｏＢＭＥｓへの構造転換と世界経済――」伊藤誠・本山美彦編『世界と日本の政治経済の混迷』御茶の水書房。

平川均（二〇一一ｂ）「東アジアの発展と揺れる日本の対外発展政策」『アジア研究』第五七巻第三号、七月。

山田鋭夫・磯谷明徳・宇仁宏幸・植村博恭編（二〇一四）『転換期のアジア資本主義』藤原書店。

和田春樹（二〇〇三）『東北アジア共同の家――新地域主義宣言』平凡社。

East Asia Vision Group（2001）Towards an East Asian Community: Region of Peace, Prosperity and Progress.

Hirakawa, H.（2012）The TPP and Japan's Response, in Foreign Trade University International Conference Trans-Pacific Partnership Agreement: Prospects and Implications, Information and Communications Publishing House, Hanoi, Vietnam.

Hirakawa, H.（2013）East Asia's Integration and Structural Shift: the Shift from Newly Industrializing Economies to Potentially Bigger Market Economies under the Global Economy, in K. Yagi, N.Yokokawa, S. Hagiwara, and G. A. Dymski eds. Crises of Global Economies and the Future of Capitalism, London, Routledge.

Hirakawa, H. and Than Than Aung（2011）Globalization and Emerging Economies: Asia's Structural Shift from the NIES to Potentially Bigger Market Economies (PoBMEs), Evolutionary and Institutional Economics Review, Vol.8, No.1.

IMF（2012）World Economic Outlook, April.

IMF（2013）World Economic Outlook, April.

O'Neill, J.（2001）Building Better Global Economic BRICs, Global Economics Paper, Goldman Sachs, No.66, November 30.

World Bank（2009）World Development Report 2009: Reshaping Economic Geography, World Bank.

第3章　東アジア共同体の構築と日中の役割

喬　林生

はじめに

東アジアにおける地域協力は平坦とはいえない過程を経て、間もなく二〇年目を迎える。「夢」或いは「幻想」と言われた「東アジア共同体」は、この地域の協力における長期的な目標であるということが、各国にほぼ共通に認識されてきている。東アジア共同体の構築は、世界のグローバル化に応じるものであり、域内各国の経済・政治関係や社会文化の発展に応じるものでもあるといえよう。しかし、東アジア共同体の構築はさまざまな問題に直面しており、今後さらに困難な段階に入るであろう。日中両国は東アジア地域における中核メンバーとして、地域協力においてどのような位置をとるべきか、そしていかにその役割を果すべきか、ということに重点を置いて論述してみよう。

1 「東アジア共同体」構想と東アジア地域協力

東アジア諸国の地域協力は発想されて久しいが、本格的な協力やその発展は近年のことであろう。加速化している東アジア共同体の進展に言及した際、「数年前にはこれは想像もできないことだった」と、ある日本の高官は感嘆したのであった(1)。確かに、東アジアの歴史を顧みると、協力は比較的遅れたが、発展のスピードは速く、潜在力も大きく、態勢が良いという特徴があるといえよう。東アジアサミット（EAS、即ち「ASEAN＋8」）、「ASEAN＋3」、「ASEAN＋1」、中・日・韓及びASEAN内部などの各レベルの協力は東アジア共同体の創設の基礎になっている。冷戦終焉以降の東アジア地域協力は、その進捗から見れば、以下のような四つの段階に分かれている。

第一の段階（一九九〇―一九九六年）は、東アジア共同体構想のひな型あるいは準備期であろう。一九九〇年一二月、「東アジア経済グループ」（EAEG）がマレーシア首相マハティールによって呼び掛けられ、翌年ASEANから「東アジア経済協議体」（EAEC）と名前を変えたが、その構想はアメリカやオーストラリアなどの強烈な反対で棚上げにされた。しかし、四年後の一九九五年、第五回ASEAN首脳会議においてASEAN＋3（中日韓）会議の開催が正式に提唱された。一九九六年三月に第一回ASEM首脳会議の開催によって、東アジアの協力プロセスがさらに促進された。

第二の段階（一九九七―二〇〇四年）において、東アジア地域協力は実質的な具体化段階に入り、「東アジア共同体」構想が正式に提出されて、各国の共通認識になった。一九九七年の東アジア金融危機は、当該地域協力を加速化させることとなり、同年一二月一五日にASEAN＋3首脳会議がマレーシアで行われた。これはマハティール構想から七年間にわたる東アジア地域協力のフロンティアとなる実践であるといえよう。それ以降、一九九九年一一月にフィリピンで行われた第三回ASEAN＋3首脳会議において『東アジアにおける協力に関する共同声明』が発表され、二〇〇〇年一一月にシンガポールで開催された第四回首脳会議で、東アジア自由貿易区の可能性が検討された。さらに、二〇〇一年に東アジア・ビジョン・グループが正式に研究報告書を提出して、「東アジア共同体」の構築を東アジア協力の長期的な目標として建議した。当報告書は同年一一月に行われた第五回ASEAN＋3会議において検討されたが、東アジア自由貿易区の創設とASEAN＋3から「東アジアサミット」への移行などの建議は認められなかったのであった。すなわち、「東アジア共同体」を東アジア協力の長期的な目標として位置づけることや、東アジア統合プロセスの加速化などの重要な問題に対しては合意されなかった。

しかし、二〇〇一年一一月にASEANと中国は、自由貿易協定（FTA）の協議を開始することで合意し、一〇年以内にFTAを締結することを目指した。日本にとっては、ASEANと中国がFTA協議の開始に合意したことは予想外の展開であった。翌年一一月に日本とASEANも、「包括的経済連携に関する日本とASEAN諸国の首脳の共同宣言」に署名した。

また、二〇〇二年一月に、小泉純一郎首相（当時）がASEAN五カ国を訪問した際、「東アジア拡大共同体」（EAC）構想を提出したが、ASEANの一部メンバーと中国は疑問を持っていた。中国は日中韓自由貿易区の実行可能性に関する研究や東アジア自由貿易区に関する研究を適時にスタートする、と主張した。二〇〇三年一〇月にインドネシアのバリで行われた第七回ASEAN＋3会議においても、東アジア協力の長期的な目標や「東アジアサミット」の開催などに関する意見の一致は達成できなかったのであった。同年一二月、日本・ASEAN特別首脳会議が東京で行われ、双方は「東京宣言」と「行動計画」を発表し、「東アジア共同体を創設する」という目標を明確に宣言した。この日本とASEANの協力の成果について、中国政府は歓迎の姿勢を示したが、中国の学界においては日本から提出された「東アジア共同体（ＥＡＣ）」について、意見は一様ではなかった。

二〇〇四年一一月に第八回ＡＳＥＡＮ＋３首脳会議がラオスで行われた。各国首脳は東アジア協力の長期的な目標が「東アジア共同体」の創設であること、そして二〇〇五年にマレーシアで第一回東アジアサミットを開催することなどに関して合意した。東アジア共同体の長期的な目標は、正式に提出されてから各国の間で合意されるまで、わずか四年間であった。東アジア地域協力はついに一国での構想から多国での実践へと移行し、「東アジア共同体」も東アジア協力の長期的な目標として、個別の意向あるいは政策建議から各国首脳の意見の一致へと発展してきた。

第三の段階（二〇〇五―二〇〇九年）において、協力の長期的な目標を確立し、東アジアサミットを開催したが、東アジア全域（東北アジアを含めて）の制度化についての協力は遅れていると言わざるを得ない。二〇〇五年にマレーシアで第一回東アジアサミット（ＥＡＳ）が開催され、「クアラルンプール宣言」が採択されてＡＳＥＡＮ＋６が誕生し、ＥＡＳがこの地域における共同体形成において「重要な役割」を果たし得ることを示した。同時に、ＡＳＥＡＮ＋３の協力が引き続き東アジア共同体形成の「主要な手段」であることを表明した。二〇〇七年一月にフィリピンで開かれた第二回東アジアサミットは、東アジア首脳会議の推進力はＡＳＥＡＮであることを再確認し、ＡＳＥＡＮ＋３による自由貿易協定構想を中国と韓国が提唱したのに対し、日本は東アジアサミット参加国による経済連携協定（ＥＰＡ）である「東アジア包括的経済連携協定（ＣＥＰＥＡ）」構想を提唱した。二〇〇九年の第四回サミットでは、各国首脳は朝鮮半島の核問題などを討議した。また、鳩山首相（当時）から、「東アジア共同体」という長期的ビジョンが掲げられ、開かれた地域協力の原則に立って東アジアでの協力を着実に進めることなどが説明された。オーストラリアのラッド首相（当時）からも、「アジア太平洋共同体」という説明があった。実際に、東アジアサミットは既に経済協力の分野を超えて、安全保障などを含めた広範囲な地域課題について協議するフォーラムになっていた。

また、二〇〇八年一二月に福岡で日中韓首脳会議が開催された。ASEANの国際会議の機会を捉えて開催されてきたこれまでの首脳会議とは異なり、初の単独開催となった。麻生太郎首相（当時）は、首脳会談終了後の共同記者会見の場で、この会合を「第一回日中韓サミット」と呼び、日中韓三か国の首脳が定期的に集まり、協力の強化を図っていくことは「歴史の必然」であると述べた。また、この会合が、アジアのみならず世界の安定と繁栄につながる歴史的意義を持つものであり、経済力の大きさから見ても、この三国の協力体制が世界に与えるインパクトは大きく、その意味でも画期的な会合であると述べた(2)。

第四の段階（二〇一〇年―　）において、地域内二者の協力関係が拡大・深化した一方、地域内外の多国間枠組みについては競合関係があり、東アジア協力は大きな岐路に立っている。ASEANと中国の間では、二〇一〇年一月にASEAN・中国自由貿易協定（ACFTA）に基づき、約九割の品目の関税率が撤廃され、巨大経済圏に向けて大きく前進した。ASEAN・日本FTAも、二〇一〇年七月までにインドネシアを除く全加盟国との間で発効した。日本はASEANに対し、AJCEP発効から一〇年以内に貿易額で九二パーセントの関税を、一方、ASEAN側は日本に対し九〇パーセントの関税を、それぞれ撤廃することで合意した。

その潮流に乗り、二〇一二年五月の第五回日中韓サミットは日中韓FTAの交渉開始について合意した。中国の提案から十年を経て、ようやく日中韓FTA交渉は始まった。二〇一四年九月に第五回会合が北京で開催され、次の会合は本年（二〇一五年）の一一月に日本で開催する方向で調整することになった。さらに、中国と韓国が自由貿易協定の交渉方針について合意した。二〇一四年七月に第一二回会合が開催され、早期妥結が視野に入ったとの指摘もあり、日中韓FTA交渉にも影響を与えそうだ。

しかし、二〇一〇年三月から、原加盟国四カ国間で発効しているTPPの拡大交渉会合がアメリカの主導によって始まり、現在交渉が進められている。二〇一一年一一月、ホノルルでのAPECの会合で交渉は大枠合意に至り、アメリカのオバマ大統領は今後一年間での妥結を目指すことを明らかにした。アメリカや日本などの参加表明によって、アジア太平洋地域の新たな経済統合の枠組みとして発展する可能性も指摘されている。同月に、東アジア首脳会合・ASEAN＋3首脳会合において、ASEAN首脳はASEAN＋3とASEAN＋6とを区別しない、新たな枠組みとして東アジアの包括的経済連携（RCEP）構想を提案した。あわせて、一六カ国の間で貿易・投資自由化に関する三つの作業部会の設置が合意され、RCEPの枠組みの下での広域的な経済連携に関する具体的な検討が本格化した。アジア太平洋地域のAPEC、TPPとRCEPの動向及び関係諸国の姿勢は各方面の注目を集めている。

2 「東アジア共同体」創設の可能性と必要性

「東アジア共同体」の創設には、一定の経済的、政治的な基礎が必要とされる。しかも、それは東アジア各国の経済関係の発展、政治的障害の克服と政治的信頼関係の確立、地域安全協力の促進、地域文化の繁栄といった現実的な必要性であろう。

まず、経済の視点から見れば、①東アジア各国は経済が高度に相互補完し、域内貿易比率がしだいに高まり、貿易額が迅速に拡大している。二〇世紀後半の九〇年代以来、東アジア地域における伝統的な「雁行型モデル」が変わり、垂直分業と水平分業の併存という新しい構造が形成されてきた。域内の貿易補完係数から見れば、一九九二年の六二・五から二〇〇二年の六八・〇まで上がって、二〇〇二年のEU（八一・〇）とNAFTA（七一・六）のレベルまで達してはいないものの、既にEEC（一九五八年 五三・四）、米加自由貿易協定（一九八九年六四・三）、

NAFTA（一九九四年五六・三）創立時のレベルを超えた。(3) 域内貿易比率から見れば、東アジア地域における貿易比率はしだいに上昇し、一九九〇年の四一・四パーセントから二〇〇四年には五三・四パーセントに達し、EUの六五・七パーセントには達していないが、NAFTAの四三・九パーセントを超えた。(4) 二〇一〇年に東アジア域内一三カ国の域内貿易比率は五七パーセントを超えており、あと五年くらいで六〇パーセントに達する見通しである。EUの域内貿易比率は六五パーセントであるから、すでにEUに近いところまで進んでいるわけである。(5) さらに域内の輸出額も、一九九二年の三三一二億ドルから二〇〇二年には六四二〇億ドルに達し、一〇年間でほぼ二倍になった。(6) 二〇〇八年には東アジアの域内向け輸出が一兆九四八五億ドルになったのに対し、アメリカ向けは六〇五四億ドルにとどまった。(7) 以上の数字から見れば、東アジア自由貿易区あるいは東アジア共同体の創設にある程度の経済的な基礎が整ってきているとみられる。

②自由貿易区の創設や共同体のマクロ経済効果から見れば、東アジア諸国は域内協力を推進する必要があると思われる。関連研究においては、CGEという分析方法を用いて、ASEAN・中国・日本・韓国の間で自由貿易区のいくつか（中国・ASEAN、日本・ASEAN、韓国・ASEAN、ASEAN・中日韓）の仮説案を定量的に推定し、それの各国のマクロ経済に与える影響を分析し、中・日・韓とASEANのFTAはいずれの国にとっても最大の経済利益をもたらす選択肢であるという結論が出た。(8) そのため、経済利益の面から見れば、積極的に東アジア地域の経済協力に関与するのは各国の最もよい選択肢で、適切な政策であるといえよう。

③一九九七年東アジア金融危機の衝撃は、東アジアにおける経済連携、共同的なリスク防止や域内経済統合の必要性を明確に証明した。二〇〇〇年五月に締結されたチェンマイ・イニシアティブは、金融危機の防止、域内通貨協力に深い意義をもっている。二〇〇三年、東アジア・太平洋地域における一一ヵ国の中央銀行は一〇億ドルの資金でアジア債券市場を設立した。さらに、東アジア一三カ国には総計四兆ドルに上る外貨準備がある。そ

のうちの例えば五パーセントでも共同で運営するようにできれば、域内通貨の安定に寄与するはずである。これに基づき、東アジア各国はさらに金融分野の協力を強化し、通貨の統一を長期的な目標にしてアジア通貨統合を促進すべきであろう。

④域外貿易グループからの圧力は東アジア諸国が積極的に地域協力を促進させる一つの要因であると思われる。例えば、ＥＵは通貨を統一し、東方拡大を実現した。ＮＡＦＴＡは米州自由貿易地域に拡大し、二〇〇五年にはキューバを除くすべての南北アメリカ大陸の国家を含む世界最大の自由貿易区が構想された。東アジア各経済体は域内協力を強化し、域外統合からの圧力に対応し、欧米経済への依存度を減少することは、新世紀における各国の対外経済関係の要務であることはいうまでもない。

現在、東アジア共同体の構築に当たって東アジア各国は基本的な政治協力関係を確立し、協力に対する共同意識を達成したにもかかわらず、歴史問題や領土紛争などの問題はまだ未解決な状態である。そのため今後地域協力の具体的な枠組みを構築することが必要であろう。

冷戦終焉以降、東アジア各国の相互関係はさらに発展し強化された。中国は、一九九〇年にインドネシア、シンガポールと国交回復、そして一九九一年にブルネイとの国交樹立によって、ＡＳＥＡＮ諸国と全面的な国交正常化を実現した。一九九二年にＡＳＥＡＮの「協商パートナー」となり、一九九六年にはＡＳＥＡＮの正式な「対話パートナー国」となった。そして、一九九七年第一回中国・ＡＳＥＡＮ首脳会議は共同声明を発表し、二一世紀に向けた親善と相互信頼のパートナーシップを謳った。二〇〇二年に、中国とＡＳＥＡＮとの間で「全面経済協力の枠組みの協議」、「南シナ海での関係諸国の行動に関する宣言」を締結することによって、協議や交渉の方法で域内の平和と安定を共同で維持することを宣言した。二〇〇三年第七回中国・ＡＳＥＡＮ首脳会議において、双方は「平和と繁栄のための戦略的パートナーシップに関する共同宣言」を締結し、中国が正式に「東南アジア友好協力条約」に加入したことによって、相互関係が正式化・法律化されて、協力関係の性格をさらに強化させたのである。

その他、一九九二年八月に中国は韓国と国交を樹立し、戦後半世紀にわたる正常ではない国家関係を終結させた。日本とＡＳＥＡＮ、韓国とＡＳＥＡＮ、日本と韓国間の政治関係も次第に強化された。

東アジア協力の一つの大きな障害は、歴史問題や領土問題などをめぐる中日、日韓間の政治信頼関係と安全協力意識の欠如であろう。その他、北朝鮮の核問題も東アジアの政治安定に直接かかわる敏感な問題である。それらの問題を解決するために、域内協力の枠組みの構築が必要であることは無論である。中日関係に関して、中国の学者は「二国間の難題を多国間で解決する」(9)という現実的なルートを提起した。実に、中国とＡＳＥＡＮとの協力そのものは一つの範例になっている。すなわち、中国とＡＳＥＡＮとの「ＡＳＥＡＮ＋１」という枠組みの設立は、中国と一部のＡＳＥＡＮメンバーの南シナ海問題の解決にある程度の条件を提供した。

さらに、東アジア地域における社会文化の発展から見れば、東アジア共同体の構築は重要かつ現実的な意義を持っている。欧米文化が全世界を風靡している現在、二一世紀にむけて、いかに東アジア地域における固有な伝統的文化の価値を再認識し、自国の現代文化の特徴を発揚するかということは、各国が直面している共同の課題であると思われる。共同体の構築が域内各国の文化交流の強化に資するため、各国は自国の特徴を維持すると同時に、地域の共通性を探求して東アジア共同の文化を創造すべきであろう。

3　東アジア共同体の構築における主要な問題

東アジア首脳サミットの開催によって、東アジア各国は、「東アジア共同体」を東アジア協力の長期的な目標としてほぼ共通認識としたが、共同体の位置づけ、参加国の構成、推進ルート、組織整備などの問題については、実はまだ合意されていないのである。しかも、東アジア各国は共同体意識の薄れ、政治面での相互信頼の不足、対外貿易での欧米依存など現実的な問題を直視せねばならない。

第一には、東アジア共同体目標の位置づけ。ＥＵが高度化の一体化組織としての成功モデルであるのは言うまでもない。同様に、東アジア共同体の最高目標も、高度一体化の経済・政治・安全の共同体になるべきだが、現在は東アジア経済共同体の創設が現実的な選択であろう。すなわち、今後相当長い時期は東アジア自由貿易区の創立など経済分野に主力を注ぎ、それから適時に政治や安全協力などの全面的な「東アジア共同体」をスタートすべきである。換言すれば、経済協力のもとで政治的信頼関係と戦略的なパートナーシップを確立し、最後は安全協力を深める。

第二には、地理上の東アジアの定義。これに関する意見はまちまちであるが、実は東アジア共同体の範囲や東アジアサミットの参加国の問題に関わる。当面の東アジア協力の実質的な進捗から見れば、ＡＳＥＡＮと中・日・韓は共同体の中核メンバーで、インド・オーストラリア・ニュージーランドも重要なメンバーである。「東アジア共同体」は域外国家を排斥しない開放的な地域主義を採用すべきだが、求心力を保ちつつ共同体の構築を有効に推進するためには、拙速に参加国のメンバーを増やしてはいけないであろう。共同体の進捗状況にしたがって、モンゴル、北朝鮮などの新しい地域メンバーを加入させる汎アジア協力を考え、さらに長期的な視点から見れば、南アジア、中央アジア、西アジアを含む「アジア連盟」を創立すべきである。アメリカ、ロシアに関しては、正式なメンバーではなく、「対話パートナー」として東アジア首脳サミットや東アジア共同体の創設に参与してよいと思われる。

現在世界の三つの地域を見ると、ヨーロッパにはフランス・ドイツが主導するＥＵがあり、米州にはアメリカの主導する米州自由貿易地域があり、東アジアには構築中の東アジア共同体があって、地域間にはＡＳＥＭとＡＰＥＣが重要な役割を果たしている。このような状況で、もしアメリカ、ロシアが東アジアに加入すれば、もう一つのＡＰＥＣを設立することにほかならない。アメリカの反対する姿勢に対して、ＮＡＦＴＡを拡大してＦＴＡＡ（米州自由貿易地域）を成立させようとしている米国に「東アジア共同体」を阻止する権利はないであろう。そもそも地域統合体とは、その地域の国々からなる統合体である。たとえば、米国はＥＵに正式メンバーとして加盟することはできないし、その逆もまたしかりである。日本がＮＡＦＴＡやＦＴＡＡに加盟できないのと同様に、米国も「東アジア共同体」の中核メンバーとして参加することはできない」と、日本人研究者の谷口誠氏が指摘した[10]。これがアメリカを排除することだという認識はあるかもしれないが、実はそうでもない。東アジア共同体の創設にはアメリカの協力が必要であろう。シンガポール首相李顕竜はインドの「インド教徒新聞」とのインタビューで、「アメリカは東アジアにとって重要であり、今後も変わらないだろう。しかしそれと同時に、我々はアジアに対してそれぞれの関心と課題を持っており、そしてこのような方式で東アジア首脳サミットをスタートしようとしている」、と指摘した[11]。

第三に、東アジアの創設ルート。現在、東アジア地域協力を促進しているのは主に六つの車輪、すなわち「ＡＳＥＡＮ＋３」、五つの「ＡＳＥＡＮ＋１」、ＡＳＥＡＮ一〇カ国、中日韓三カ国、ＲＣＥＰ（ＡＳＥＡＮ＋６）、東アジアサミットである。比較的進んでいるのはＡＳＥＡＮと「ＡＳＥＡＮ＋１」だが、東アジア全体の協力はまだ遅れている。ＲＣＥＰは、「ＡＳＥＡＮ＋３」の枠組みを超える実質的な進展を得られるかどうかは、五つの「ＡＳＥＡＮ＋１」を整合して全面的に東アジアの協力を考えねばならない。その中の最も肝心な問題は中、日、韓三国の協力、特に中日両国の協力である。中国元駐日大使王毅（現外相）は二〇〇五年二月三日に神戸で開かれた「関西財界セミナー」において、中日間でＦＴＡの交渉をスタートする必要があると提唱したのである。もし中日協力という新しい車輪をスタートさせれば、必ず東アジア共同体の創設を促進させると思われる。しかし、もし中日両国の間に相互信頼の協力がなければ、実効性のある東アジア共同体の創設は不可能であろう。

第四に、東アジア共同体の組織機構、体制の整備。東アジアの「ASEAN＋3」やRCEPの地域協力は、「平等と協商」の原則のもとで、ASEANより一連の首脳会議、部長会議、高官会議、専門委員会やグループという「対話協力」システムを設立して推進したが、本格的な地域協力の「制度」的な組織と基本原則はまだ創立には至ってない。

しかし、東アジア協力の深化と迅速な発展にしたがって、現在の体制には若干の欠陥が存在することが明らかであって、制度に基づくシステムを考えねばならないであろう。①独立した東アジア共同体事務局あるいは組織機構を設立し、年度会議の開催を有効に確保すること、②ASEANの主導的な役割を尊重すると同時に、中・日・韓などは客として参与するのではなく、その主導性を発揮し域内協力プロセスを促進すること、③未来に着眼して、地域の状況によって、民族国家の単位で経済主権の譲歩から始まり、次第に国家の主権を譲渡すること。東アジア協力は「対話協力」から「制度化協力」への移行が必然的な選択であろう。もちろん、直ちにASEANやほかの組織を解散するわけではなく、むしろ様々な協力様式を提唱し、それらを東アジアの長期的な協力の枠組みや組織システムに組み入れて合力を形成させるのである。決して新しい分割を起こすわけではない。

第五に、東アジア地域に関する共同体意識の薄れ。地域統合は一定の地域主義の上で設立せねばならない。比較して見れば、歴史上の冷戦はヨーロッパの団結を促進させたが、東アジアにおける東西両極の対立をもたらした。また、ヨーロッパはほぼ同様な民主政体、レベルが高く格差がそれほど大きくない経済的基礎および共通の価値観と文化・社会心理を持っている。一方、現在の東アジアにおいては、各国の異なる政治体制、様々の経済発展レベル、それぞれの社会文化、さらに各国の上昇しつつあるナショナリズムと一致していない経済・政治・

安全政策の志向も加わり、短期間には東アジア共同体への高度なアイデンティティは容易には形成できないだろう。東アジア地域の平和、発展と安定のために、東アジア共同体の創設に当たって、如何に地域意識を強化すべきかが切実な課題であろう。

4　日中の役割

地域統合には統一された標準的モデルがあるのではなく、東アジア共同体の創設には東アジアの特徴によって独自のモデルと発展経路を創出しなければならないと思われる。その中において、日中両国は地域の重要な国として、積極的な推進者であり協調者となって、大所高所から周辺諸国との対外関係を適切に処理し、国内の政治経済体制の改革を実施し、自国の社会安定と発展を促進することによって、東アジア共同体の進展を着実且つ有効に確保すべきである。

第一に、東アジア共同体の創設を積極的に促進すること。日中両国は今まで特に冷戦時代の対外政策を再認識するうえで、積極的に東アジア全体及び各レベルの協力に関与し促進させることによって、安定した周辺環境を創立せねばならない。これは両国の長期的な利益に一致していることである。そのため、日中両国は、①東アジア全体の協力を促進すると同時に、まず自由貿易区の設立に努め、資源・環境・農業・金融などの具体的な部門において一層の協力を強化すべきである。②東アジアの政治や安全協力の枠組みの設立を適時に促進し、域内での敏感な問題を処理し全体的な協力の展開を、確保すべきである。③国内の産学官の資源を整備し、域内における産官学の協力を促進し、共同して東アジアの順調な協力に関与し促進すべきである。④文化交流のシステムを設立し、人や文化の交流、特に若者の交流を拡大し、地域の共同体意識を育成し、多様化のもとで文化融合を実現すべきである。

第二に、各方面の立場を協調して域内協力を有効に促進させる。各国の利益が異なり、立場が一致していない現状においては、日中両国は責任ある国として協調者の役割を果たすべきであろう。⑴域外諸国と域内協力との関係を調和し、アメリカやヨーロッパからの積極的な協力を得ることには努力しても、これらの諸地域はアジア諸国間の域内協力を阻む立場ではない。⑵域内における以下のような三つの意味の「南北関係」を強調すべきである。①東南アジアと北東アジアとの関係を調和し、北東アジア協力の遅れた局面を変え、ASEANと中日韓印豪NZとの協力を促進すること、②先進国と域内発展途上国との意見の相違を調和し、経済貿易協力の深化を促進すること、③朝鮮半島の北朝鮮と韓国との関係および各方面の意見を調和し、域内の平和プロセスを促進することである。⑶ASEANや韓国などの共同体メンバーの拡大、主導権問題に関する相違を調和し、域内協力を有効に促進すべきである。

第三には、積極的かつ適切に中日関係に対応し、相互の役割を客観的に認識し、お互いに協力して東アジア共同体の設立を推進する。東アジア共同体のプロセス、体制および将来は、根本的には中日協力の進展の成否によって決定される。当面の中日関係は両国の国家指導者の遠見と卓識、勇気や知恵が問われている。

中日関係は釣魚島（日本側は尖閣諸島と称す）、靖国参拝、歴史教科書などの問題で膠着状態となっている。これは二国間の問題だけではなく、東アジア地域全体の協力関係に直接的に影響を与えている。両国はそれを長期的な問題にして、共同協議・共同研究によって徐々に解決していかねばならない。それと同時に、釣魚島問題や東シナ海問題などの現実的な利益に関して、両国はできるだけ正面衝突を回避して冷静に対応せねばならないと思われる。中日両国は二一世紀の東アジアにおける中日並立の現実を心理上で認めねばならない。いわゆる「和であれば相互有利になり、戦であれば共倒れになる」で、中日両国の間には抑制と対立ではなく協力と競争を提唱すべきであると思われる。

長期にわたって、中日両国においていずれも「アメリカとの関係がうまくいけば大丈夫だ」という消極的な考え方が存在している。両国は自国さらに地域利益のためにこのような消極的な認識を捨て、積極的な対話によって、できるだけ早く二国間の関係を正常な道に復帰させねばならない。中日両国は東アジア共同体に向けて、そして未来に着目し、ASEANの主導権を尊重するもとで、「主導権」を競う意識を放棄し、積極的な協議によって共同体の創設を共同で推進すべきである。一方、中国はアジア唯一の先進国としての日本の域内および共同体の創設に果たすべき役割を客観的に認識せねばならないと思われる。

第四に、政治・経済体制改革を着実に推進し、自国さらに地域の持続可能な発展を促進すべきである。中国経済が現行の体制で目覚しい発展を遂げたのは否定できないが、中国の経済発展は相当の程度で大量の廉価な労働力と巨大な資源の消耗によって成し遂げられたものであり、決して技術の向上と制度の保障によるものではないことを、認識せねばならない。この「成長があったにもかかわらず発展にならない」経済は、技術・資源・環境などの視点から見れば、永遠に持続できないだけではなく、実は既に資源については世界的な影響と環境についての地域的な影響をもたらしている。今後、中国経済は低迷に入る可能性があると指摘した国内外の学者が少なくない。

当面は、東アジア地域協力の発展のために異なる政治体が併存するのは良いが、長期的かつ持続的な発展の視点から見れば、民主的な政治体制と科学の価値観を求めねばならない。中国の現在の政治体制は機構が膨大で、効率が低く、腐敗や浪費も深刻になっている。この政治の弊害は既に経済発展にマイナスの影響を与えている。そのため、中国は政治改革を励行して経済発展を促進することによって、東アジア地域統合を推進すべきである。視点を変えてみれば、東アジア共同体の構築に関与することによって、中国政治の民主化を推進する必要があると思われる。
要するに、東アジア共同体の長期的な目標が合意された現今、東アジア各国の切実な協力はその目標を達成する唯一の道であろう。未来に向け、各国は「和は貴である」思想に基づき、グローバルかつ長期的な目で問題に対応し、域内の共同の利益を追求すると同時に自国の発展も促進すべきであろう。

注——

（1）「東アジア共同体への歩みは予想より早く」、日本国駐華大使館『越洋聚焦・日本論壇』第一〇期、三一頁。
（2）外務省「日中韓首脳会議~三国間協力の推進」http://www.mofa.go.jp/mofaj/press/pr/wakaru/topics/vol23/
（3）日本経済産業省『通商白書 二〇〇四年』、一五五頁。
（4）日本財務国際局『アジア経済の現状と今後の展望』、二〇〇五年五月二〇日、四頁。http://www.mof.go.jp/singikai/kanzegaita/siryou/gaib170520b.pdf
（5）榊原英資「市場主導で進む東アジアの経済統合」、http://adnet.nikkei.co.jp/a/sento/02.html
（6）日本経済産業省『通商白書 二〇〇四年』、一五三頁。
（7）宮島良明「自立に向かう東アジア——域内貿易拡大と分業体制の形成」、『ＲＩＭ　環太平洋ビジネス情報』、Vol.10、No.38、二〇一〇年七月、三四頁。
（8）薛敬孝、張伯偉「東アジアの経済連携の比較研究」、楊棟梁編『東アジア地域の経済協力の現状と課題』天津人民出版社、二〇〇四年、一五〇—一七三頁。
（9）「二〇〇五年東アジア投資フォーラム」で中国外交学院院長である呉建民の講演、http://news.xinhuanet.com/school/2005-07/01/content_3170970.htm
（10）谷口誠「東アジア共同体を推進」、『朝日新聞』二〇〇五年六月二日。
（11）「シンガポール」『聯合早報』二〇〇五年六月二八日。

第4章　地方がつながる――もう一つの東アジア共同体の可能性

五十嵐暁郎

はじめに――

一九八九年における冷戦の終焉は、それまで資本主義と社会主義の二つの陣営に分かれて対立していた世界に融合や統一の可能性をもたらした。外交、軍事的な対立がもたらす脅威に変わって平和で経済的な繁栄を約束する未来も展望された。東西の対立だけではなく、南北の経済的格差をも解消したいという希望が東アジア共同体を夢見させたのである。

一方で、冷戦の終焉はグローバリゼーションを加速した。ホットマネーは世界を駆け巡り、冷戦から解放された世界はグローバリゼーションがもたらす経済危機に直面したのである。一九九七年にはアジア通貨危機に対応するためにアジア通貨基金（ＡＭＦ）が構想され、東アジア共同体の経済的基盤を確保するものとして期待された。東アジア共同体構想は、このように冷戦の終焉がもたらした未来への展望とアジア通貨危機に象徴されるようなグローバリゼーションの脅威に対応するために結束を図ろうという動きによって生まれたのである。

しかし、東アジアにおいて国境を越えた結束を図ろうとする動きは、国家レベルにおいてだけではなく、それ以上に地方レベルで熱心に試みられていたのである。冷戦期においても日本をはじめ東アジアの各地域は「対岸」との交流を継続しており、冷戦終焉によってその関係を発展させる可能性が広がったと考えて、いち早く本格的な交流に着手した。たとえば新潟市は、一九六五年にロシア（当時はソ連）のハバロフスク市と姉妹都市提携を結んでおり、今日まで五〇年近い交流の歴史がある。その間、提携交渉中の一九六四年の新潟地震に際しては、ハバロフスク市が再建のための建設用木材を贈っている。その後も一九七三年には新潟、ハバロスク間に定期航空便が就航し、冷戦終焉後の九三年にはハバロフスク市に日本総領事館が、九四年には新潟市にロシア連邦総領事館が開設され、両市間の経済をふくめた交流は発展した。

冷戦終焉直後の一九九〇年、新潟県および新潟市は、他の日本海沿岸都市とともに環日本海経済圏構想の試みに乗り出した。これらの地域は新潟と同様に、明治以後は太平洋岸の発展にくらべて近代化に取り残されて「裏日本」と呼ばれるようになっていたが[1]、第二次大戦以前から「対岸」交流の実績があった。「対岸」の地域においても共通の事情があり、発展に取り残された「周辺」地域どうしが結びつくこの構想に積極的になったのである。

本稿は、東アジア共同体構想を地域間、あるいは都市間交流の視点から考察しようとするものである。これまで東アジア共同体構想をはじめ各種の地域共同体構想は国家レベルで語られることが多かった。しかし、今日においては地域、都市もまた国際交流の主体となっており、分析に値する。すなわち、グローバリゼーションにおいては、近代国家に代わって、しだいに都市の果たす役割が拡大している。国家は条約や法制度の形成においては今も決定的な役割を果たしているものの、経済や社会におけるその比重は低下しつつあり、経済や実務のレベルにおいては、都市がその重みを増している[2]。さらに、東アジアでは一九八〇年代から韓国、台湾、タイなどにおいて民主化が進行し、地方自治制度が実現して中央政府からの独立性が増している。その意味でも、国際交流の主体としての可能性は大きくなっているのである。

現実には、国家レベルの構想はナショナリズムや中央政府・政治家たちによる外交的な駆け引きに翻弄されて前進することが難しくなることがある。それだけにまた、地方、都市レベルでの連携に注目する必要があるだろう。地域・都市による生活や産業の実態に密着した国際的連携には、国家レベルとはことなる長期的な可能性があると思われるからである。

1　連鎖する東アジアの交流圏

冷戦終焉後、東アジアには国境を越えた地方どうしの交流圏が北から南へと連なっていった。その主体は国家ではなく地域・都市であり、前述のように近代化の発展から取り残されたところが多かった。それらを順次、紹介することによって、それらが全体として東アジアにおける連鎖する交流圏を形成していることを明らかにしたい。

1　北方圏フォーラム

この構想の中心である北海道庁のホームページの説明によれば、「北方圏地域に共通する課題や北方圏地域に影響を与える世界的規模の問題の解決を図るため、北方圏地域の地方政府が協力して取り組んでいくために一九九一年に設立された国際機関であり、現在、七か国から一三地域が参加して」いる。この構想には前史があって、一九七四年に札幌でこの地域の六ヵ国二〇地域が参加して第一回北方圏環境会議が開かれ、七九年に第二回、九〇年に第三回北方圏会議が開かれた、その最終日に、参加地域の不断の交流を促進するために常設の事務局を備えた「北方圏フォーラム」を設立することが決まった。地方政府による常設の国際組織は世界初であったと述べている。

執行委員や事務局はロシアや韓国、カナダ、中国、米国など参加地域からのメンバーによって構成されている。参加地域はカナダ（ケベック州他）、米国（アラスカ州）、アイスランド（アクレイリ市）の他は中国（黒竜江省）、日本（北海道）、ロシア（サハ共和国）、韓国（江原道）など東アジアの地域である。取り組んでいるプロジェクトは、環境保全、持続可能な開発、社会文化（感染症モニタリング、遠隔治療、自殺予防など）である。

産業、経済の基盤が弱い北海道は、対岸との交流に活路を見出そうとしている。稚内のように「北のさいはて」と呼ばれる地域も、対岸との関係が活発になれば「北の玄関」になる。北方領土問題も交流の中で前向きに解決することも可能だと考えられた。しかし、国境を越えた交流の前に立ちはだかるのは、遠い「霞が関」の官僚制によって作られたさまざまな規制である。彼らには稚内の事情やこのプロジェクトに将来を賭けた熱意はとうてい伝わらない。北海道と道内各地域は中央官庁に対抗しつつ、このプロジェクトを進めなければならない。おなじように、対岸のソ連沿海州でも、モスクワから遠く離れ原料資材の供給地として長年「搾取」されてきたこれまでの境遇から脱したいと、この交流に強い熱意を抱いている[3]。

2　環日本海交流圏構想（北東アジア交流圏構想）

冷戦終焉後、もっとも熱心に推進され、また脚光を浴びたのは環日本海交流圏構想である。このプロジェクトを形成した中心の一人は新潟の藤間丈夫であった。藤間は、新潟が「裏日本」と差別的に呼ばれることに我慢できず、近世の北前船で賑わい富を築いた日本海沿岸地域の再興を夢見て「環日本海」構想の勉強会やシンポジウムの事務局をかって出た。各種会議やその財源を求めて奔走する間に、インテリアの家業は傾いてしまった。もう一人の中心人物は新潟市に隣接する亀田郷土地改良区理事長の佐野藤三郎であった。佐野は一九七九年から中国政府の依頼によって中国東北地区黒竜江省にある三江平原の開発事業に協力していた。かつて亀田郷は胸まで水につかって農業を営んでいたが、長年にわたる灌漑事業によって沼地を農地に変えることに成功した。その経験をおなじような条件の三江平原の開発に適用し、世銀はじめ外国資本・技術を導入して日本の全耕地面積に匹敵する平原を中国最大の輸出型農業コンプレックス（総合企業体）に変貌させた。この成功は地域間国際交流の有効性を証明している。

この事業協力がもとになって、新潟県は黒竜江省と、新潟市はハルビン市と、それぞれ姉妹提携を結んで交流の実績を重ねた。黒竜江省との提携は、藤間らの日本海圏構想にとっても、はじめての具体的な成果であった。これ以後、藤間と佐野は密接に協力し合って運動を進めた。

新潟市には、一九五九年から始まった在日朝鮮人の帰国を実行した実績があった。一〇万人が新潟港から北朝鮮へ帰国したのちも「祖国往来船」が年間二〇便ほどあり、それが機縁になって新潟市は日本の都市の中では例外的に北朝鮮とのパイプを保ってきた。前述のようにソ連のハバロフスク（一九九一年にはウラジオストク市が新潟市の姉妹都市提携に加わった）、中国の黒竜江省、ハルビン市、そして北朝鮮というように、新潟市は冷戦期においても社会主義圏とかなり活発なつながりを保持していたのである。

環日本海交流圏構想は、こうした交流の歴史を背景に、ロシア極東の天然資源、中国、北朝鮮の安価な労働力、日本・韓国の資本と技術力を補完的に組み合わせることによって新しい経済圏を生み出そうという試みであった。新潟以外にも富山、石川などを中心に、北海道から九州までの日本海沿岸地域が関心を示し、これらの地域が積極的に動くことによって東京などの資本・技術を呼び込もうと考えた。

環日本海交流圏構想は一九九〇年代初めから熱心に関係各国、地域を集めて国際会議を開催した。そこでは経済を中心に環境政策などについて議論を重ね、これまでにない交流の成果をあげた。その一方で、韓国の出席者が韓国では「東海」と呼んでいるのに、「日本海」の名称ではこのプロジェクトに積極的に参加できないと強い難色を示した。そのために、このプロジェクトでは「北東アジア」の名称を用いるようになった。「日本海」には「緊張の海」から「平和の海」へという思いが込められていたのであるが（「日本海」Sea of Japan は国際的にも認められている名称である）、竹島をめぐる領土問題を意識した国家レベルの議論に押し切られるかたちになった。

3　環黄海経済圏

黄海を取り囲む九州、韓国、中国の地域では環黄海経済圏構想が模索されてきた。二〇〇一年、福岡で第一回「環黄海経済・技術交流会議」が開かれて以来、日本、韓国、中国の持ち回りで毎年開催されている。その目的は、この地域における貿易、投資、技術など各分野の交流を深化、拡大するために協議し、環黄海経済圏を形成することにある。そのために自治体、経済団体、関係政府機関などが一堂に会して、相互発展のあり方や相互交流の円滑化と拡大のための方策を協議している。

具体的には、①会議で交流プログラムを提案し、交流事業実施に関する合意を形成する。②研究開発協力を推進する、③商談会や貿易投資ミッションを行なうことなどを目的としている。その特徴は、国家間で協定を結んで形成されたEUやNAFTA、AFTAなどとはことなり、貿易・投資や人の移動などの「実体経済の結びつきを背景とした局地経済圏」にある。国家によるものではなく、あくまでもこれまで培ってきた「実体経済」の延長上にあるプロジェクトである。九州と中国、韓国の交流が古代から続く長い歴史を持っていることは言うまでもない。この地域の人口は世界の約六パーセントを占めNAFTAに匹敵し、GDPは世界の五パーセントになり、ASEANを上回る。このように環黄海経済圏は「経済好循環地域」であり、東アジアの持続的成長の一翼を担う「開かれた経済圏」として経済成長が期待されている。

4　沖縄の試み

以上のような経済圏構想に沖縄の試みを加えることができる。沖縄はいうまでもなく米軍基地の島であり、その戦略上の重要性からアジア太平洋の「キー・ストーン（要石）」と呼ばれてきた。しかし、悲惨な戦禍を経験した沖縄の住民が軍事的な重要拠点であるよりも平和と安全が約束され、繁栄を追求することを望んでいることはいうまでもない。沖縄が歴史的に中国や台湾、東南アジアと交流してきたことや、それら諸国と日本本土との中間にあるという「キー・ストーン」の文化的地理的な位置は、経済的な価値に転化することが可能であるという発想が、この構想の根底にある。二〇一〇年に刊行された『沖縄21世紀ビジョン』においても、この構想が主張されている(4)。同時に、普天間基地の移転問題をめぐって中央政府に対する批判を強める沖縄は、日本の地方自治の最前線に立っている。

以上のように、冷戦終焉後、日本海側の各地域による「対岸」、すなわちそれまでの社会主義国の各地域に対する交流の熱意には並々ならぬものがある。それは、前述のように、近代化の過程で中央の発展から取り残された地域どうしの共感にもとづいているという側面も持っている。

冷戦終焉後にはじまった地方の国際交流は、日本海沿岸地域が北前船の歴史を念頭に置いたように、近代国家が支配権を握る以前の時代への回帰を思わせるものであった。その状況はまた、グローバリゼーションによって国家が後退し、かわって都市が重要な拠点になっていくこととも重なっていた。いずれの場合も、近代国家がそれまで果たしてきた役割が一つの区切りを迎えたように思われた。

しかし、冷戦終焉後に表面化した拉致事件によって北朝鮮との関係は冷え込み、当初の大きな期待にもかかわらず、環日本海圏の地域間交流は停滞した。さらに、領土問題や歴史認識問題をめぐって韓国・中国との関係も極度に悪化した。後者については、国益の主張や、ナショナリスティックな感情の衝突によって、それまで政府だけでなく地域の市民が草の根の運動によって積み上げてきた友好関係が一挙にしぼんでしまった。それだけではなく、一方における「嫌韓」「嫌中」と、他方における「反日」のナショナリスティックな感情は、いずれも政治的に利用される傾向が強まっている。国家間の友好関係は、その時々の感情や打算にもとづいているがゆえに脆いといえよう。

それに比べれば、近代国家間よりも長い交流の歴史を有し、またそれぞれの地域の経済、社会、文化の実態に即している地域間の交流には、より強固な基盤と持続性がある。次にのべる姉妹都市提携についても言えることであるが、地域間交流のさらなる発展のために必要なことは、中央政府による規制の緩和である。地域がそれぞれの実態に即した方策を実行するために、中央政府は可能な限り規制を緩和し、地域・都市の判断を拡大すべきであろう。言いかえれば、必要なのは国際的な地方自治の拡大であり、さらなる民主化である。

2 姉妹都市提携の発展

冷戦終焉後の世界の特徴の一つは、地域社会の国境を越えたつながりに対する願望であった。その背景には、第一に脱工業化社会において精神的な充実感に満たされたい、アイデンティティを確認したいという願望があった。そうした願望が世界と接触したい、結びつきたいという思いになった。第二の背景はグローバリゼーションであった。通信技術の発達と浸透によって、外国は手が届かない遠い存在ではなくなった。マスコミやインターネットで報じられる外国人とその生活は身近になった。さらに、一九八〇年代以後の海外旅行ブームによって、実際にその地を訪れる人数も急増した。

その結果が姉妹都市提携の急増であり、地方自治体の国際交流は住民の強い関心によって支持されていた。世界的に見ても、そうした傾向は見て取れるが、とりわけ日本、中国、韓国において顕著である。「冷戦」時代とはいえ、実際には戦争を経験した東アジアの国民にとって冷戦の終焉はより大きなインパクトを持っていたのではないか。冷戦終焉直後から日本社会の国際交流熱は高まり、姉妹都市提携だけではなく各地方自治体の関係予算が急増した。地方の国際交流には自治体行政だけではなく、民間の多くの友好団体や大学をはじめとする学校、病院、専門機関、企業が積極的に参加して支えている。

地方自治体の活発な国際活動を指して「自治体外交」という言葉が使われるようになった。そもそも外交は中央政府がそれを独占することによって近代国家が成立した。そのことを考えれば、「自治体外交」に対して外務省が神経をとがらせたことは不思議ではない。しかし、外務省も「自治体外交」が世界的な傾向であり、いまや国際社会において欠かすことができない活動であると認識し、これを「容認」するようになった。外務省にかわって、現在では総務省がこの「自治体外交」を後押ししている。このことも地方自治が拡大していること、しかもそれが世界的な傾向であることを示しているであろう。

二つのグラフから分かることは、第一に冷戦終焉後、世界の姉妹都市提携数が増加していることである。オーストラリア、カナダ、アメリカ合衆国は一・五倍から二倍に増加している。韓国、中国は約三倍に増加している。日本もまた二倍以上に増加している。全体的な増加傾向のなかでも北東アジアは突出している。冷戦の終焉は、世界的に都市、地方の国際交流の可能性を広げ、活気づけた。とりわけ北東アジアの場合には、可能性の期待が大きかったと言える。それが、この地域に前述のような経済交流圏の連鎖をつくりあげたのである。

世界の姉妹都市提携は数の上で増えただけではなく、質的にも変化した。それまで姉妹都市提携といえば、多分に偶然的な、また首長などによる個人的な接触が機縁となって始まり、文化的な交流、ホームステイや観光、パーティーといったお祭り的要素が多かった。それが、とくに冷戦終焉後、グローバリゼーションの影響の下においては、世界の地域・都市には共通の環境、課題があるという認識がつよまった結果、ビジネス目的の提携や援助を目的とした交流、まちづくりを学ぶ交流、共通する環境問題の研究や解決に取り組む交流などへと拡大している。

富山県黒部市の担当職員によるレポートは、少し長くなるが、姉妹都市提携の内実の変化をよく示している。

「交流」とは本来、双方向のものであり、お互いに有益であるべきで、Give and Take の関係が成り立って初めて「交流」になると思うし、そうでないと長続きしない。日本の自治体はもっぱら Take していて、Give を十分にしていないのではないか。形式やステイタスを重んじて姉妹都市になったが、Take すらしていないのではないか。何をやっていいのか分からず、連絡や通訳はもちろん、交流の内容まで企業任せというところもあるかもしれない。そういうところは、企業のバックアップがなくなったら、予算がなくなったら、付き合いはたちまちストップする。ましてや、基本的行政サービスが優先される欧米の自治体は、明らかなメリットのないことに税金を使わないので、向こう側から交流を仕掛けることは希である。企業の薦めや行政上の外交儀礼も、最初のきっかけとしては良い。そこから意義のある交流にどうやって発展させるかである。日本側から Give できるようにし、かつ、市民（草の根）レベルで真の交流を図ることが大切である。そのためには、漠然と付き合うのではなく、テーマを持ち、日本人のアイデンティティを認識し、文化を解し、堂々とプレゼンテーションする自信と技術を身につけることである。

黒部市は、市内に主力工場を有するＹＫＫの仲介により、一九七〇年に県内で最も早くオランダ・スネーク市と、一九七七年にアメリカ・ジョージア州メーコン市と国際姉妹都市提携をした。以来、互いの市長や議員、経済界のリーダーが訪問し、文化交流も行われてきた。

平成九年に発足した市民団体「黒部まちづくり協議会」は、従来より一歩進めたユニークな国際交流を展開し始めた。「草の根まちづくり国際交流事業」である。ステップ1では、欧州の小都市：ケンダル（イギリス）、スネーク（オランダ）、ウルム（ドイツ）、ビゴ（スペイン）からまちづくりの担当者を黒部に招請し、先進事例を紹介してもらった。ステップ2では、黒部市民が実際に欧州を訪問・見聞し、かつ、黒部市の職員から都市計画やまちづくりの実態をプレゼンテーションし、当地の市民や行政担当者と意見交換した。ステップ3では、ドイツ・ウルム市の副市長らが黒部を実際にまち歩きして、具体的にアドバイスしながら黒部市民と意見交換をした。

個性と民主的プロセスを重視し、効率主義に安易に流されない一貫した欧州のまちづくりの取り組みは、日本の自治体にとって非常に参考になる。一方、二千年を超える日本の伝統文化や民族的心性は、地方小都市の家屋や街角などにも散在し、簡素な中にも息づく機能性・芸術性・緻密性は欧米のまちづくりにも有益であると賞賛を受け、今後も互いに有益な交流を続けていくことを約束した。「まちづくり」という互いに関心あるテーマにおいてGive and Takeできることに気付かされたのであった。

依然として片想いの感は否めないが、今後の目指すべき国際交流を見据えた市民の試みだった。スネーク市と三〇年を超える姉妹都市の付き合いの中で、まちづくりについてスネーク市民と意見交換するのは

初めてのことだったし、これほどまでに互いの都市の実状を分かり合えたことはなかったと思う。(6)

以下に新潟県、新潟市および富山県、富山市の姉妹都市提携の内容を見てみよう。

◆新潟県の友好地域交流

新潟県が国際交流に本格的に乗り出したのは冷戦終焉直後の一九九〇年であった。二〇〇六年に策定された「夢おこし」政策プランでは、「北東アジア交流圏の表玄関化」を政策の柱にして、以下のように方向性を示している。①近年、急速な経済発展を続けており、歴史的に関係が深く、航空路などの交流ベースを活かしうる東アジア、とりわけ北東アジアに重点を置いて交流を進める。②単なる友好親善だけでなく、経済交流の拡大や観光交流等による往来の拡大を進めることにより、双方の地域の経済発展に寄与することを目指す。(7)

新潟県はさらに、北東アジアに加えて、上海、香港、台湾、東南アジアとの交流に取り組み、企業育成や県産品の販路拡大、外国人旅行者の受け入れ態勢の整備充実、県内若者層を交流拡大の担い手に育成することなどに重点的に取り組むとしている。また、新潟港、直江津港、新潟空港などの競争力を高めて、日本海における国際物流拠点にすることがうたわれている。

同県が友好・姉妹交流を行なっているのは、中国の黒竜江省・吉林省・陝西省、アメリカ合衆国のイリノイ州、ハワイ州、ロシア沿海地方(ハバロフスク州、イルクーツク州)、韓国(新潟市は一九九〇年にいち早くソウル特別市に事務所を設けている)、モンゴル、オランダ北ホラント州などである。これら各地域との間では、県・州職員の交換派遣・語学研修、留学生の派遣・受入れ、芸術家交流、水産業など専門的な現場での研修、スポーツ交流、そしてビジネスの展開に関する幅広い関係者、企業などによる会議などの交流活動を展開している。

黒竜江省、吉林省との交流は、前述のように亀田郷土地改良区の佐野藤三郎らによって三江平原の開発援助が行われたことを機縁とし一九八三年に始まっている。灌漑技術改善のための協力事業は現在も行われている。また、吉林省との間に日本海横断フェリーを開設している。陝西省との交流は佐渡島におけるトキの保護協力が機縁になっている。イリノイ州との交流は、サザン・イリノイ・ユニバーシティ（ＳＩＵＣ）新潟校が県内に開学したのをきっかけに、東アジア以外に国際交流の拠点を求めていた新潟県が働きかけて実現した。ハワイ州との交流は新潟空港との間の定期路線化を働きかけるなかで実現したが、共通の課題である海洋資源や観光、海洋深層水の調査を共同で行っている。オランダ北ホラント州との交流は、ヨーロッパへの足がかりを求めた新潟県の希望によって実現した。

新潟県は前述のように、冷戦終焉の年である一九八九年から、いち早く環日本海交流圏構想を打ち出し、以後毎年のように中国・韓国・モンゴル・ロシア・米国・北朝鮮などを招いてシンポジウムを開催してきた。その成果として様々なプロジェクトが誕生したが、その一つは一九九六年に設立された「北東アジア地域自治体連合」である。この連合の目的は、「北東アジア地域自治体が互恵・平等の精神に基づき、関係自治体間の交流協力ネットワークを形成することによって、相互理解に即した信頼関係を構築し、北東アジア地域の全体的な発展を目指す」ことにある。具体的な事業としては、総会および実務委員会の定期的な開催や地域間経済・技術、開発に関する情報の収集と提供、交流・協力に関する事業の支援、推進があげられている。この連合には、上記の六か国の七〇自治体が参加している。

◆新潟市の姉妹都市提携活動

新潟市の国際交流は環日本海地域を中心に置くなど、新潟県と歩調をそろえて進められている。日ロ沿岸市長会は秋田市、金沢市、舞鶴市など一七市が参加しており、新潟市長が代表幹事をつとめ、新潟市に事務所を置いている。ロシア側の口日極東シベリア友好協会は、ハバロフスク市、ウラジオストック市など一八市が参加している。また、北東アジアの専門家などが集まって地域の経済動向や課題について議論する「北東アジア経済発展国際会議」やビジネスチャンスを提供する「新潟国際ビジネスメッセ」、食と花に関する取組みと産業の活性化を話し合う「食と花の世界フォーラム」をそれぞれ開催するなど、環日本海圏の国際拠点都市の役割を果たしている。

新潟市の姉妹都市はアメリカ合衆国テキサス州のガルベストン市、ロシア極東のハバロフスク市、同ウラジオストク市、同ビロビジャン市、中国黒竜江省都のハルビン市、フランスのナント市、韓国の蔚山（ウルサン）市である。姉妹都市活動としては、ガルベストンのハリケーン被害に対する義捐金を集め贈呈するという援助活動、経済交流団を派遣してビジネスのよりスムーズな実現を図る、スポーツ・芸術交流、新潟―ハルビン定期航空路の開設などが具体化されてきた。フランスのナント市で始まったラ・フォル・ジュルネ（熱狂の日）の音楽祭をモデルに「ラ・フォル・ジュルネ新潟」が開催されて、国内では先頭を切ってユニークなまちづくりを行なっている。

その他、姉妹都市をふくむ地域間交流が進められている。たとえば、日ロ関係の情報交換・意見交換の場として新潟県、環日本海経済研究所（一九九三年に環日本海の経済交流の発展のために設立された）、企業家とともに「ロシア極東ビジネスネットワーク」を設立し会合を開いている。姉妹都市提携を結んでいる新潟、ハバロフスク、ハルピンの三市の環境分野の専門家は、「三都市環境会議」を開催して環境問題に国際的に取り組んでいる。

日ロ沿岸市長会議は、日本側組織である「日ロ沿岸市長会」（一九市）とロシア側組織「ロ日極東シベリア友好協会」（一八市）との間で、これまで一九回開催され、両国間の友好、経済交流などについて協議している。新潟市長が日本側の代表幹事、ハバロフスク市長がロシア側の会長を務めている(8)。

以上見てきたように、経済を中心に環境、友好と、幅広い交流の課題が取り上げられているのが分かる。また、単独の姉妹都市だけではなく、姉妹都市提携を組み合わせ、あるいは日ロの日本海沿岸地域をネットワーク化するような連携がとられていることは、姉妹都市提携がもはや2都市間に限定されるものではなくなってきていることを示している。

◆富山県の友好地域交流

富山県が友好提携を結んでいるのは、廖承志中日友好協会会長の来訪を機に産業拠点として選ばれた中国・遼寧省（一九八四年提携）、県出身移住者が多いブラジルのサンパウロ州（一九八五年）、気候風土・自然環境が似ているアメリカ合衆国オレゴン州（一九九一年）、貿易・人的交流が多いロシア沿海地方（一九九二年）である。

それぞれの友好交流は、人の往来や経済・ビジネスの課題もふくめた会議の開催、スポーツ・芸術交流、留学、研修など、やはり展開は多様化している。気になるのは、富山県だけではないと思われるが、交流の費用がほとんど同県によって負担されているように思われることである。ユニークなのはスイス・バーゼル地域との交流である。富山県が製薬の伝統をもっていることは広く知られているが、「世界の薬都」と呼ばれるバーゼルは医薬品、化学、バイオ関係企業、研究所が多数集積しており、交流によって県内の医薬品研究者がバーゼル大学等で研究活動を行うようになり、県もこれに助成している。バーゼルとの交流は地域間で研究や取引の成果があがることが期待される。

富山県がもっとも力を入れているのはロシア沿海州との交流である。二〇一三年度の貿易相手国を見ると、一位がロシアで構成比が二一・六パーセント、二位が中国で同二一・二パーセント、三位が韓国で一五・三パーセントと、いずれも北東アジアの上位三国で六〇パーセント近い貿易額を占めている。富山県の国際交流が「対岸」をめざすのは当然だといえる。富山県の対岸に寄せる思いを表現した「逆さ地図」は、日本海を囲んで富山県とロシア、韓国、中国が向かい合う構図になっている。一般に使用されてきた北南を縦軸とする地図と国家、地域の位置関係がことなることによって、国家・地域の関係に新たなイメージが生まれてくる。たとえば、日本海が対岸地域と日本列島によって囲まれた「湖」のように。それは、国家の枠を前提にしてきた従来の関係が、グローバリゼーションによって地域・都市中心へと変化していることによって生じた転換でもある。

富山県は「日本海学」を提唱し、それを軸に国際交流を展開している。その趣旨は、次のように述べられている。

「日本海学」は、環日本海地域及び日本海をひとつの循環・共生体系として捉え、長い歴史の中で繰り返されてきた循環・共生システムに学び、将来起こり得るさまざまな問題を予測し、これに対処する備えを用意することにより、地域全体の危機を回避し、ひいては健全な地域・地球を子孫に引き継いでいくことを目指すものです。また、地球的規模で総合的に地域の問題を考える切り口を提示するとともに、共生の価値観への転換を図り、直線的発展の文明観から循環的な文明観への転換を目指しています。さらに、国家中心の考え方から地域中心の考え方への転換を図り、地域のアイデンティティの確立を目指すなど、二一世紀における人間の生き方に対する問いかけも視野に入れるものです。(9)

具体的な活動として、ポートセールス団の派遣、知事の訪問などの人の往来、留学・研修、スピーチコンテスト、環境問題の共同調査、旅行エージェントの招聘などが行われている。

◆富山市の姉妹都市提携活動

富山市の姉妹都市は、地元企業である不二越が進出したことからブラジルのサンパウロ州モジ・ダス・クルーゼス市、中国の港湾都市である河北省の秦皇島市、アメリカ合衆国の研究・産業都市でテクノポリスでもあるノースカロライナ州ダーラム市、少年少女海外派遣事業等での交流が機縁となったオーストラリア・ニューサウスウェールズ州のウェリントン市である。富山の国際交流を担う富山市市民国際交流協会は、春のお花見交流会、夏のバスツアー、「ディスカバー富山」、防災訓練など、季節ごとのイベントの他、生活相談などの各種相談・講座、交流事業への支援などを行っている。

3　国際自治地域・都市化とそのネットワーク

冷戦終焉後、環日本海圏構想として出発した活動は、ネットワークの構築、ビジネス取引の拡大をもたらした。それと同時に、あるいは将来的にはそれ以上に重要なのは県市の地方自治体が「国際化」、より正確にはグローバル化したことである。

シンクタンク

国際交流を展開するためには調査をはじめ情報の蓄積や分析・研究が必要になる。そのために新潟県・新潟市は東北・北陸を中心とした他の諸県（富山県をふくむ）、民間企業とともに一九九三年に公益財団法人・環日本海経済研究所（ＥＲＩＮＡ）を設立した。その目的は、①北東アジア地域の経済に関する調査研究　②国際会議、セミナー、シンポジウム等の開催　③北東アジア地域における国際研究交流　④企業国際交流の促進　⑤研究成果の出版及び情報の収集・提供などとしているが、とくに「地方からの視点に重きを置いた経済交流活動の推進につとめ、北東アジア地域の更なる発展に努め」るとしている。[10]富山県も県庁の国際・日本海政策課内に「日本海学推進機構」を設けて環日本海に関する講座やシンポジウムを開催している。

◈多文化共生政策

新潟県・新潟市、富山県・富山市は、いずれも多文化共生の政策をとっている。海外の地域・都市との交流やグローバリゼーションにともなって、地域に移住あるいは中長期的に滞在する外国籍の人々の数は増えている。下のグラフは新潟市の例である。[11]

新潟市の多文化共生政策は、①暮らしのガイド（英・中）、情報紙（英・中・韓・ロ・仏）の発行、②ゴミ分別関連パンフレット（英・中・韓・ロ）の配布、③外国語による生活相談窓口（英・中・韓・ロ・仏）開設、④外国語を併記した標識・案内板設置、⑤日本語講座開講、⑥外国籍市民懇談会開催、⑦日本語教育講座開講、⑧災害時在住外国人支援（防災訓練への参加呼びかけ、多言語支援体制の整備、防災関連パンフレット配布）、⑨外国籍児童・生徒のための学習支援、⑩外国人のための文化体験教室実施、⑪留学生ホームステイ実施、⑫留学生国民健康保険料助成、⑬運営新規転入者セット（各区住民登録窓口）配布等となっている。

また、誰でも会議室や授業、サロンなどのために自由に利用できる新潟国際友好会館を開設している。また、外国籍市民懇談会を開催して、仕事、生活、コミュニティについての市政に対する要望を聞く場を設けている。

これらは、地域生活に密着した施策であるだけに現実的である。いわば、国際都市であるがゆえにつくり出された政策である。その意味で国際的、自治的な地域・都市にしか見いだせない政策である。言い換えれば、横浜、神奈川県などと同様、国際交流の経験を積んだ新潟県・市、富山県・市は国際自治都市に変貌したのである。また、その意味でも、国家の領域を越え出たといえよう。

結び

冷戦終焉後に描かれた、国境を越えた地域・都市の連携は、もうひとつの東アジア共同体の可能性を追求している。当初描いた構想は、国家間の対立によって必ずしもスムーズに実現しているわけではないが、その可能性を追求している間に、グローバリゼーションを背景に地域・都市の国際自治地域・都市が形成されていった。その国際自治地域・都市の連携が強まり、自治が拡大するにつれて、もうひとつの東アジア共同体が姿を現してくるであろう。

それは、ナショナリズムや国益の追求によって左右されるものではなく、地域の経済や生活の実態に根ざした安定した共同体になるであろう。地域や都市が国境を越えてつながるためには、自治や民主化をますます拡大して、国家による干渉を減少していかなければならない。冷戦終焉時にめざした「平和と繁栄の海」は国家ではなく、地域・都市自身によって追求されなければならないであろう。

第5章　歴史（認識）問題と日中関係
——日中の歴史共同研究を踏まえて——

王　新生

はじめに

現在、歴史（認識）問題及び領土問題は日中関係の順調な発展を制約する二つの重要な要因であり、領土問題としての尖閣諸島問題も本質的に歴史（認識）問題の範疇に属する。このような問題をどのように解決するか、日中関係及び地域関係の順調な発展をどのように推し進めていくのかということは、両国政府首脳、学術研究者、商工業企業家、一般民衆を含むすべての関係者が力をあわせて取り組むべき重要な課題である。歴史にかかわるという意味では、学界はより大きな責任と使命を背負っていると思われる。

1　歴史問題と歴史認識問題

日中関係において歴史問題が最初に表れたのは一九八二年、すなわち第一次教科書事件である。同年、文部省は高校一年、二年の教科書検定の際、日本の第一次世界大戦及び第二次世界大戦中における侵略行為を書き換えるよう要求し、具体的な史実に対しても、詳しい修正意見を提示した。例えば、日本の関東軍が計画的に起こした〝九一八〟事変（柳条湖事件ないし満州事変）について「日本軍が南満州鉄道を爆破した」とし、日本軍が挑発した「盧溝橋事変」及び華北侵略を「進入」に書き換え、「侵略」に及ぶすべての言葉遣いは「進出」に書き換えさせた。日本軍が中国で実行した残酷で人道をわきまえない「三光政策」を「中国軍の激しい抵抗を受け、日本軍が治安を保証せざるを得なくなった」と書き換えさせ、従来の教科書での、「南京を占領した際、日本軍が中国軍人、国民を殺害し、強姦、略奪、放火を実行した。この南京の虐殺は国際的な非難を浴びた。中国の犠牲者は二〇万人に達した」という表現は削除され、「南京を占領した際、中国軍の激しい抵抗を受け、日本軍に相当大きな損失が生じ、激怒した日本軍が中国軍人と国民を殺害した」と改めさせた。

上記の教科書検定は直ちに中国の激しい抗議を招いた。『人民日報』は七月二〇日に批判の文章を発表し、二六日、中国駐日大使館は日本政府に抗議した。八月一日、中国政府は、日本の文部省が中国侵略の史実を改ざんした問題を解決するまでは、当時の文部大臣小川平二の中国訪問は適切ではないと日本側に通知した。八月六日、小川平二大臣は、第二次世界大戦中の日本側の中国に対する戦争は侵略であり、日本政府は出版社と著者の要求を受け入れ、教科書の不適切な記述を訂正する予定であることを公に認めた。八月八日、鈴木善幸総理（以下、職名はすべて当時）は原則として中学の歴史教科書を書き換えることを決定した。二六日、宮沢喜一官房長官は、今後、教科書検定に際しては、『日中共同声明』の趣旨を尊重し、中国、韓国からの批判に真剣に耳を傾けるとの談話を発表した。九月一四日、小川文部大臣は記者会見を開き、「近隣アジア諸国で発生した近代及び現代の史実問題や、現象を処理する場合、国際理解及び国際協調の姿勢から十分な配慮がなされたものでなければならない」と表明した。教科用図書検定調査審議会も「近隣のアジア諸国との間の近現代の歴史的事象の扱いに国際理解と国際協調の見地から必要な配慮がなされていること」との規定を社会科教科書検定規準に定めることを許可した。いわゆる近隣諸国条項である。

一九八六年五月、「日本を守る国民会議（現在の日本会議）」が編纂した歴史教科書『新編日本史』は文部省の検定で合格と定められた。この教科書に記載された多くの記述は史実問題を歪め、日本がほかの国を侵略したことには一言も言及しなかった。しかも、堂々と侵略戦争を粉飾し、罪を覆そうとした。日本の中国侵略戦争について、「余儀なく応戦」したと記述し、南京虐殺の真相を誤魔化し、「未有定論」と称し、日本が遂行した太平洋戦争を「欧米列強のアジア支配からの解放」であり、「日本がリードした下で大東亜共栄圏を建設」したと主張した。この教科書が検定合格後、国内外の世論の強烈な非難を招き、アジアの関係諸国と地域は相次いで日本の文部省に書き換えを要請した。中国外交部は日本政府に覚え書きを手渡し、日本側に教科書の過ちを修正することを厳正に要請した。しかし、日本の右翼団体はアジア諸国が提出した教科書問題に対して内政干渉だと批判し、文部省が検定し合格させた教科書を修正する必要はないと公言した。このような状況の中、中曽根康弘総理は再三考慮した後、四回にわたって文部省に検討を要請して、修正の指示を出し、一九八二年の内閣官房長官談話の趣旨に従い、教科書を修正するとの意思表示をした。教科書の修正作業は何度も引き延ばされたが、ほとんど日本政府の意思通りに修正された。それにもかかわらず、四年に一度の教科書検定はいずれも日中政府と民間が衝突する歴史問題となった。

一方で、政治家が靖国神社を参拝することも日中関係の歴史問題である。一九八五年八月一五日、中曽根首相が閣僚全員を率い、靖国神社を公式に参拝した。この行為は単なる国内の世論と野党の批判を招いたのみならず、中国と韓国を含む諸国の反発を引き起こした。一九八六年八月一四日、後藤田正晴官房長官は「我が国が平和国家として、国際社会の平和と繁栄のためにいよいよ重い責務を担うべき立場にあることを考えれば、国際関係を重視し、近隣諸国の国民感情にも適切に配慮しなければならない」という談話を発表し、中曽根首相、倉成正外務大臣及び官房長官らも靖国神社参拝を中止した。だが、その後も閣僚による靖国神社の参拝は日中間の大きな問題となり、特に、小泉純一郎内閣が六回連続で靖国神社を参拝したことに対して、中国では大規模なデモが起きるなど、激しく反発した。それによって、日中両政府の関係は硬直化し、「政冷経熱」状態となった。

そのほか、歴史問題には日本の政治家による放言問題も含まれる。一九八六年七月には、藤尾正行文部大臣が記者会見など公の場で侵略戦争を美化し、日本軍国主義のため、定説（通説）をひっくり返そうとした。藤尾氏は極東国際軍事裁判で日本の戦犯が裁かれたことを指摘し、「勝ったやつが負けたやつを裁判する権利があるのか」、「世界は一部の侵略の歴史、戦争の歴史であり、日本だけが侵略という悪業をやり、戦争の惨禍を世界中に撒き散らしたという間違った見方を訂正しなければならない」と明確に表明した。『文芸春秋』にも「南京虐殺は不明な事件である」、「戦争とは人を殺すことであり、戦争で人を殺しても国際法から言えば殺人には当てはまらない」、「日韓併合は、形式的にも事実上でも両国の合意の上で成立している。韓国側にもやはりいくらかの責任がある」、「広島、長崎の原爆と比較して、日本だけが侵略戦争をやったのではない」との文章を掲載した。藤尾大臣の放言は日本国内とアジア諸国から強く非難され、野党も彼のことを「放言大臣」と称した。しかし、彼が謝罪を拒否したことに対して、近隣アジア諸国との関係を重視する中曾根首相は、九月八日に藤尾大臣を罷免し、日本軍国主義の中国侵略という事実を否定してはいけないと改めて強調した。

その後も、日本政府の閣僚は何度も繰り返して日本の侵略戦争の歴史を否定し、旧日本軍が侵略戦争の中で犯した重大な犯罪行為を否定し、日本の海外での植民地支配を美化した。官職を罷免されても、或いは辞任を求められても、惜しいとも思わないようであった。例を挙げると、中曾根内閣の藤尾大臣、竹下内閣の奥野誠亮国土庁長官、羽田孜内閣の永野茂門法務大臣、村山富市内閣の櫻井新環境庁長官、島村宜伸文部大臣及び江藤隆美総務庁長官などの例がそれであった。戦後五〇周年に当たる一九九五年、社会党（当時）が提出した第二次世界大戦中の侵略と植民地支配を反省し謝罪する「不戦決議」をめぐって、各種の右翼政治勢力が相次いで、激しい抵抗を示した。結果として、衆議院で通った『戦後五〇周年決議』は、言葉遣いが曖昧で意味不明のため、国際社会からは激しい不満を招いた。それにもかかわらず、右翼政治家からは激しく反対された。同じ時期に、自民党国会議員一〇五名からなる自民党歴史研究会は『大東亜戦争の総括』という本を編集・出版し、「満州は中国の領土ではない」、「日本は自衛のためにアジアに出兵した」、「南京大虐殺は捏造したもの」であるなどと公言し、当時の日本侵略戦争のための弁解に注力した。

文化・教育の分野では、東京大学教育学部教授藤岡信勝をはじめ一部の知識人が、日本近代の侵略の歴史を覆そうとする「自由主義史観」を大々的に鼓吹した。「自由主義史観」は、戦後日本の歴史教育がアメリカ占領当局による日本思想の改造を計画した「東京裁判史観」及び前ソ連の国家利益に基づく「コミンテルン史観」から由来し、この二種の史観に基づき「日本国家否定」の歴史認識が形成されたと考えた。つまりは、国民に「自国の歴史に誇りを持つ」及び「自信を持って誇る」ような教育を普及させるべきで、前に述べた明治維新以来の歴史を否定する「自虐史観」、「暗黒史観」を普及させるべきではない、というのである。これらの人々からなる「自由主義史観研究会」は、一九九六年一月一五日から『産経新聞』に「教科書が教えない歴史」を連載し、日本侵略戦争の歴史を賛美した。その年末に、それらをまとめて出版した本が、ベストセラーとなった。二〇〇〇年四月、日本電気通信大学教授西尾幹二を会長とし、藤岡信勝を副会長とした「新しい歴史教科書をつくる会」が文部省に教科書『社会』と『歴史』の原稿を提出した。その原稿の内容は黒と白を混同して侵略の歴史を否定するものであったにもかかわらず、新たに設けられた文部科学省は「新しい歴史教科書をつくる会」に意味のない修正をさせた後、検定を通過させたのである。そのうえで、中国と韓国が提出した修正要請を不当にも拒絶した。

今日に至るまで、教科書問題、靖国神社参拝問題、政治家の不用意な発言などの歴史問題は依然として日中関係に影響を与えている。第二次安倍晋三政権が成立した後、彼の容認の元で、閣僚が相次いで靖国神社を参拝し、彼本人も歴史問題に関して次々と不用意な発言をした。首相に就任直後は、教科書検定の際、近隣諸国民の感情を考慮する「宮沢談話」、従軍慰安婦の募集について政府が関与したと認めた「河野談話」、対外の侵略戦争行為を深刻に反省する「村山首相談話」に対して、修正する意向を表明した。それと同時に、彼はいろいろな場で、「従軍慰安婦の募集について、日本政府と軍隊による強制性を裏付ける証拠がなかったのは事実」であると述べ、従軍慰安婦問題における軍の関与を否定する態度を示した。二〇一三年四月二二日には、安倍首相は参議院予算委員会において、侵略の定義に関しては、学術上も国際上も定まってはいないのであり、各国の見地も異なるとの意見を述べた。安倍首相の間違った歴史観が東アジア情勢の混乱を招く恐れがあり、同時にアメリカの国益を損なう恐れがあるとアメリカ議会調査局は五月八日に発表した日米関係に関する報告書で見解を表明した。報告書は、安倍首相を「強硬な国家主義者」と呼び、安倍首相の発した慰安婦問題、歴史教科書問題、靖国神社参拝問題に関する言動に対して、中国と韓国が注視するばかりではなく、アメリカも「常に監視」する必要があると書いた。さらに注目すべきなのは、二〇一三年八月一五日の「全国戦没者追悼式」での安倍首相の演説では、日本の歴史上の加害者責任や不戦の誓いという用語が除外されたことである。

上述の歴史問題では、対立する双方が歴史認識問題における見解を表明している。しかも、この相違は政治的、学術的、感情的な歴史認識にまたがり錯綜しているので、解決するのがより困難となっている。いわゆる政治的歴史認識とは、政治家が個人の政治生命、党派の利益或いは政権の安定などの政治要素に基づき発表した観点であり、二国間及び他国間関係に大きく影響されやすい。学術的歴史認識とは歴史学者が学術研究により得た結論であるが、歴史研究はただの歴史資料の積み重ねではなく、歴史研究者が自身の判断力を使って考察を行った結果である。歴史研究者が歴史資料に対して、実証研究を行う過程そのものには研究者の分析と判断が含まれている。しかし、それは歴史研究の視点、理論と方法の違い、同時にまた所属する社会の価値観、イデオロギー、歴史や文化によって影響されており、異なる歴史認識が生じることもある。例えば、中国の学者が歴史資料と歴史事実を重視した上で、唯物史観を利用して、日本の侵略拡大の必然性と連続性について分析を行ったのに対して、日本の学者はより史料と史実を重視し、しかも歴史が発展していく過程の細かい部分に関心を持っている。感情的歴史認識とは、一般国民が自分自身の体験により歴史を認識することである。ひとつの戦争でも、中国人の記憶は当然として中国が被害者で日本が加害者であるが、一方、日本人の記憶も自分が被害者である認識がより強く、戦争末期になると無差別爆撃され、特に原子爆弾が投下されたことなどに関する記憶である。

客観的に言えば、異なる歴史認識の中で、学術的歴史認識はより事実に近づいている。それゆえに、いかにして学術的歴史研究、特に両国或いは多国間の歴史共同研究を通して共通認識を形成し、政治的、感情的な歴史認識に影響を与えていくかが重要なのであり、喫緊の課題である。

2　歴史共同研究の具体的事例

筆者はかつて日中共同の歴史研究メンバーの一人でもあったので、その共同研究の経緯、経過及び意義について簡単に紹介しておきたい。

二〇〇六年一〇月八日、中国の胡錦濤国家主席と日本の安倍晋三首相は年内に日中の研究者による共同の歴史研究を立ち上げることで合意に達した。同年一一月二六日、李肇星外交部長と麻生太郎外務大臣が会談した際、日中共同の歴史研究を実施する枠組みについて合意し、日中共同声明等の三つの政治文書の原則と歴史を直視し未来を志向するとの精神に基づき、日中の歴史共同研究を実施することを決めた。この共通認識と実施の枠組みに基づき、日中双方がそれぞれ一〇名の研究者から構成される委員会を立ち上げ、「古代・中近世史」及び「近現代史」の二区分で分科会を設置し共同研究を行った。日中共同の歴史研究の目的は、研究者による冷静な研究を通じて、まず学術的に歴史事実をはっきりさせ、歴史認識に関する意見を交換して歴史認識の隔たりと問題を分析することで、歴史問題をめぐり対立する感情を緩和し両国の交流を増進して、両国間の平和友好交流を深めることにある。

二〇〇六年一二月二六～二七日に日中両国の委員が第一回全体会合および古代・中近世史分科会と、近代史分科会の会合を中国社会科学院（北京）で開催した。全体会合では、まず双方委員の理解を深めるため、委員が各人の研究テーマ、研究経歴などを互いに紹介した。共同研究の範囲、議題の設定について、率直かつ広範に意見交換が行われた上、次回全体会議で討論する具体的な研究テーマをさしあたってまとめた。日中共同の歴史研究の第二回会合は二〇〇七年三月一九～二〇日に日本の東京で開催する計画で、この会合での成果は、日中双方が研究テーマ、キーワード、論文執筆の基本原則などで合意したことである。すなわち、古代・中近世史分科会では大きく三つのテーマを決めた。各大テーマを二つのテーマに分け、序論を含め三部六章の論文を執筆する。序章も含め、双方それぞれ七本の論文を完成する。近現代史分科会では、戦前、戦中、戦後の三つの歴史時期を定め、時期毎に三つのテーマを設け、三部九章の論文を執筆する。双方それぞれ九本の論文を完成する。双方の委員がそれぞれ上記テーマに焦点を当て、各自の視点から論文を執筆する。すなわち各テーマについて日中各一本の論文を完成させ、互いに交換して検討する。相手側の論文について率直に学術的批評を提出する。受入れた意見に基づいて自分の論文を改訂し、同時に異論が残った点を記録する。論文執筆にあたっては、執筆者が不足する場合、各委員会が個別に委員会外の外部執筆委員に執筆を依頼することができる。外部執筆者は、執筆する論文に関連する会議には出席し、議論に参加する。十分に検討をしたうえで、それぞれの論文を研究報告としてとりまとめ、古代史と近現代史をそれぞれ一巻として双方の座長が共同で執筆する。

最終的に決定した古代・中近世史と近現代史の研究テーマはそれぞれ次の通りである。

古代・中近世史分科会
序章　古代東アジアの中の日中関係
第一部　東アジアの国際秩序とシステムの変容
　第一章　七世紀の東アジア国際秩序の形成
　第二章　一五世紀から一六世紀の東アジア国際秩序と日中関係
第二部　中国文化の伝播と日本文化の創造的発展の諸相
　第一章　思想、宗教の伝播と変容
　第二章　ヒトとモノの移動
第三部　日中両社会の相互認識と歴史的特質の比較
　第一章　日本人と中国人の相互認識
　第二章　日中の政治、社会構造の比較

近現代史分科会
第一部　近代日中関係の発端と変遷
　第一章　近代日中関係のはじまり
　第二章　対立と協力　それぞれの道を歩む日中両国
　第三章　日本の大陸拡張政策と中国国民革命運動
第二部　戦争の時代

第一章　満州事変から盧溝橋事件まで
第二章　日中戦争―日本軍の侵略と中国の抗戦
第三章　日中戦争と太平洋戦争
第三部　戦後日中関係の再建と発展
第一章　戦争終結から日中国交正常化まで
第二章　新時代の日中関係
第三章　日中における歴史認識、歴史教育

その後、数回にわたって、全体会合および分科会の会合を開催して論議した結果、二〇〇九年一二月二四日に東京で最後の会合を開催し、最終研究報告を提出することを決めた。本報告書は古代中近世史と近現代史の二巻から成っており、「同一テーマで、意見を交換し、十分に討論して、各自が論述する」方式をとっており、各部分にそれぞれ日本側の研究論文と中国側の研究論文が含まれている。近現代史の巻は本来三部九章から成っていたが、第三部の三つの論文で言及される歴史は現在からあまり遠くないために関連資料が十分に公開されておらず、また現在の日中関係に直接関係してくる政治問題をも含んでいるため、共同研究により日中両国が歴史認識の面で真に相互理解を深められるよう、第一段階での問題を次の段階で引き続き研究することにし、今回発表する報告にはこれらの論文を含めていない。しかし、これまでに双方の研究者はそのうち一部の問題については一定程度の相互理解と共通認識が得られた。

二年余に及ぶ共同研究の中で、日中両国の研究者は両国関係が発展することを強く望みつつ、同一の歴史テーマがカバーする歴史問題の研究史をまとめ整理し、一般的に問題とされている基本的観点について論述した。また、率直に意見を交換し、学問的かつ冷静、客観的に討論し、討論や論争を進めるなかで互いの理解を深め、認識の隔たりをある程度解消し、認識の差をできる限り縮めようとし、相互理解への第一歩を踏み出した。共同研究は終始真剣、率直で友好的雰囲気の中で進められた。双方の研究者とも、学術研究の分野で意見の隔たりがあるのは当然のことであり、戦争の責任について基本的共通認識があることを前提として学術的に討論し、資料を交換し、意見を取り交わすことで、相互の理解を深め認識の隔たりを縮めることができたと捉えた。これまでの共同の歴史研究で、双方の研究者は学術研究の分野では「たとえ意見の一致しない点があるとしても、相手がそう考えるのはある程度理解できる」という段階に達した。これらの点から見て、今後の日中の相互理解を前向きに促進する上で、日中の歴史共同研究は大きな成功をおさめたといえるのではないか。

当然のことであるが、今回の共同研究の中では、特に近代史分野において意見の齟齬が多く見られた。例えば、「九一八事変」（柳条湖事件ないし満州事変）の叙述について、日本側の研究報告は主に関東軍参謀、司令部、陸軍中央、日本政府と内閣の事変発生前後の行動に重点を置き、陸軍指導層の過激派さえ満州占領の計画を許可しなかったけれども、最終的にやむを得ず当地軍隊の行動を認めるようになったことを強調した。政府は石原らの「満州で独立国家を設立する」構想を積極的に支持しなかったが、「直接交渉による事変解決」の主張を試みた。しかし、平和への努力は日本国内強硬派に阻止され、効果のないままで終わった。政府と軍部、軍隊上層部と中下層部、少壮派と元老派間にある矛盾のため、事変を挑発した中下層部は政府と軍部上層部の許可を得られることはなかった。中国側の研究報告書には「九一八事変」は日本が大陸政策の「満蒙政策」を施した必然的な産物だと指摘した。何故ならば、日本が以前から既に中国の「満蒙地域」を自分の利権範囲内と区分して、さらに関東軍及び軍部がそれぞれ立案した武力で中国東北を侵略する計画に注目した。具体的に言えば、一九三〇年から一九三一年まで、関東軍参謀部が「満蒙地域占領計画」について研究を重ね、一九三一年四月、陸軍参謀本部が『昭和六年度情勢判断』を作成し、同年六月一一日には、陸軍大臣南次郎の同意の上で、陸軍省、参謀本部が秘密裏に建川美次をはじめとする「五課長会」を設立して、上述した情勢判断の対策を検討し、「満蒙問題解決方策の大綱」を作成した。したがって、日本の東北占領は日本が長期的に確立した「生命線と利益線」という方針の当然の発展だと言えるであろう。

盧溝橋事変の叙述について、日本側研究報告は次のように指摘した。つまり、参謀本部が駐屯司令官宛に「事件の拡大を防止するため、更に進んで武力を行使することを避くべし」という命令を下した。しかも、最初の何日かに外交ルートを利用して接触した。陸軍内部に「不拡大派」、「拡大派」の対立が存在して、拡大派の「一撃論」が「不拡大派」を超え、多数派を占めたため、事変が起きた時に「不拡大」方針を採った近衛文麿は最終的に陸軍省の三個師団を派遣する提案を採用した。事態の拡大に関して、「政府も世論も責任がある」、「現地で停戦が成立したことをまったく無視して、早くも軍隊派遣、それと同じ論調の近衛首相と〝暴支膺懲《ようちょう》〟に傾くマスコミの論調は日本軍が華北を侵略する傾向を助長する総合的な要因である」、盧溝橋の銃撃事件は〝偶然に〟起きた事件であり、最初に外交ルートを使って〝平和〟的に解決する可能性があった。一方で、中国側の研究報告書は次のように指摘した。表面的に見ると、盧溝橋事変の発端は日本軍が演習を実施した時の「銃声」がきっかけであったが、「……特別な事例として、その発端は偶然の可能性も持っている」。日本駐屯兵は豊台で駐兵したことで、現地中国軍隊との間に矛盾と衝突が起き、盧溝橋事変の基本的な動機となった。日本内部に「拡大派」と「不拡大派」の論議が存在したものの、七月一一日、日本内閣が『華北派兵に関する声明』を公表した後、「不拡大派」の声は完全に拡大派に消されてしまい、陸軍も海軍も戦争拡大の準備を整えた。盧溝橋事変発端後、日中両国は短い交渉を交わしたが、交渉期間中にも日本が次々と中国に派兵し、同時に国民政府も北方へ派兵したので、もはや日本による中国侵略戦争の全面化は不可避となった。歴史の変遷から見ると、盧溝橋事変の発端は必然性を持っていたのである。

古代、中近代分野にも視点の齟齬が見られた。日本側の学者は「両者の相違は予想より大きいが、日本側の提案に対して、中国側が全体の情勢から理解を示したので、日本側も共同研究の本質から柔軟に中国側の意見に応えた」と考えている。日本側の学者は「一国史観を克服」し、国際秩序の視点からの研究を重視すべきだと主張した。一方、中国側の学者は次のように考えている。つまり、日中関係が昔から今日に至るまで閉鎖的であり世間から遮断されたような環境の中で発展することができなかったが、東アジアないし世界の発展と緊密にかかわっているので、日中関係史を研究する場合、その背景としての東北アジア、東アジアないし全世界の国際環境の研究から離れてはいけないし、日中両国各々の歴史発展の研究からも離れることができない。したがって、日本側の学者の次のような主張は、明らかに中国の日中関係史研究あるいは歴史研究に対して、正確に把握できていない状況の下で形成された認識である。つまり、「日本の研究者が中国史と日本史がお互いにかかわっている東アジア地域の世界史から把握しようとすることに対して、中国の研究者は中国史を多民族により構成された中華民族史と位置づけ、対外関係史をその枠外と位置づけようとしている」と。

日本の学者は「国号」の問題を提出し、「いわゆる中国史とは現在まで発展してきた中華人民共和国の経緯の歴史である。中国は地域名として昔から存在したけれども、近代に至っても国号としては使われたことはなかった。二千年前の中国の国家は漢であり、七世紀に日本と外交を交わしたのは唐と呼ばれた国である。日本史と同じように、中国史を黄河、長江を代表とする大河が東海に流入する欧亜大陸東端を舞台とする歴史だと見なすべき」であると主張した。中国の学者はそれについて反論した。日本が東亜古代史において東亜文明の中心地位に付いたことはなく、後発国であったため、中心地域の先発国に強く影響されやすかった。中国は国号として使われたことはなかったけれども、東亜史と世界史において現実的な存在であり、漢王朝及び唐朝はその王朝として、歴史発展の一つの段階だと認識されるべきである。漢、唐のみを認めて中国を認めないことは、鎌倉幕府、室町幕府、江戸幕府を認め日本を認めないのと同じように、歴史研究者の立場ではあるまい。

3　歴史（認識）問題が激化した背景

上述した共同の歴史研究が示した学術的な歴史認識は、政治的な歴史認識、感情的な歴史認識に対して、大きな影響をもたらさなかった。現在、日中間の歴史（認識）問題が日増しに激しくなっていく情勢であり、その原因は明らかに歴史問題そのものを超えて、深く歴史、現実、文化の様々な国内外の要素と絡み、政治的、感情的な歴史認識に影響を与えるのみならず、学術的な歴史研究にも考慮しなければならない問題である。

いわゆる歴史要素とは冷戦体制、サンフランシスコ講和会議、一九七二年の国交正常化などを含め、歴史問題に対してこれを徹底的に処理できず、その影響がいまだに存在している要素である。第二次世界大戦後、アメリカを始めとする連合国軍は日本を占領し、「非軍事化」と、「民主化」の改革を実施したが、米ソ対立の冷戦体制が発生したことにより、その改革措置のほとんどは慌しく終わるか中途半端に終わった。特に、朝鮮戦争の勃発後、アメリカの対日政策は「経済的自立を確立する」、「日本再軍備」に変わり、対日講和会議を開いた際、中華人民共和国と台湾当局を会議に招かなかった。その後、アメリカにプレッシャをかけられ、吉田茂政権と台湾国民党政権は平和条約を締結し、中期的に中華人民共和国と対立した状態に陥った。七〇年代初め、国際情勢が変化し、中米が和解したため、日中はそれぞれの必要に応じ、迅速に国交正常化を実現した。その後の十年間も友好関係を保っていた。

しかし、このような迅速な国交正常化はマイナスの影響を多く残した。劉建平が指摘したように、「戦後日中関係の基本枠組みは、日米同盟の対中敵視による仕組みとアメリカ強権保護下の日本の対中蔑視によるものとの複合体である。蔑視の仕組みと敵視の仕組みはお互いに促進しあい、日中関係の事実上の対立の長期化と固定化を引き起した。この歴史的連続性がある日中関係の仕組みは、日中国交正常化における「和平交渉」過程において、真剣に処理されなかった。そうしたことの表現が、いわゆる「歴史問題」の間欠的な発作であり、日中関係の「周期的な悪化」などの発展上の特徴を植え付けられたのである（劉建平：『戦後中日関係：「不正常」歴史的過程と仕組み』、社会科学文献出版社二〇一〇年、二七頁）。

具体的に言えば、日中両国が国交正常化を回復した後の最初の段階では、中国は経済建設を中心とする改革開放段階にまだ踏み込んでいなかったので、より多く理想主義的な傾向を持っていたが、それに対して、日本はより実用的な傾向が強かった。これは知らないうちに今日にまで影響をもたらす矛盾を生み出した。一例を挙げると、日中国交正常化後最初の十年、一九七一年の「ニクソンショック」と一九七三年の「石油ショック」の影響を受け、日本は新しい商品市場とエネルギー提供地が必要であったが、中国はちょうどその要求を満たすことができた。したがって、大手企業に押され、田中首相は就任後、直ちに中国との国交正常化を回復し、その迅速さは日本政策決定過程の「全体一致」という伝統を打ち破った。その後、中国に大量の工業設備セットを輸出し、政府開発援助を提供した。一九七八年、中国は改革開放政策を実施し、日本の資金と技術、さらに日本の大型工業設備も必要になったので、円借款を中心とした政府開発援助などを積極的に利用した。両国関係は非常に友好な状態を保って、いかなる歴史問題の衝突も表れず、日中戦争時期を反映する文学や芸術も主に両国人民の友好を謳えることをテーマとした。中国人民代表大会が『日中平和友好条約』を承認した三日後、福田赳夫首相は「八一五敗戦記念日」に靖国神社を参拝したが、中国側は反応を示さなかった。二ヵ月後、鄧小平は『日中平和友好条約』相互批准書交換式に出席するために日本を訪問した際、率直に「過ぎ去ったことは過去のものとして、今後は前向きに両国の平和な関係を築きましょう」と天皇に語った。しかし、中国では資金不足のため、たくさんの大型建設プロジェクトが頓挫したので、中国は日本と結んだ大型プロジェクト協力協定の廃止を望んだが、罰金を取られた。そして、日本側が提供した設備セットは比較的に古いものなので、上記のように、八〇年代半ばになると、貿易収支の不均衡が現れ、「首相の靖国神社参拝」「歴史教科書」などの歴史問題が改めて提起され、「盧溝橋抗日戦争記念館」、「南京大虐殺記念館」などの愛国主義教育基地も相次いで完成した。

現実的な要素として、日中両国とも現在苦難に満ちている歴史的改革を行っており、その改革が招いた社会の緊迫した雰囲気が特定の状況の下でナショナリズムに変わってしまい、そして、特別な歴史的原因により、日中両国はそれぞれがナショナリズムを示すためには最もいい相手でもある。中国は今歴史上最も激しい社会的変動期に置かれ、改革開放後の三〇数年、経済は著しく発展したが、政治と社会改革の歩みが甚だしく遅れ、経済発展のボトルネックとなった。つまり、三〇数年間改革開放で形成された中国モデル（チャイニーズ・モデル）——すなわち外資導入、大量輸出、安価な労働力に基づく経済高度成長モデルは既に行き詰まり、内需を主とする経済成長に転換しなければならない。それと同時に、計画経済体制から市場経済体制に移行する際、国有資産の流失、国営企業の経営不振、汚職の横行、労働者の大量失業、就職難、貧富の格差の急拡大、都市と農村間の格差及び地域の格差などの問題が日増しに注目され、激しい社会的緊張や反発行動を引き起こした。近年来、毎年数十万回に及ぶ「群発性事件」、すなわちデモ、ストライキ、暴動などの抗議行動は、特定の条件の下（政府の制圧及びマスコミの意識的な誘導、国民が不満を吐き出すルートが必要であることなど）で、排外主義的なナショナリズムに転化した。例えば、「反日」デモ或いは他の行動に参加する者たちは日本のことについてわかっていないが、かなりの部分は、自分の現実に対する不満を吐き出すためだけであった。

日本でも困難な改革が行なわれた。一九九三年に自民党が失脚して以来、政治改革、行政改革、社会改革などが次々と政治日程に入れられたが、二〇年間、改革の成果はあまり現れなかった。その理由の一つには、バブル経済崩壊の影響があると言えるだろう。まず、経済に刺激を与えて景気を取り戻すか、それとも構造的改革を行うかということは、政権担当者にとって決めがたい選択である。強い意気込みを示した橋本龍太郎首相は、かつて一九九六年に「六大改革」のスローガンを提唱したが、参議院選挙の失敗を受け、引責辞任した。日本経済に二〇〇三年から景気回復の兆しが見えたにもかかわらず、より多くの人々はそれを「中国特需」と結びつけ小泉純一郎首相の業績とは見なさなかったし、「日本改革、自民党改造」という看板はただの口実に過ぎないと思われた。最も重要なのは、日本の世論が分析したように、現在行われている改革は明治維新、戦後初期改革に続く第三回目の開国であり、グローバル下で戦後政治、経済、社会体制に対する全面的な清算を行う改革である。いずれにしても、戦後日本の経済と社会の発展の中で政府が重要な役割を果たしたので、政府主導型発展モデルと言える。このような発展モデルは戦後の日本で大きな成功を収めたが、日本が七〇年代に世界を市場とする経済大国になるにつれて、その欠点も次第に現れた。政府が産業特に第三次産業に対して過度に干渉することは、バブル経済の発生と崩壊後二〇年に亘る経済低迷の要因と言える。したがって、徹底的に政府機能を弱めなければならない。しかし、濃厚な集団主義的傾向のある日本社会が、自由競争に適した体制に転換することは相当な時間と試練が必要だと思われる。この過程の中、経済の長期衰退による焦りや、不安がナショナリズムの社会的基礎となった。

文化的要素とは日中両国の伝統の相互間認知である。歴史から見ると、中国大陸政権はより先進的な生産力と文化を保有したので、東アジア地域の秩序の中心として周辺近隣国に影響を及ぼしてきた、つまり「華夷秩序」である。それによって構成された東アジアの地域関係は「朝貢体制」と呼ばれる。中国大陸政権及び国民は周辺近隣国に対して、常に高所から見下すような態度を取りがちであり、歴史上何回も少数民族に支配されはしたが、最後に漢民族が主として支配するような形を取り戻した。さらに、少数民族を漢民族に融合し、より強い民族プライドを持つようになった。特に「華夷秩序」の境目に置かれた日本列島に対して、中国大陸政権及び国民は長期的に「軽視」ないし「蔑視」の態度を取ってきた。近代以降になると、日本が西洋列強の「横暴」文化―弱肉強食型の「条約体制」を受け入れたことによって、伝統的な教化を主とする「王道」文化―「朝貢体制」を中心とする中国大陸政権は場を失った。その後、中国が日本に学ぶという短い時期はあったが、しかし、日本の中国に対する大規模な侵略的拡張政策は失敗し終止符が打たれたため、「軽視」「蔑視」「警戒」を代表とする対日本観はいまだに中国人の主流意識のままである。そのような意識の結果として、日本をわからない、日本をわかろうとしない、むやみに自信をもち、対日強硬を主張するなどの形が現れた。一般的に中国人は日本に無関心であるし、日本を直視したくないし、日本のことを文化も歴史もない成金と思い、苦労して理解し研究する価値はないと思っている。日本と言えば、侵略、残酷、右翼傾向などが先に浮かびあがり、戦後日本の濃厚な平和民主主義思想、多元政治体制下の経済高度成長、強大な経済的実力及び膨大な対外経済援助等々に注目しようとはしない。

一方、東アジア「華夷秩序」の境目に位置する日本社会は、歴史において、大陸の先進的な文明の影響を受ける中で発展してきたとはいえ、常に文化の中心にある中国大陸王朝の権威に挑んできた。飛鳥時代から律令時代まで、日本は大陸国家と同等な地位を取ろうとした。日本は「遣唐使」を中国に次々と派遣するとともに、朝鮮半島において唐王朝の軍隊と大規模な戦争を遂行したが、一方、経済社会発展レベルの格差のため、室町幕府の三代将軍足利義満はやむを得ず「朝貢国」の身分で「勘合貿易」を行った。豊臣秀吉がアジアの覇者になろうとした野心は明王朝と李氏王朝の連合軍につぶされたとはいえ、江戸時代になると、中国大陸が満民族という少数民族に支配され、しかも、「幕藩体制」による封建制度が日本人に「朱子学」の正当性を疑わせたので、「中華文化が日本にある」という考えが生まれ出した。「国学」を中心とした文化自立運動及び中途半端に覆い隠す「中華嫌い」の傾向は、ようやく近代西洋「国民国家」の考えに「朝貢体制」から完全に抜け出すための理論的支柱を見つけ出した。明治維新以降、日本は速やかに近代国民国家に転換し、経済において高度成長を成し遂げ、古いしきたりに閉じこもって進歩を求めようとしない満民族の清王朝に勝《まさ》った。それにより、大陸国家に対する軽蔑的な意識が生まれ、それに基づいた拡張態勢も強くなる一方であった。

第二次世界大戦において日本は惨敗に終わったが、戦後急速に復興し経済大国になった事実から、日本が東アジア近隣国に対する優越感は継続したままであった。そして輸出主導型の工業国家日本にとって、中国大陸の市場及びエネルギーは大きな魅力を持っている。同時に、中国の広い国土と人口は日本に強い危機感を持たせている。したがって、歴史に継続的に残された「蔑視」と「畏敬」の念が並存している日本人の中国に対する認知は次のように現れた。「中国を理解すること、中国を理解しようとすること、自信と危機感が並存すること、中国に対して強硬であると主張すること」である。中国が日本を研究するレベルより、日本が中国を研究するレベルは遥かに高く、日本の書店に中国関連の本は至る所に並べてある。過去の戦争の時代といい、戦後発展の時期といい、中国に対する日本の研究は極めて詳しい。日本人は一般的に先進国であるという優越感を中国に対して持っているが、この意識は表だっては礼儀正しい姿の下に隠されている。一方、領土が広く人口も多く、近年来経済が凄まじい勢いで発展し、二〇一〇年には日本のGDPを越えた中国に対して危機感を強くした日本人はプレッシャーを感じ、自分の優位を守るために政府が各方面から中国に強硬な態度を取ることを支持した。特に、両国の戦争問題に関する歴史認識が絡み合うことは、より一層日本に「中華思想」からの威嚇を感じさせたので、経済の面では中国と永遠に一定の距離を保つことを望んだ。

4　共同の歴史研究としての歴史問題

学術的な歴史研究はまだ大きな役割を果たしていないが、歴史認識問題が厳重に両国あるいは他国関係を制約している今日では、歴史共同研究の必要性はますます増えた。ここで、歴史の共同研究を行う場合、注意を払わなければならない四組の関係を説明しておこう。

(1)　政治性と学問性　すなわち政治的歴史問題と学術的歴史問題が並存している現象である。現在、東北アジアの各国関係の中にすべて歴史問題が存在しているが、そのほとんどは政治的歴史問題であり、歴史問題の政治化或いは政治化した歴史問題である。簡単に言えば、歴史問題は各国相互関係間での外交の道具になっている。例えば、靖国神社、南京大虐殺、日韓併合などの歴史問題は、特殊な象徴或いは記号になっている。このような政治的歴史問題においては、学術的に論議する余地はあまりなく、もし冷静に研究するのであれば、客観的な環境に変化する必要がある。しかし、このような問題は確実に東北アジア各国の関係に影響をもたらしてきた。その典型的な例として、小泉純一郎氏が日本の首相に就任していた間、自分の政権の安定を求めるために、毎年A級戦犯を祀る靖国神社を参拝したことは、深く近隣諸国民の感情を傷つけたし、日本と近隣諸国の関係を悪化させた。そもそも、歴史問題が表れたのは、現実に東北アジア地域関係の中に問題と矛盾が存在しているからである。つまり、現在ある問題が歴史問題を引き起こし、歴史問題が他の問題を悪化させているのである。東北アジア地域の協力がこれほど難しいのは、現実的な利益の衝突がある以外に、最も重要な問題として二種類の意識が欠けているからである。このことが各国間の関係に影響をもたらし、しかも歴史問題を表面化させた。二種類の意識とは、一つは信頼意識、もう一つは対等意識である。東北アジア地域は、冷戦の時期に東西両陣営の対抗前線があったことがイデオロギー上の対抗を招いた。加えて、各国の歴史意識の継続も重要な要素、つまり東北アジア地域での伝統的な国際関係の影響があり、そのなかでも古代大陸政権主導下の「朝貢体系」と近代での日本帝国主義が遂行した「条約体制」に関する評価の違いが大きい。具体的には、大陸政権が「朝貢体制」の政治性をより強調したのに対して、周辺政権は「朝貢体制」の経済性に注目した。近代歴史の「条約体制」について、侵略側がその有効性を主張したのに対して、侵略された側はその脅迫性を強調した。ここで注目したいことは、共同研究に参加している学者が学術的研究を行っているにもかかわらず、政府間の研究プロジェクトである以上、ある程度の政治性を持っているということである。そのため、テーマ選びにしても、結論にしても、政府と国民がどう受け取るかを研究者は考慮する必要があると考える。

(2) 歴史性と現実性　すなわち過去の歴史問題と現実の問題に関する意識である。歴史学者が研究するのは過去に発生したことであるが、その問題意識は大半が現実社会から来ている。東北アジア地域では各国関係の歴史問題が存在し、特に、近代以来の歴史認識に対して国家間で大きな相違が生じたからこそ、両国或いは他国関係が順調に進められるように、三ヵ国の歴史学者は相互間の学術的な協力を始め、両国若しくは他国の努力によって、できるだけ共通認識を得ようとしている。一方、立場が異なることにより、歴史研究の結果も異なるので、違う国家の歴史観及び結論を理解し認めるのは各国の学者にとって重要な仕事でもある。何年前からかこのような動きは既に現れており、日中韓三国の民間の学者が執筆した『東アジア三国の近現代史』は中国での売れ行きがたいへん良く、発行部数は十万冊に上った。また、日中と日韓では政府が主導した歴史共同研究プロジェクトが行われた。当然予想されることではあるが、現在ではこのような努力が予期したような効果を得られるかどうかについては、疑問が残ったままである。日韓の間では第一期の研究段階まで実行されたが、まるで共同認識が得られなかったように、最終の研究報告は「各自の叙述」の段階に留まっている。日中間の共同研究でも似たような問題が存在し、第一期の研究が終わった段階で社会からのプレッシャーがひどく感じられ、それぞれの国民の期待に応えることは難しかった。とはいえ、このような相互間の研究は次のようなメッセージを伝えることはできた。すなわち、それぞれの関係国が両国関係にマイナスの影響がある歴史問題を精一杯解決しようとしたことを通して、関係改善の意欲と姿勢を示した。次に、このような研究協力がそれぞれの歴史研究のレベルないし研究方法を進め、歴史資源の共有に基づき、共同意識に近づき、あるいは共同意識を達成させ、地域間の協力と友好交流を推進することができた。例えば、日韓間の歴史共同研究の第一段階が終わった後、韓国側は韓日関係史一〇巻を出版した。これは韓国史学界がこの分野の研究を深めただけではなく、共同研究にも必要な研究上の基礎を提供した。韓国、日本が共同研究をする際、厖大なグループを設立したように、中国も共同研究のために、歴史学界の優秀な専門家を集め、グループを構成した。これは歴史学界の全体を動かすだけでなく、関連学術研究の深化と発展をもたらすこともできる。もっとも重要なのは、共同研究を通して、相手国の歴史研究レベルと研究理論を理解できることである。

(3)　過程性と結果性　すなわち過程の歴史問題と結果の歴史問題である。もし、急いで両国関係の歴史問題の解決を求めようとすると、個別の問題に関して慌しく共同認識が得られたとしても、相互関係に影響する歴史問題を徹底的に解決することは難しい。徹底的に歴史研究を行えば、研究過程で受け入れにくい学術的な考え方や相互間矛盾と衝突が起きるにつれ各界の不満を招くこともあろうが、最終目的を達成することができる。つまり、両国関係に歴史問題をもたらした障害となる要素を解消し、両国関係を推し進める原動力になる。急がば回れ、結果を急いで追求するのではなく、両国の学者たちに客観的、安定的な研究環境と雰囲気を提供し、長期的な研究過程を経ることによって、より良い成果を成し遂げ得る。学術的共同研究が政治的歴史問題を最終的に解決することはできないとしても、少なくとも歴史問題が、両国関係或いは他国関係に関する国民の歴史観にマイナスの影響を与えることを減らすことはできる。それによって、共同研究の部分的目的或いは大部分の目的は果たされる。日中間共同歴史研究プロジェクトの主旨は両国間の『日中共同声明』、『日中友好平和条約』、『平和と発展のための友好協力パートナーシップの構築に関する日中共同宣言』など三通の政治文書の原則に基づき、歴史を直視し、未来に向かう精神を持ち、日中間の二千年近くの交流の歴史、近代の不幸な歴史及び戦後半世紀に亘る日中関係史に対して、共同研究を行う。共同研究によって歴史問題に対する認識を交換し、同じ或いは異なる意見と見方を交換することによって、歴史過程の客観認識を深め、相互間の理解を深化させる。このような意識に基づき、共同研究は短い間で様々な研究課題、特定テーマの共同研究報告と総合研究共同報告を形成させ、初歩的で部分的な問題に対する共通認識が得られた。しかも、それぞれの国の関連する部門にアドバイスし、それを両国の歴史教科書を編纂する際の指導的意見とする。日中の歴史共同研究第一段階の実践及び結果から見ると、ほとんど上述の目標を満たしたと言えるだろう。

(4) 相違性と共同性　共同研究の目的を果たし、歴史問題における共同意識を達成させるためには、東北アジア地域の古代における発展過程での相違性と近代における発展過程での共同性を強調する必要がある。共同の歴史研究とは国別の各国史(中国史、日本史あるいは韓国史)を研究するわけではなく、両国或いは他国の政治、経済、文化などの交流が相互間の関係及び各々の国家の歴史、文化の発展に与えた影響を研究することである。交流の範囲から見ると、古代史の時期と近代史の時期は異なり、古代は主に地域内の交流が主流であり、近代以降はグローバルな交流が主流である。具体的にいえば、古代では大陸文化、儒教文明が三ヵ国に深く影響し今日に至ってもその濃厚な痕跡が見られるが、三国はそれぞれ独自な文化と歴史を持っている。日本は隋唐時代には全面的に大陸文化を吸収したが、核心的な政治制度―科挙制度は採用せず、その後、日中両国はそれぞれ「尚文」、「尚武」の道を歩んだ。そのほか、東北アジア三ヵ国の具体な歴史を見ると、中国大陸政権では常に「易姓革命」、つまり暴力による王朝交替が行われた。しかし、日本と韓国においては、改革あるいは政変により社会に変化を持たせる目的が達成された。例えば、日本の「大化の改新」、「幕府将軍」、明治維新、戦後改革であり、朝鮮半島の高麗王朝、朝鮮王朝である。この相違性を重視し、明確にする必要がある。そうすれば、異なる文化あるいは文明間の交流・融合の歴史過程を解明できるとともに、他の民族、国家の歴史を尊重し、自国中心主義の歴史観が避けられ、しかも、近代以来三ヵ国の異なる発展の経過を認識することができる。さらに、一層相互間の学術的交流を行い、違う分野の各レベルの間の対話を促す。一方で、近代の歴史的発展において、三ヵ国が現代化を追求する共同性をより多く強調する必要がある。三ヵ国は全て西洋工業文明の圧力下で現代化を行い、工業化の発展には相互間の連絡と協力が必要である。近代の発展の中に武力による征服と奴隷のように酷使されるような歴史現象が現れたが、このような歴史がもたらしたマイナスの影響をどういうふうに乗り越えるのかは、われわれが研究を行う主な目的である。特に、二〇世紀末、世界が本格的にグローバル化時代に入り、地域協力ないし地域経済の一体化が歴史発展の流れとなった。それ故に、政治家、官僚にしても、学者、企業家及び各国のエリートたちにしても、客観的で冷静な考えをもち、各国間の相互協力と発展について検討し、歴史を直視し、正確、客観的な評価を下すために、歴史問題がもたらしたマイナスの影響を避けることに力を入れるべきである。結果から見ると、三ヵ国間の両国歴史共同研究はこの点において、相当な共同認識を得たと言えるであろう。

第6章　安倍政権「戦後レジームからの脱却」政策の不毛性

星野富一

はじめに

「日本を、取り戻す」。国家主義的ニュアンスを色濃く漂わせるこの言葉は、安倍晋三総裁（現首相）を頂く自民党が二〇一二年一一月の総選挙向けに打ち出した選挙スローガンである。それは、この総選挙で圧勝し政権に返り咲いた現在の自民党第二次安倍政権の政策の方向を決定づける用語であると言って間違いない。では、一体何を取り戻そうというのか。その政策は、明らかに二つの内容から成っている。

まずその一つは、いわゆる「失われた日本の二〇年」から「強い日本経済を取り戻す」ことである。大胆な金融政策、機動的な財政政策、民間投資を惹起する成長戦略の三本の矢から成るアベノミクスで日本経済を回復させるというのである。長期に低迷する日本経済の回復を達成しようというその意図自体は望ましくとも、その政策手段には別稿で言及したように問題が少なくないのである。[1] しかも現在は、二〇一四年四月の消費税率八パーセントへの引き上げによって、アベノミクスの成否に大きな暗雲が垂れ込めている状況にある。二〇一五年一〇月に予定されていた八パーセントから一〇パーセントへの消費税率引き上げは今や、二〇一七年四月までの一年半先送りされることが決まっている。

それと同時に、第二次安倍政権が「日本を、取り戻す」べきだとするもう一つのものとは、第一次安倍政権以来のスローガンである「戦後レジームからの脱却」によって、天皇を再び国家元首とし国防軍を創設して戦争も可能な戦前日本の「国体」＝戦前レジームへ復帰しようというのであろう。[2] そして、ここにこそ安倍首相が狙いとする最も重要な目的があると言わなければならない。伊東光晴氏も最近著で、「安倍首相が意図するところは、経済に重点があるのではなく、政治であり、戦後日本の政治体制の改変こそが真の目的である。これが〈隠された〉第四の矢である」として、その批判に一章を充てているのである。[3]

そもそも日本は、アジア・太平洋地域で始めた戦争によってアジア諸国・地域の人々に対し二〇〇〇万人以上の犠牲を強いた上に、当の日本自身も約三一〇万人もの犠牲を払っている。[4] 戦後の日本は、もはや人が殺し殺される戦争はこりごりだとする反省に立ち、国民のその強い思いの反映に他ならない日本国憲法九条を基軸として再出発したことは否定できない事実である。そして国際的にも平和国家日本として認知されてきたのである。しかし、安倍首相から見れば、東京裁判がアメリカなど戦勝国による敗戦国日本に対する一方的な断罪であったと同じく、日本の平和国家体制も、戦勝国から押しつけられた「戦後レジーム」に過ぎない。今やその「戦後レジームから脱却」し戦争も可能な戦前のレジームへ復帰しなければならないというのである。そのためには自主憲法を制定し、第一次安倍政権で使われた言葉で言えば「美しい日本」を取り戻すべきだというのであろう。また、そうした安倍首相の「政策的ブレーン」[5] であり思想的にも一体となって改憲、愛国主義教育、天皇や首相や閣僚、国会議員などの靖国神社参拝を推進する政治団体としてマスコミが注目し報道するようになった組織がある。元最高裁長官を会長とする「日本最大の右派組織」である日本会議がそれである。[6] 日本会議の下には、それを支える組織として自民党だけでなく次世代の党、民主党、日本維新の会など超党派の国会議員二八九人が加盟する「国会議員懇談会」が設立されているほか、地方議員連盟にも約一七〇〇名が参加しているという。さらに二〇一四年九月に発足した第二次安倍改造内閣の閣僚中、八人が日本会議の役員として名を連ねている。今や日本会議は、現在の安倍政権を頂点とし地方議会にまで至る日本の政界に並々ならぬ影響力を及ぼしている団体なのである。(7)

しかし、安倍首相やその支持母体が目指す体制は、「美しい日本」であるどころか、戦後約七〇年の歩みの中で営々と築かれてきた平和国家日本を根底から覆し、日本がアメリカとの軍事同盟の下で嘗てのような悲惨な戦争に再び巻き込まれる可能性を持つ危険な道に踏み入ることにもなりかねない。そこには、第一次大戦後のベルサイユ条約で多額の賠償金を負わされた敗戦国ドイツが、世界一民主的だと言われたワイマール憲法を持ちながら、その後連合国への復讐心に燃えるナチス政権の台頭を許し、第二次大戦へと至るその後の大きな波乱要因になっていったことに一脈通じるものがあると言わざるを得ないのである。

第二次大戦後は、そうした第一次大戦後の事態への反省も踏まえて、戦勝国は敗戦国であるドイツや日本に対する戦争指導者の処罰を求めはしたものの、基本的に賠償を求めはしなかった。また日本の植民地支配によって最も多くの損害を受けた国の一つである韓国は、一九六五年の日韓基本条約で日本から総額八億ドルの援助を受けるのと引き替えに「一切の請求権を放棄した」。また同じく中国も、一九七二年の日中国交正常化を進めるに当たり、「日本に対する賠償請求権を放棄した」という。(8)

安倍首相がそのような事情を知っているのか知らないのかは不明だが、自民党が二〇一四年一二月の総選挙で大勝し第二次安倍政権がその基盤をいよいよ盤石なものとしているいま、「戦後レジームからの脱却」の危険性は一層強まりつつある。だが、「戦後レジームからの脱却」という狙いは、国民の多くが現在、真に「取り戻したいと望んでいる日本の課題なのかどうかは、極めて疑問である。今回の総選挙後の各種の世論調査の結果などから見ても、国民が憲法九条を頂く日本国憲法の改正を積極的に望んで安倍政権を支持しているとはとてもいえない。むしろ、大部分の国民にとって一番の関心事は経済問題である。一九九〇年代のバブル崩壊以降、悪化の一途を辿ってきた国民生活が、安倍政権の進める経済政策であるアベノミクスによって本当に改善されるのかどうかの一点に注がれているのである。安倍首相やその側近もその点は重々承知しており、経済政策によって世論の高い支持率を確保し政権の長期安定化を図ることが、安倍首相らの立場からすれば、最も優先度が高い憲法改正などの政策課題を実現するための近道になっているのであろう。その意味で、国内的にはアベノミクスこそは、安倍首相が狙う「戦後レジームからの脱却」の成否を左右する課題なのである。

しかし、問題が日本国内だけに留まるならば、アベノミクスの国民の間での人気取りで、政権への反対の声などを力でねじ伏せることができるかもしれない。しかし、第二次大戦で日本が戦った欧米やアジアの国々との摩擦を覚悟しない限り、安倍首相の目的がたやすく達成できるとは思えない。国内のナショナリズムの高まりを背景として歴史の修正ないしはその改ざんを意図すれば、日本が国際的な信用を失うか、それとも新たな軍国主義の台頭ではないかとの対日警戒感が強まることになるのが関の山である。歴史認識問題や従軍慰安婦問題、靖国神社参拝問題などを巡って、欧米諸国、韓国、中国による国際的な安倍政権包囲網が作られているだけに、話は決して簡単では無い。特に韓国や中国など日本の植民地支配や侵略戦争によって大きな被害を受けた国々の側では、日本による歴史の修正が行われれば彼らの不信と怒りを増幅するだけである。

第二次大戦中の日本は、独伊日の三国同盟を結成し、特にアジア太平洋地域で中国大陸の侵略を始め朝鮮半島・台湾・東南アジアなどの植民地支配を進め、さらに宣戦布告無き真珠湾攻撃でアメリカと開戦するなど、第二次大戦を主導した国の一つであった。南京事件や従軍慰安婦問題もその過程で日本が引き起こした虐殺や人権侵害であり、アジアの人々に強いた大きな犠牲の一つである。その日本が、一九四五年八月にポツダム宣言を受諾して連合国に無条件降服しアメリカを中心とする連合国によって七年間、占領下に置かれ、東条英機以下日本の主立った戦争指導者が東京裁判で処断され、平和主義、国民主権、基本的人権を三本の柱とする日本国憲法の制定や戦後の三大経済改革など、多くの戦後改革が進められた。そしてその後、一九五二年にサンフランシスコ講和条約を締結して独立し、国際社会への復帰を果たしたことは記憶に新しい。また安全保障面では日米安保条約を締結してアメリカの傘下に入った。ところが、独立後はそうした戦後日本の民主化の流れとほぼ逆行する動きが次第に台頭してきた。歴史を直視するのではなくて、日本の過去の対アジア政策が侵略戦争であったとか植民地支配であったとか、あるいは従軍慰安婦問題で日本軍が直接に関与していたこと等を認めることは、日本国家の誇りを自ら貶める「自虐史観」に過ぎないと見なし、「戦後レジームからの脱却」を公然と言いつのる右翼運動ないし国家主義の動きが台頭してきたのである。中国東北部で満州国の建設に指導的な役割を果たし、また戦時下の東条内閣では商工大臣を務めるなど、東条英機などとともに戦中の日本の指導者の一人であった岸信介が、戦後はA級戦犯の一人として拘束されながらも冷戦による戦後改革の逆行の動きの中で釈放されて戦後の政界でも強い影響力を持ち、首相を務めるなど指導的地位に上り詰めたことは、正しくその象徴と言ってよい。安倍首相が自分の祖父である岸信介からの流れを引き継ぐ人物であることはいうまでもない。

さらに、安倍政権が歴史認識問題や従軍慰安婦問題、靖国神社参拝問題などで強硬姿勢を続けていることは、韓国や中国との間でのＦＴＡや東アジア地域包括的経済連携協定（ＲＣＥＰ）の締結交渉を通じた東アジアを巡る地域経済統合の問題でも、後述するように日本が交渉で後れを取るなど「国益」を損なう結果となっていることにも注意しなければならない。

以下では、まず第1節で、安倍政権が執念を燃やす「戦後レジームからの脱却」政策とは何なのか、第二次安倍政権誕生後三年目に入ってそれが着々と具体化され推進されつつあるという現実を確認しよう。また第2節では、そうした安倍政権の政策は対欧米だけでなく、対韓国や対中国との間でナショナリズムやイデオロギー的対立をいよいよ煽るだけであり、いかにいわゆる日本の国益に反した不毛なものであるのかを検討する。

1　安倍政権の「戦後レジームからの脱却」政策

1　「積極的平和主義」という名の憲法九条の骨抜き

安倍首相が執念を燃やす「戦後レジームからの脱却」とは何か。その最大の狙いは憲法九条を核として戦後七〇年間に曲がりなりにも築かれてきた平和国家日本を、既に述べたように、天皇を君主とし、国防軍を持ち戦争も可能な国へ逆戻りさせることである。そのためにも自由民主党の結党以来の目標である日本国憲法を改正し自主憲法を制定することに焦点が当てられている。自民党の政策パンフレットである「重点政策二〇一二」では、「憲法改正」を挙げつつも「国民主権、基本的人権の尊重、平和主義の三つの原理は継承」すると述べている。しかし、自由民主党の憲法草案では、第一条に「天皇は日本国の元首であ」るとはっきり謳っており、国民主権や「象徴」としての天皇制からの明らかな後退である。[9] また安倍首相がいう「積極的平和主義」なるものは、憲法九条が目指す日本国憲法の平和主義とは全くの別物に過ぎない。なぜなら、憲法草案では戦後日本の平和主義のまさしく根幹を成す憲法九条の改正を前面に掲げ、「自衛権の発動を妨げないこと、国防軍を保持することを明記」すると述べているからである。一方では憲法の「平和主義」の「継承」を言いつつも、他方で戦争の永久放棄条項を廃棄し、海外派兵も可能な「国防軍の保持」を掲げるのは、明らかな矛盾であり、その矛盾を言い繕うために考え出された言葉こそ「積極的平和主義」に他ならない。そうであれば、豊下楢彦氏が適切に言うように、むしろ「積極的軍事主義[10]」という方がより安倍首相の意図する内容に即しているというべきであろう。

とはいえ、憲法九条を中心とする憲法改正が安倍首相の究極目的であるとはいえ、当面は国民の過半数が憲法九条の改正に賛成しておらずその改正が困難であると見なすや、まずその前に、憲法九条は「消極的平和主義」であるといわんばかりにその実質的な骨抜きを進め、日本国憲法の枠内で憲法九条を改変する行動へ大きく踏み出したのである。「防衛装備移転三原則」、特定秘密保護法制定、そして集団的自衛権行使の容認がそれである。それらは正しく、三位一体となった日本国憲法の解釈改憲に他ならない。以下、それらの内容を順次見ていくことにしよう。

(1)「武器輸出三原則」から「防衛装備移転三原則」へ

戦後歴代自民党内閣はこれまで、憲法九条の制約下で遵守してきた「武器輸出三原則等」によって武器輸出を原則として禁止してきた。ところが、第二次安倍政権になってからはその原則が突然に撤廃され、それを「防衛装備移転三原則」(二〇一四年四月一日)に取って代えるという、大きな方針転換が図られたのである。

そもそも佐藤栄作首相が一九六七年四月二一日の衆議院決算委員会の答弁で表明した「武器輸出三原則」とは、「①共産圏諸国向けの場合、②国連決議により武器等の輸出が禁止されている国向けの場合、③国際紛争の当事国又はその恐れのある国向けの場合」を挙げ、この「三つの場合には武器輸出を認めないという政策」を意味した。また三木首相が一九七六年二月二七日に衆議院決算委員会での答弁で表明した「武器輸出に関する政府統一見解」では、「武器輸出三原則」をさらに進めて、「〈武器〉の輸出については、平和国家としての我が国の立場から、それによって国際紛争等を助長することを回避するため、政府としては、従来から慎重に対処しており、今後とも次の方針により処理するものとして、その輸出を促進することはしない」ものとした。その方針とは「①三原則対象地域については〈武器〉の輸出を認めない。②三原則対象地域以外の地域については、憲法及び外国為替及び外国貿易管理法の精神にのっとり、〈武器〉の輸出を慎むものとする。③武器製造関連設備の輸出については、〈武器〉に準じて取り扱うものとする。」というのがそれである。[11] 自主憲法制定を党是とする自民党内閣下ではあったが、憲法九条の精神を踏まえつつ武器や武器製造関連設備の輸出を原則として禁止するなど日本国憲法の平和主義の精神が、歴代内閣の下で一応は遵守されていたのである。

ところが、第二次安倍政権では、こうした武器等の輸出を認めない日本の平和主義の基本的な立場をいとも簡単に放擲し、「防衛装備移転三原則」（二〇一四年四月一日[12]）へと実質的に変更してしまったのである。同日に決定を見た「国家安全保障会議」や「閣議」は、「武器輸出三原則」が「共産圏諸国向けの場合は武器の輸出は認めないとするなど時代にそぐわないものとなっていた」ことをまずあげているが、それはこれまで禁止してきた武器輸出を原則自由にするという重大な変更を行うための単なる口実に過ぎない。また「武器輸出三原則の対象地域以外の地域についても武器の輸出を慎むものとした結果、実質的には全ての地域について武器の輸出を認めないことになったため、政府は、これまで個別の必要性に応じて例外化措置を重ねてきた」とその二つ目の不都合をあげている。しかし、平和主義を国是とする日本の立場からすれば、「武器の輸出を認めない」のはむしろ当然である。不都合があるとすれば、平和主義の国是を変え日本をアメリカと一体化して戦争が可能な国家へと改変する上での不都合ということになろう。武器輸出の「例外化措置を重ねる」ことの不都合をなくすために「武器輸出三原則」を廃止する方がむしろおかしいのである。しかもそうした重大な方針転換が、国会での十分な審議を経ることなしに安倍内閣の一存だけで行われたことに重大な疑義があると言わなければならない。

さらにそうした不都合に加え、「武器輸出三原則等」では対処できない理由として、「我が国を取り巻く安全保障環境が一層厳しさを増していることや我が国が複雑かつ重大な安全保障上の課題に直面していること」など、日本を取り巻く安全保障環境の悪化を挙げる。前半の「我が国を取り巻く安全保障環境が一層厳しさを増していること」と、後半での「我が国が複雑かつ重大な安全保障上の課題に直面していること」とはそれぞれどのような内容上の区別と関連があるのかは必ずしも明確ではないが、北朝鮮の核問題や尖閣諸島の国有化以降の中国の軍事力の強化や中国との軍事的衝突の脅威が煽られていることは事実である。後述する集団的自衛権の行使を容認する理屈と同じである。しかし、過去においても「冷戦」という安全保障を巡る厳しい国際環境は存在してきたのであり、そこでも憲法九条の平和主義の原則から、「武器輸出三原則等」を維持してきたのである。したがって、ただ単に安全保障環境の変化を理由として従来の原則を変更しなければならない理由はないはずである。とにかく、ここでも武器を輸出したいという安倍政権の目的と本音がまず先にあり、その目的の為に後付けされたのが我が国を巡る安全保障環境の変化ということに過ぎないのであろう。

そしてここでも安倍政権が強く打ち出しているのは、「国際協調主義に基づく積極的平和主義」という以下の考え方である。

「防衛装備の適切な海外移転は、国際平和協力、国際緊急援助、人道支援及び国際テロ・海賊問題への対処や途上国の能力構築といった平和への貢献や国際的な協力（以下、平和貢献・国際協力という。）の機動的且つ効果的な実施を通じた国際的な平和と安全の維持の一層積極的な推進に資するものであり、また、同盟国である米国及びそれ以外の諸国との安全保障・防衛分野における協力の強化に資するものである。さらに防衛装備品の高性能化を実現しつつ、費用の高騰に対応するため、国際共同開発・生産が国際的主流となっていることに鑑み、我が国の防衛生産・技術基盤の維持・強化、ひいては我が国の防衛力の向上に資するものである。(13)」

そして「今後は次の三つの原則に基づき防衛装備の海外移転の管理を行うこととする。また、武器製造関連設備の海外移転については、これまでと同様、防衛装備に準じて取り扱うものとする」というのである。

それでは、「防衛装備移転三原則」とはそもそもいかなる内容であり、それによって何がどのように変わるのだろうか。

まず第一の原則は、武器ないし防衛装備（以下武器等という）の「移転を禁止する場合」を、①日本が締結した条約や国際約束に基づく義務に違反する場合、②国連安全保障理事会の決議に基づく義務に違反する場合、③紛争当事国への移転となる場合、の三つのケースについて明確にしたことだという。しかし、何もこれは憲法九条の下で平和主義を国是とする日本の原則を明確にしたと誇るほどのものでは全くない。それは、国連加盟の各国が守るべき国際義務であり当たり前のことを単に列挙しただけに過ぎない。

第二の原則は、武器等の「移転を認める場合の限定並びに厳格審査及び情報公開」についてである。それによれば、まず武器等の移転を認めうる場合は、①「平和貢献・国際協力の積極的な推進に資する場合」、ないしは②「同盟国たる米国を始め我が国との間で安全保障面での協力関係がある諸国（以下「同盟国等」という。）との国際共同開発・生産の実施、同盟国等との安全保障・防衛分野における協力の強化並びに装備品の維持を含む自衛隊の活動及び邦人の安全確保の観点から我が国の安全保障に資する場合等」に限るという。それとともに、③「仕向先及び最終需要者の適切性並びに当該防衛装備の移転が我が国の安全保障上及ぼす懸念の程度を厳格に審査し、国際輸出管理レジームのガイドラインも踏まえ、輸出審査時点において利用可能な情報に基づいて、総合的に判断する」という。

要するに、①平和貢献・国際協力のため、②同盟国等との協力関係等から我が国の安全保障に資すること、に限定し、③武器等の輸出先が①や②の目的に合致するかどうかをチェックする、ということであろう。しかし、日本の防衛産業による武器等の最終的な輸出先が実際に日本の平和主義の国是に基づく安全保障政策に合致するかどうか、具体的には紛争当事国向けの輸出ではないことをどうやってチェックし防止するのだろうか。「我が国の安全保障の観点から、特に慎重な検討を要する重要な案件については、国家安全保障会議において審議する」と補足されていても、最終的な輸出先をチェックすることは、軍事機密の壁に阻まれて後述するように極めて困難である。

第三の原則は、まさにその第二原則の抜け穴に関わるものであり、日本の防衛産業が輸出した武器等の「目的外使用及び第三国移転に係る適切管理の確保」についてのものである。それによれば、「原則として目的外使用及び第三国移転について我が国の事前同意を相手国政府に義務づけることとする」というのである。では、例えばアメリカの民間企業向けに武器等を輸出した場合、「目的外使用及び第三国移転」がないように「我が国の事前同意」をアメリカ政府に義務づけるというのであろうか。そう言う側から、すぐにその言を翻し、「ただし、平和貢献・国際協力の積極的な推進のため適切と判断する場合、部品等をライセンス元に納入する場合等においては、仕向先の管理体制の確認をもって適切な管理を確保することも可能とする」という。結局の所、武器等の最終的な輸出先は最初からチェックをしないし、そもそもできないということであろう。

以上、「武器輸出三原則」に代わる「防衛装備移転三原則」を見てきたが、一見する限りではそのスタンスの変更は必ずしも明確ではない。日本の防衛産業から見れば今までよりは武器輸出が幾らか容易になったかのような印象に留まる。しかし、実際は日本の武器輸出政策がこれによって大転換したことに注意しなければならない。そのことをはっきり示す一つの例は、NHKが二〇一四年一〇月五日二一時に放映した衝撃的な番組「ドキュメント　武器輸出」である。同番組では、「防衛装備移転三原則」が同年四月に打ち出されて以後、企業の中には自社から輸出される製品が武器として人を殺すために使われるのではないかと悩み、そうした用途として使われる可能性がありそうな場合は、輸出を断ることに決めたところも出ているとした反面、二〇一四年六月にパリで開催された国際武器見本市「ユーロサトリ2014」[14]に日本の防衛省が戦後初めて「日本ブース」を設け、同省装備政策課のトップである防衛官僚（堀地課長）が三菱重工業などの日本の防衛産業に出店を呼びかけ、各国に積極的に日本の優れた技術による武器の輸出をアピールしたという内容であった。背広を着てはいるもののその実、心は兵器商人ともいうべき防衛官僚が嬉々として日本の武器輸出の先兵として任務にいそしむ光景には、強い違和感を覚えざるを得なかった。また同番組では、日本から輸出された武器転用可能な部品の最終的な輸出先がどこになるかは追跡しようがないという、かつてアメリカ国防省日本部長を務め今はコンサルタント会社を営むケヴィン・メイ氏の証言などを取り上げていたのが印象的であった。

さらに同番組では、そもそも「武器輸出三原則」が一九六七年に佐藤栄作内閣の下で策定されることになった契機として、日本のロケット技術の軍事転用が問題になったためであったことなども紹介している。

しかし、それにしても憲法九条の精神とも密接に関わる「武器輸出三原則」がなぜ安倍内閣という一内閣の考えだけでこうも簡単に方針変更することが許されるのか、不思議でならない。国会では一体どのような議論が行われたのか、疑問は尽きない。

なお、安倍政権が「武器輸出三原則」に代えて「防衛装備移転三原則」を定めたのは、以上で述べた「積極的平和主義」という大義名分だけではなく、実は日本の防衛産業を育成するというもう一つの狙いもあった。これについては、後述しよう。

（2）特定秘密保護法の制定

またこれと関連して第二に、特定秘密の保護という大義名分の下で、二〇一三年一二月一〇日に「特定秘密の保護に関する法律」（以降、「特定秘密保護法」という）が制定・公布され、公布後一年が経過した二〇一四年一二月一〇日に実施されたのである。この法律に対しては、報道機関の取材・報道の自由やそれらとも表裏の関係にある国民の知る権利が損なわれる危険性が高いとの根強い反対論が報道機関や国民の間から沸き上がったにも関わらず、二〇一三年七月の参議院議員選挙での勝利によって自民党と公明党による衆参両院における多数与党の下、法案の十分な審議もないまま強行可決されたのであった。

まず、この特定秘密保護法がいう特定秘密とは、同法別表に記載されている防衛、外交、特定有害活動（いわゆるスパイ活動）、そしてテロリズムの四分野から成っている。自衛隊の運用や防衛情報、防衛力、武器、弾薬やその研究開発等に関する「防衛に関する事項」、外国の政府や国際機関との交渉・協力の中で国民の生命・身体の保護、領域の保全、その他の安全保障に関するものなど「外交に関する事項」、特定有害活動（スパイ行為）による被害の発生もしくは拡大の防止に関する措置などに関わる「特定有害活動の防止に関する事項」、テロリズムによる被害の発生・拡大の防止のための措置・これに関する研究などの「テロリズムの防止に関する事項」、の四分野がそれである。

しかし、水島朝穂氏（早稲田大学教授）が指摘するように、[15]「国家公務員法、地方公務員法、自衛隊法、刑事特別法、日米相互防衛援助協定（ＭＤＡ）に伴う秘密保護法など、秘密保護に関する法的仕組みがすでに存在している」にも関わらず、なぜ今ここで新たにそうした特定秘密保護法を制定する必要があるのか。また元検事総長の松尾邦弘氏も、朝日新聞のインタビューで「私は、秘密漏洩が起きても、従来ある法律で十分対処できると思っています」と強い疑問を投げかけているのである。[16]

しかも、日米相互防衛援助協定（ＭＤＡ）に伴う秘密保護法を別として、こうした特定秘密の取り扱いに当たる職員や事業者が情報を漏洩した場合には、故意に行った場合には最高で一〇年以下または一〇〇〇万円以下の罰金、過失の場合は二年以下の禁固または五〇万円以下の罰金に処されるのである。これまでのどの法律よりも厳しい罰則を科している点も特徴である。

例えば、国家公務員法では、国家公務員は職務上知り得た秘密を漏洩してはならないという守秘義務があり、退職後もその義務を負っており、それに違反した場合は最高一年の懲役刑ないし五〇万円以下の罰金刑を負わされることもある。また自衛隊法でも、防衛出動命令に従わなかった場合などには、最高で懲役七年または禁固の刑などが定められている。

これに対して、日米相互防衛援助協定に伴う秘密保護法（一九五四年六月九日制定）では、「特別防衛秘密」の探知ないし収集、あるいはそれを漏洩した場合などに、最高で一〇年の懲役が科せられることになっている。その意味では、今回の特定秘密保護法は、日米相互防衛援助協定に伴う秘密保護法の全面化という性格を持っているということもできよう。

また、この特定秘密の取り扱い業務を行う行政機関の職員や事業者は、それぞれの行政組織の長から、特定秘密を漏洩する恐れがないかどうかについての「適性評価」という名の個人及び身内に対する適性試験が実施されることである。プライバシー侵害の恐れも指摘されるのである。

この法律には多くの問題点が指摘されているが、就中、最大の問題は報道機関による取材活動が著しく制限され、その結果として国民の基本的人権の一つである知る権利も侵害されるなど、情報公開の流れに逆行するのではないかということである。これに関連して思い起こされるのは、一九七一年の日米間の沖縄返還協定の締結に際しての西山事件である。

同協定ではアメリカが日本に対し基地の原状回復費用四〇〇万ドルを支払うものとしていながら、実際にはその費用を日本が支払うとする「密約」を日米両政府が結んでいたことを大スクープした毎日新聞記者（当時）西山太吉氏が、その取材方法が外務省女性職員との個人的関係を通じて違法に入手した情報であったからだとして、女性職員と共に逮捕され、有罪が確定した事件である。しかも、その事件の検察による捜査と裁判の過程では、アメリカでの公文書の公開によってその「密約」の存在が明らかになりながらも、政府も外務省当局も一貫して「特約」の存在を否定し続けたのである。しかし、二〇〇六年の北海道新聞等の取材で、アメリカ側との密約に関する合意文書に署名した元外務省アメリカ局長の吉野文六氏が「密約」の存在を認め、その後、西山氏が提起した情報公開訴訟で二〇一〇年四月に東京地裁は、密約の存在を認定したといわれる。この事件では、前述の松尾元検事総長も述べているように、その取材方法の当否はあれ、密約の存在を明らかにした記者が処罰され、他方でその密約を締結した政府や外務省の方は全くその違法行為を問われることがなかったという実に片手落ちの結果を招く大きな教訓を残したのであった。[17] 今後も同様の事件が起きない保証はないだけでなく、しかもそうした事件を取材し報道することが、この特定秘密保護法の存在によって一層困難になってしまうのである。

また、この法律では、既述のとおり、個人やその家族などのプライバシーが広範に侵害される懸念が指摘されているほか、特定秘密保護の任務を担当させられることになる職員や事業者が情報を漏洩した場合には、一〇年以下の懲役刑を受けるという厳罰主義の考えが明記されたことである。

なぜこのタイミングでこの法案が些か唐突な感じで上程され、その成立が急がれたのだろうか。それは、以下に挙げる第三の、集団的自衛権行使容認の動きとも密接に関連する問題なのではないかと推測される。

(3) 解釈改憲による集団的自衛権行使容認

これまで戦後一貫して日本の歴代内閣は、「集団的自衛権の行使」を現行憲法の特に九条の枠内では困難であるとしてきた。ところがこの度安倍政権は、憲法九条の空洞化を狙いとして内閣法制局長官を法律の専門家ではない外務省出身の小松一郎氏に差し替え、解釈改憲によって「集団的自衛権の行使」容認を閣議決定した(二〇一四年七月一日)ことである。もちろん、内閣が閣議決定したとしてもそれを立法化し衆参両院での審議を経なければ効力を持たないが、現有議席では与党が圧倒的多数を占めていることからすれば、安倍内閣の閣議決定が事実上の最終決定になる可能性もないとはいえない。

安倍内閣の同上の閣議決定は次のように述べている。やや長くなるが引用しよう。

憲法九条は「我が国が自国の平和と安全を維持し、その存立を全うするために必要な自衛の措置を採ることを禁じているとは到底解されない。一方、この自衛の措置は、あくまで外国の武力攻撃によって国民の生命、自由及び幸福追求の権利が根底から覆されるという急迫、不正の事態に対処し、国民のこれらの権利を守るためのやむを得ない措置として初めて容認されるものであり、そのための必要最小限度の〈武力の行使〉は許容される。これが、憲法九条の下で例外的に許容される〈武力の行使〉について、従来から政府が一貫して表明してきた見解の根幹、いわば基本的な論理であ」る。「これまで政府は、この基本的な論理の下、〈武力の行使〉が許容されるのは、我が国に対する武力攻撃が発生した場合に限られると考えてきた。しかし……、パワーバランスの変化や技術革新の急速な発展、大量破壊兵器などの脅威等により我が国を取り巻く安全保障環境が根本的に変容し、変化し続けている状況を踏まえれば、今後他国に対して発生する武力攻撃であったとしても、その目的、規模、態様等によっては、我が国の存立を脅かすことも現実に起こりうる。」「こうした問題意識の下に、現在の安全保障環境に照らして慎重に検討した結果、我が国に対する武力攻撃が発生した場合のみならず、我が国と密接な関係にある他国に対する武力攻撃が発生し、これにより我が国の存立が脅かされ、国民の生命、自由及び幸福追求の権利が根底から覆される明白な危険がある場合において、これを排除し、我が国の存立を全うし、国民を守るために他に適当な手段がないときに、必要最小限度の実力を行使することは、従来の政府見解の基本的な論理に基づく自衛のための措置として、憲法上許容されると考えるべきであると判断するに至った」（二〇一四年七月一日、閣議決定、下線部は引用者による）。

戦後日本の政府は一貫して「武力の行使が許容されるのは、我が国に対する武力攻撃が発生した場合に限られると考えてきた」にもかかわらず、第二次安倍内閣は、自国が攻撃されないにも関わらず、他国に対する武力攻撃が行われた場合でも、「必要最小限度の実力（即ち、武力）を行使する」ことがあるという。引用文下線部で述べられているように、①「我が国と密接な関係にある他国に対する武力攻撃が発生」した場合、②「これにより我が国の存立が脅かされ、国民の生命、自由及び幸福追求の権利が根底から覆される明白な危険がある場合に」、③「これを排除し、我が国の存立を全うし、国民を守るために他に適当な手段がないとき」、という三つの条件がある場合には、「自衛のための措置として」必要最小限度の武力行使が、憲法上許容されるというのである。それがいわゆる「武力行使三要件」と言われるものである。

それでは、この「武力行使三要件」のうちで、①の要件にいう「我が国と密接な関係にある国」とはどこかと言えば、ここでは明示されていない。だが、安全保障条約を締結しているアメリカを主として念頭に置いたものであろうことはほぼ間違いない。また②では、武力行使は「我が国の存立が脅かされ、国民の生命、自由及び幸福追求の権利が根底から覆される明白な危険がある場合」に限るとされ、さらに③では「これを排除し、我が国の存立を全うし、国民を守るために他に適当な手段がないとき」との限定が加えられていることからすれば、アメリカ軍への武力攻撃があるからといって、集団的自衛権行使により自衛隊が直ちに武力行使を余儀なくされ、日本がアメリカ軍と一体になって戦争に巻き込まれる危険が今以上に高まることはないようにも見える。しかし、安全保障問題研究会の分析によれば、こうした楽観論は危険である。「あいまいで恣意的な判断の余地が残る武力行使三要件に基づいて判断するというのであれば、集団的自衛権の行使は八事例も安倍の例示もなんの意味を持たなくなり、自衛隊の活動に際限がなくなってしまうかも知れない」からである。しかも、自衛隊と米軍の活動の一体化が進んでいると言われる昨今、もし万が一、いずれかの国によりアメリカに対する武力攻撃が発生した場合、これを日本に対する武力攻撃であると見なし、集団的自衛権の行使が容認されるというのである(18)。

日本への武力攻撃だけではなく、アメリカ軍など他国への武力攻撃でも日本が武力を行使しうるということは即ち、海外に自衛隊を派兵し、戦争を行ないうるということに他ならない。しかも、それが憲法上許容されるというのであるから、ことは極めて重大である。

2　歴史認識問題と安倍首相の靖国神社公式参拝

安倍首相やその側近は、第二次大戦での日本の対アジア諸国への侵略戦争を事実上、正当化する歴史認識を示している。すなわち、アヘン戦争以来、日清・日露戦争を経て第二次大戦に至る一連の戦争は西欧列強諸国によるアジア諸国の植民地化の戦争であり、日本による戦争はアジア諸国をそうした西欧列強による植民地化から解放するための戦争であったというのである。確かにその一連の戦争には、西欧列強のアジアへの進出と領土獲得による勢力拡大という帝国主義戦争としての性格が一面で見られたことは事実である。しかし、そうであるからといって日本のアジア諸国への侵略戦争を肯定し正当化することは、到底できないはずである。ドイツとイタリアと日本が三国同盟を締結し全世界で始めた第二次大戦によって、全世界で数千万人の犠牲者を生んだことの責任は大きい。特にアジア地域では日本の戦争で多くのアジアの人々が生命と財産を奪われたことに目をつぶり、アジアの植民地解放戦争だったなどと美化することはできない。旧日本軍が数十万人を虐殺したと言われる南京事件も、歴史の専門家ならざる身にはその数字の正確さについての判断は控えるとしても、そうした過程で発生したむごい事件である。アジアの人々が戦争の犠牲になったことで言えば、若い女性たちが従軍慰安婦という名の性奴隷に事実上された重大な人権侵害もまたしかりである。従軍慰安婦問題を巡っては韓国の済州島で従軍慰安婦狩りを行ったとの吉田証言に依拠した朝日新聞の過去の一連の報道が誤報であり、朝日新聞が謝罪と社長の辞任に追い込まれた事件はなお記憶に新しい。しかし、だからといって旧日本軍による南京事件など中国での大量虐殺や従軍慰安婦問題があたかも存在しなかったかのように都合良い解釈をする歴史修正主義ないしは歴史改ざん主義には、決して与することはできないのである。

また、その戦争には日本の多くの若者が強制的にかり出され、多くの命を散らすことを余儀なくされたほか、その戦争で国家神道としての靖国神社が果たした役割についても目を瞑ることはできない。戦死したら靖国神社に合祀され英霊として崇められることがその家族の名誉とされ、一家の若者を兵士として戦争に動員するための精神的機構の役割を果したことは否めない事実である。

それでは、以上のような第二次安倍政権の安全保障政策や憲法改正への取組みと歴史認識に対して、国内外からはどのような評価がなされているのか。次の節では、日本国内、欧米、それに安倍首相の安保政策や歴史認識問題に対して従来から強い警戒心を隠さない韓国と中国の見方を取り上げていくことにしよう。

2　第2次安倍政権の安全保障政策への国内外の評価

1　日本国内

二〇一二年一一月一六日に民主党野田政権下で行われた総選挙で、自民党・公明党が圧勝し、第二次安倍政権が成立してから丸二年目の二〇一四年一一月二一日、安倍首相は、選挙準備がほとんどできていない野党側にとっては不意打ち解散とも言える極めて唐突なタイミングで衆議院の解散・総選挙を実施した。同年一二月一四日が投票日となった総選挙では、安倍首相は今回の選挙はアベノミクス解散であると明言し[19]、その片腕ともいうべき菅義偉官房長官も、一一月一九日の記者会見で、集団的自衛権行使の容認や特定秘密保護法の是非などについては何ら争点にはならないと述べていた。集団的自衛権行使の容認は「自民党は既に憲法改正を国政選挙の公約にしており（信を問う）必要はない。限定容認は現行憲法の解釈の範囲だ」とし、特定秘密保護法も「いちいち信を問うべきではない」からだという。そうした主張の根本には「何で信を問うのかは政権が決める。安倍晋三首相はアベノミクスが国民にとって最も大事な問題だと判断した」からだという認識があるからであった[20]。こうした認識には些か、多数与党の驕りが透けて見えるようである。集団的自衛権行使容認の際にも、憲法の解釈を決めるのは内閣だと安倍首相が公言したことに通じるものがあると言えよう。

このように、安倍政権は選挙前には今度の選挙はアベノミクス解散だと公言していたのである。ところが、一度総選挙によって自民党・公明党の連立与党が全体の三分の二議席を占めるなどその現状維持が明らかになるや否や、安倍首相は一二月一五日の党本部での記者会見で、「予想をはるかに上回る国民の支持を得ることができた。アベノミクスをさらに前進させよとの国民の声を頂くことができた」という認識を表明しただけでなく、安全保障政策についても憲法改正についても、国民の支持を背景にしてそれの具体化に着手することを明らかにしたのである。

すなわち、安全保障政策については、「公約でも街頭演説でも、集団的自衛権の一部容認を含めた閣議決定に基づく法整備を来年の通常国会で行うと訴えた。国民の支持を頂いた」と述べ、集団的自衛権行使容認についても国民の信任が得られたとの認識を示した。その上で、「日米同盟を基軸とした安全保障政策で国民の生命と国益を守る。地球儀を俯瞰する積極的平和外交を展開し、世界平和と安定に貢献。安全保障関連法案を速やかに成立させる」と述べ、集団的自衛権行使の容認に関わる関連法制の整備を進めることを明言した。また憲法九条を中心とした憲法改正問題についても、「最も重要なのは国民投票での過半数の支持だ。国民的な支持と理解を深めるため党総裁として努力していきたい」とし、また「憲法審査会の審議を促進し、憲法改正に向けた国民的な議論を深める」と憲法改正に向けた取り組みを加速する強い意欲を示したのである。[21]

しかし、総務省の発表によれば、投票率は五二・六六パーセントと戦後最低だった前回衆院選を六・六六パーセント下回り最低記録を更新したことからも明らかなように、安倍政権への強い支持があったわけではなかった。それよりはむしろ、「野党第一党の民主党が定数の半分以下の候補者しか擁立できなかった」など、共産党が八議席から二一議席へと躍進した他は、不甲斐ない野党勢力への強い失望感もあり「有権者の関心は盛り上がらなかった」のである。[22]また今回の衆議院選の当選者については、朝日新聞と東京大学谷口将紀研究室の共同調査で戦争放棄の九条や憲法改正手続きを定めた九六条を中心とした憲法改正に賛成する議員が全体の八四パーセントを占めたという。また九条に関連して、集団的自衛権行使容認の閣議決定を評価する当選者は六九パーセントにのぼるという。[23]

さらに、衆議院選が終わって間もない二〇一四年一二月一七日に、四月に閣議決定した「防衛装備移転三原則」の具体化を進めるというニュースも飛び込んできた。[24]防衛省が武器を輸出する日本企業に対して資金援助の創設を検討し、そのための有識者検討会を一八日にも立ち上げるというのである。こともあろうに日本国憲法九条の下で平和主義を国是とする国の政府が、日本企業の武器輸出や海外企業との間での兵器の共同開発を原則として解禁することでさえ重大な問題であるのに、今度は日本政府が武器輸出する日本企業への資金援助さえも検討するというのである。これだけ重大な出来事でありながらほとんどの国内各紙が概して小さな紙面しか割かないのが不思議でならない中、東京新聞だけは「国が企業向け促進策検討　武器輸出に資金援助」との見出しで一面トップ記事を掲載したのである。

同記事によれば、検討会には、防衛産業の関係者や金融、法律の専門家などのほか、森本敏元防衛相なども参加する予定」であり、「来夏をめどに議論をまとめ、二〇一六年度の予算要求などに反映させていく」というのである。

検討会では、「日本企業の武器輸出を後押しするため」、国の出資による特殊法人や官民ファンドを立ち上げ、それの債券発行による資金調達や国が保有する株式等の配当金・売却益などを財源として、武器輸出企業に長期で低利の資金を融資できる制度や、経済産業省とも提携して、防衛産業を振興するための補助金制度の創設も検討するという。それだけではなく、販売する武器の定期的な整備や補修、訓練支援なども含めたパッケージ販売や、相手国の要望に応じて退職自衛官を派遣し、訓練や修繕・管理を行う制度も検討する。その他、「武器輸出を進めるためのあらゆる課題を議論する」というのである。(25)

以上の記事は、既述のとおり、二年おきにパリで開催されている陸上兵器の世界最大の国際展示会「ユーロサトリ」に二〇一四年六月中旬、日本政府が「防衛装備移転三原則」を定めたことを受けて戦後初めて「日本ブース」を設けて防衛産業に同展示会への参加を呼びかけ、防衛官僚や防衛副大臣を現地に送り込んで武器の積極的売り込みをはかったこととも対応するものであった。安倍首相のいう「積極的平和主義」とは、「平和」とは名ばかりの、「防衛装備移転三原則」によって防衛・軍需産業という「死の商人」の育成と拡大を進め国防力の強化を図り、集団的自衛権行使の容認などとも相俟ってアメリカ軍と一体化した自衛隊によって、海外での戦争を可能にすることに他ならないのではないだろうか。

2 欧 米

アメリカ・ワシントン・ポスト紙は、今回の衆議院選前の二〇一四年一二月七日、「安倍首相が大勝利すれば、その国家主義的な目標の追求を促進することになるだろう」という東京発の以下のような記事を掲載している。「安倍首相は経済を選挙運動の中心に据えているが、自民党の政策綱領は日本国憲法の改正を約束し、また日本の戦時期への「不当な非難」と呼ぶものに積極的に抗議している」とする。まず、これまで日本は憲法の制約で専守防衛に限定されてきたが、その範囲が徐々に拡大され、二〇一四年七月一日には限定された条件下でだが、「集団的自衛権」として知られる同盟国の防衛を可能にする憲法解釈が内閣によって行われ、その評価が国内で大きな議論を呼んでいるという。すなわち、ある日本人たちは中国の台頭に対抗してより強い日本を作ろうという安倍首相の計画に惹かれる一方で、多くの人々は日本国憲法の戦争反対の姿勢を受け入れ、それを変えようという企てに対し懸念を抱いている。国家主義に傾斜したいかなる企てであろうとも、中国との緊張を高め、韓国との関係をより一層難しくするであろう、という。

また一層直接的な問題は、第二次大戦に対する安倍首相の歴史認識である。彼が日本人の戦死者の中の戦争犯罪人を崇める神社を参拝のために再訪するのか、また彼が二〇一五年八月の終戦七〇周年記念日にどのような声明を行うかということである。第二次安倍政権が発足して一年目の記念日にあたる二〇一三年一二月二六日に彼が靖国神社に参拝したことは、中国や韓国を怒らせ、アメリカも幾分異例ともいうべき「遺憾の意」を公式に表明した。また、終戦五〇周年に日本が行った村山首相の公式の謝罪や、従軍慰安婦問題に対する一九九三年の河野官房長官談話に対して行った彼の言及は、(国際社会から)疑念を生んでいるのである。またワシントンにあるカーネギー国際平和財団の日本問題専門家であるジェイムズ・ショフ氏による「もし自民党が選挙で大勝すれば、安倍氏は経済や日米同盟の強化よりはむしろ、自らの国家主義的目標を大胆に追求することになるのではないか」

という見方を紹介している。(26)

解釈改憲による安倍内閣の集団的自衛権の行使容認は、確かにアメリカの国際的な安全保障政策の役割の一部を日本にも担わせたいと考えているアメリカの利害にも合致するであろう。しかし、安倍政権が推進する「戦後レジームからの脱却」やそれとも密接に関わる安倍首相の歴史認識は、竹島や尖閣諸島の領有権問題なども加わり、韓国や中国との間の緊張を高め、地域の安全保障環境を不安定化させることは明らかである。その点でアメリカは、安倍政権が推進する「戦後レジームからの脱却」や安倍首相の歴史認識に対しては今後とも、強い警戒感を抱いて行くであろうことは間違いない。ワシントンポスト紙の先述の見方は、その意味でも欧米諸国での最大公約数的な見解を示すものと考えるべきであろう。逆に言えば、立憲主義の原則を無視する形で強引に進められている安倍政権のポピュリズム政策は、現在の日本では取り敢えず通用するかも知れないが、国際的には決して通用するものではないということであろう。

それでは、次に韓国や中国は現在の安倍政権をどのように受け止め考えているのかについて、見ることにしよう。

3　韓　国

竹島問題や従軍慰安婦問題など歴史認識問題を契機として日韓間では首脳会談が二年あまりも開催できない異常事態となっているが、韓国の代表的な知識人は最近の安倍政権の動向をどのように見ているのかを、簡単に紹介しておこう。

二〇一四年一一月三〇日付け朝日新聞は、韓国のシンクタンクである世宗研究所の陳昌洙（チンチャンス）・日本研究センター長に、日本での今回の突然の総選挙を韓国はどう見るかのインタビューを行っている。これについて陳氏は、日本が総選挙をするなら集団的自衛権を巡る憲法解釈を変更した七月にやるべきだったし、関連の法整備を来春に行うのであれば、意見が分かれているのだから、その際に国民の声を聞くべきだった。安倍首相は来年（二〇一五年）秋の自民党総裁選で再選を果たし、再来年（二〇一六年）の参議院選挙で長期政権を築き、憲法改正を狙っていると思う。「集団的自衛権はどの国も持っている権利」であり反対はできないが、「法整備にあたっては、周辺国の懸念を高めないための透明性が必要だ」と述べた。他方、「憲法九条改正は日本にとって、得るものよりも失うものの方が多い」として、次のように述べる。「戦後の日本は『平和主義』によって評価を得てきた。軍事力を拡大する方向ではなく、軍縮に貢献することこそ日本が歩むべき道だと思う。憲法改正は周辺国の懸念や地域の緊張を高めるだけだ」というのである。(27)

また、今回の衆院選直後、朝鮮日報Ｗｅｂ版（日本語版）は二〇一四年一二月一六日に注目される記事を二つ配信している。まず第一の記事では、圧勝した安倍首相が戦争と軍隊保有を禁止した平和憲法を改正する意向を表明したことを報じた。そこでは、自民党や維新の党など改憲勢力が改憲の発議に必要な三分の二議席を得たと述べた後で、もう一方の用件である参議院ではまだ三分の二の議席が得られていないため、「二〇一六年に予定されている参議院選挙で圧勝した後に改憲を推進する見通し」であるとした。また、今回の衆議院選での勝利を受けて、これまで日本政府は憲法上、集団的自衛権を行使できないとしてきたのに反し、安倍首相が二〇一四年七月一日に閣議決定した集団的自衛権行使容認について、「世論の反対が強い集団的自衛権行使を選挙で争点化しなかった」にも関わらず、総選挙の勝利後は、選挙で国民の支持を受けたとの主張を展開したことを批判的に紹介している。さらに、来年（二〇一五年）夏の戦後七〇周年に予定されている首相談話では、「日本の植民地侵略と支配を謝罪した一九九五年の村山談話を修正するものと見られる」ことにも言及した。(28)

他方、ほぼ同時刻に配信されたもう一つの記事では、総選挙での投票率が過去最低の五二・六六パーセントに落ち込み、「議会制民主主義の危機」が叫ばれていること、またそれに関係して経済問題だけでなく、集団的自衛権、平和憲法改正など日本の未来を決定づける懸案事項が多いにも関わらず、投票率が低かったのは、政治不信と野党の無能に加えて、「安倍首相が野党に選挙準備をさせる余裕を与えなかったため、電撃的に解散総選挙に打って出た効果ともいえる」との東京新聞の分析記事を紹介した上で、自民党の圧勝とはいうが、得票率は四八パーセントに過ぎないにも関わらず小選挙区で議席の七六パーセントに当たる二二三議席を獲得したことや、他方では野党である民主党が二三パーセントの得票率にも関わらず、小選挙区では議席の一三パーセントに過ぎない三八議席を確保したに留まるという小選挙区制度の問題点や、政党や候補者の選択肢がない選挙区では多くの無効票が出たことなどを指摘した。さらに自民党内では、かつてない「総理独走体制」が固まりつつあるという分析も行っている。安倍首相の独走が可能となったのは、九〇年代まで派閥の領袖が政治資金で議員を管理してきたが、今は資金作りも困難となったため、党内ポストや閣僚職を議員に分配しようと、首相の顔色を窺うようになったという分析を紹介する。さらに安倍首相は、日本軍による従軍慰安婦の強制動員問題を否定する籾井勝人氏をＮＨＫ会長に任命し、中立報道であるべき公共放送を掌握したり、国会で朝日新聞を安倍政権打倒が社是だと公式に批判したりするなど、メディアへの統制を強めていると批判している(29)。

以上、最初に韓国の代表的な知識人の見方を、そして次に朴槿恵《パククネ》政権と必ずしも一体とはいえない代表的な韓国紙の見方を紹介したが、それらはいずれも冷静な安倍政権の批判的な分析となっており、参考になる点が多い。

いずれにせよ、日韓関係は、最低限、従軍慰安婦問題や歴史認識問題については安倍首相の決断さえあれば解決可能な課題でありながらも、安倍政権が成立して以降、全く何の前進もないどころかむしろ頑な姿勢が強まってきている。安倍政権が別の政権に代わるまでは、問題解決の期待はほとんど望み薄だと言わざるを得ない。但し、二〇一五年二月に入り、自民党の二階俊博総務会長が安倍首相の親書を携えて訪韓して朴槿恵大統領と会談し、従軍慰安婦問題について、元従軍慰安婦の人たちの存命中に問題を片付けたいということで、双方の考えが一致したとのニュースが報じられた[30]。これなどは、昨今の日韓関係に関する数少ない明るい話題であろう。

4 中国

日韓関係と同様に、日中関係もまた二〇一二年九月の尖閣諸島の国有化や歴史認識問題、安倍首相のの靖国神社参拝(二〇一三年一二月二六日)などを巡り、二年近く日中首脳会談が開催できない異常な状態が続いていた。しかし、二〇一四年一一月一〇日、中国で開催されたAPEC首脳会議を契機として、漸く安倍首相と習近平国家主席の間での首脳会談が開催された。会談に当たっては、それに先立ち両国の外交当局間で四項目の合意が交わされた。「日中関係の改善に向けた話し合い」と題されたその合意の内容は、①双方は、日中間の四つの基本文書の諸原則と精神を遵守し、日中の戦略的互恵関係を引き続き発展させていくことの確認、②双方は歴史を直視し、未来に向かうという精神に従い、両国関係に影響する政治的困難を克服することで若干の認識の一致を見たこと、③双方は、尖閣諸島等東シナ海の海域において近年緊張状態が生じていることについて異なる見解を有していると認識し、対話と協議を通じて、情勢の悪化を防ぐと共に、危機管理メカニズムを構築し、不測の事態の発生を回避することで意見の一致を見たこと、④双方は、様々な多国間・二国間のチャンネルを活用して、政治・外交・安保対話を徐々に再開し、政治的相互信頼関係の構築に努めることについて意見の一致を見たこと、の四項目である[31]。

①と②はいずれも従来からの日中間の原則の確認である。これに対して、③と④は重要な内容を含んでいるように思われる。③では、前半で「双方は、尖閣諸島等東シナ海の海域において近年緊張状態が生じていることについて異なる見解を有していると認識」するとした点である。これはやや曖昧な表現ではあるが、読み方によっ

ては、尖閣諸島を巡っては、日中両国間には領土問題は存在しないとの日本政府の従来の見解から一歩譲歩し、尖閣諸島を巡って両国間には領土問題を巡る対立があることを暗に日本が認めたとも解釈できる表現である。また、③の後半は、「対話と協議を通じて、情勢の悪化を防ぐと共に、危機管理メカニズムを構築し、不測の事態の発生を回避することで意見の一致を見た」というものであり、日中双方が従来の原則的立場に固執し、両国が軍事衝突に至っては元も子もない。尖閣諸島におけるそうした一触即発の危機を回避するために共に努力するということであり、大きな前進だと言うことができる。他方、④では、日本政府による二〇一二年九月の尖閣諸島国有化以降、日中両国間の外交関係が途絶するという異常事態が解消され、「政治・外交・安保対話を徐々に再開し、政治的相互信頼関係の構築に努めることについて意見の一致を見た」ということであり、これもまた大きな意義があるといわなければならない。以上の四項目の合意の上で、日中首脳会談がもたれることになったことは評価すべきことであった。

しかし、そうした経緯を経てどうにか首脳会談にこぎ着けたとはいえ、会談に先立つ安倍首相のにこやかな笑顔とは対照的な、習近平主席の無言の、凍り付いたかのような硬い表情の下、しかもわずか二〇分間という短時間に、果たして稔りのある会談は行われたのだろうか。

外務省が取り纏めた日中首脳会談の概要によると、安倍首相の発言は以下の通りである。①ＡＰＥＣを日本も重視しており、習主席と共にＡＰＥＣ首脳会談の成功に寄与したい、②初めてとなる習主席との会談を契機として、日中関係の改善に務めたい、③就任以来、習主席が国内の大胆な経済改革等に取り組みリーダーシップを発揮しているように、私も日本の経済と社会に活力を取り戻すことに尽力している、④中国の平和的発展は国際社会と日本にとって好機であり、世界第二、第三の経済大国として協力し、地域と国際社会の平和と繁栄に向けた両国の責任を共に果たしていきたい、⑤我が国は引き続き平和国家としての歩みを堅持し、国際協調主義に基づく積極的平和主義の下で、世界の平和と安定に一層貢献していく、⑥私の日中関係に対する思いは二〇〇六年一〇月の訪中時から変わっておらず、先般公表した四項目の一致点を踏まえ、戦略的互恵関係の原点に立ち戻り、それを再構成すべき、⑦日中間には個別の問題もあるが、それによって全般的関係を損なうことなく、また我が国の具体的関心は外相会議で既に伝えているが、是非前向きに対応して欲しい、⑧習主席と私は、大局的、長期的な観点から、二一世紀の日中関係を探求したい。具体的には、国民間の相互理解の推進、経済関係のさらなる推進、東シナ海における協力、東アジアの安全保障環境の安定、の様々なレベルで協力していきたい、⑨特に、防衛当局間の海上連絡メカニズムの早期運用開始等、安全保障分野の対話や協力を推進することで、相互不信の芽を摘み取り、地域と国際社会の平和と安定に共に貢献していきたい、⑩日中相互間の文化交流は重要であり、一層促進したい、という一〇項目であった。

短時間の首脳会談であったわりには、安倍首相の発言は以上のように多岐に亘っている。しかし、どれだけ突っ込んだ話し合いが行われたのかについては疑問とせざるを得ない。単なる言いっ放し、聞きっぱなしにならなかったのであろうか。

他方、以上の安倍首相の発言に対する習近平主席の発言は、外務省の纏めによれば以下の四項目であったという。①日中間の四つの基本文書と今回の四項目の一致点を踏まえて、戦略的互恵関係に従い、日中関係を発展させていきたい、②中国の平和的発展はチャンスだという日本側の発言を重視し、日本には歴史を鑑《かがみ》とし、引き続き平和国家の道を歩んで欲しい、③今回、我々が会ったことは関係改善に向けた第一歩である。今後、様々なレベルで関係改善を進めていきたい。またAPECにおける協力を進めて行きたい、④海上での危機管理メカニズムについては既に合意ができており、あとは事務レベルで意思疎通を継続していきたい、というものである。(32)

こうした習近平発言の要旨は日本側の纏めであり、やや日本側に都合良く解釈されている可能性がないわけではない。その上で、注目される点をあげるとすれば、まず②での「日本には歴史を鑑とし、引き続き平和国家の道を歩んで欲しい」という点であろう。これは、歴史修正主義に走りがちな安倍首相に対して、歴史認識問題についての中国側の原則的立場から釘を刺すと共に、実質的解釈改憲に基づく集団的自衛権行使容認による自衛隊の海外派兵に繋がりかねない日本側の動きに対して懸念を示したものと見るのはやや穿ち過ぎであろうか。事実、人民網（Ｗｅｂ日本語版）によれば、習主席は「日本が引き続き平和発展の道を歩み、慎重な軍事政策、安全保障政策を採用し、隣国との相互信頼の増進にプラスになることをたくさん行い、地域の平和と安定の維持に建設的な役割を果たすことを願う」[33]との発言を行ったことが紹介されている。外務省の纏めはやや問題があるといえよう。次に③では、今回両氏が会ったことを通じて「今後、様々なレベルで関係改善を進めていきたい」という点であろう。こうした首脳会談を契機として、経済関係の改善を始めこれまでストップしていた様々なレベルの関係改善が一気に進んでいく可能性はあろう。最後に④の尖閣諸島の領有を巡って両国が一触即発の状態にあった危機的状況から、事務レベルでの「海上での危機管理メカニズム」に関する具体化の作業が進んでいく可能性があることである。

しかし、以上の首脳会談が、日中両首脳間に存在する強い不信の念を解消し相互の理解や関係改善を大きく促進したというのには、ほど遠いと言わなければならない。なぜなら、安倍首相の発言では、第二次大戦での日本の侵略に対する反省など、中国側が重視している歴史認識問題や靖国神社参拝問題に対する自身の基本的立場ないしは態度を何ら表明せず、問題をほぼ素通りしている。安倍首相は今回の会談では歴史認識に対する自身の本音をひた隠しにしたまま、表面を繕うだけの態度に終始していたとも見えるのである。そうした態度は両首脳間の関係改善に繋がると言うよりは、むしろ相互間の不信感を強めることになる可能性もないとはいえない。そうであってみれば、いかに「戦略的互恵関係」とか「大局的、長期的な視点から二一世紀の日中関係のあり方を探求したい」などと口当たりの良い言葉を多く費やしたところで、中国側に誠意が伝わったとは思えない。したがって、そうした首脳会談にも関わらず、それが日中両政府間の今後の関係改善に寄与するところも少ないのではないだろうか。

また、会談後の両首脳による共同発表なども行われていない。しかも、会談後には、会談前に発表された合意の効力を巡って日中外交当局の間の食い違いも表面化するという有様である。

さらに、安倍首相の歴史認識に対する習近平主席の不信感が一切払拭されてはいないことを示す事実として、習主席がその後も様々な機会に、南京事件や歴史認識問題で、対日攻勢を強めていることが挙げられよう。[34]

5　日中韓関係

上述したように、安倍首相の靖国神社参拝問題や従軍慰安婦問題など歴史認識問題が大きな障害となって、安倍首相と韓国の朴槿恵大統領との公式の会談が一回も実現していないほか、習近平主席と安倍首相の会談が二〇一四年一一月一〇日に漸く実現したとはいえ、ホスト側の習主席は安倍首相の語りかけにも無言のままで、極めて硬い表情で握手したことに象徴されるように、とても友好的な雰囲気での会談だったとは言いがたいものであった。これに対して、安倍首相と習主席の初めての会談が行われた同じ日、習主席と朴大統領は北京の人民大会堂で会談し、中国と韓国の間の自由貿易協定（ＦＴＡ）が「実質的に妥結」したことを宣言した。[35]今回で「公式の会談が五回目[36]」となる習主席と朴大統領は、極めてにこやかな表情で握手を交わすなど、両首脳の関係と中韓関係のいずれもが、対日関係とは対照的に極めて良好な状態にあることを内外にアピールしていたのである。[37]中韓ＦＴＡが実質的に妥結したという意味は、「重要な争点の交渉は終わった。後は協定に書き込む表現など技術的な問題が残っている」からであり、「年（二〇一四年）内の仮署名、年明けの正式署名を経て、来年中の発効

を目指す」というのである。(38)

また、日本との交渉締結に先立って今回締結されることになる中韓FTAは、全体の品目数では中国側が九一パーセント、韓国側が九二パーセントを、また輸入額ベースでは、中国が八五パーセント、韓国が九一パーセントを、二〇年かけて関税を撤廃する。但し、韓国側が最も重視する農産物の自由化率では、品目数で七〇パーセント、輸入額ベースでは四〇パーセントで、「コメは完全に除外された」という。反対に韓国が競争力を持ち中国側が市場の保護を求める自動車産業も「関税撤廃の対象から外すことに成功」するなど、両国は妥結を最優先したという。(39)

いずれにせよ、以上の交渉妥結によって、日経新聞によれば「自由化率はそれほど高くないが、国内総生産（GDP）が名目で八兆八千億ドルの中国と一兆一千億ドルの韓国による巨大な共通市場が東アジアに誕生する」ことの意義は大きい。(40)

そして、その反面で、政府への配慮からか新聞はあまり書こうとはしないが、領土問題や歴史認識問題、従軍慰安婦問題、靖国問題などが中韓両国との交渉にとって大きな障害となり、日中韓FTA交渉で一歩も二歩も後れを取っている安倍政権下の日本にとっての経済的損失は決して少なくないというべきであろう。さらに、日韓間で二〇〇一年から締結され、二〇一一年には最大七〇〇億ドルにまで増えた通貨のスワップ協定であったが、二〇一五年二月二三日に期限を迎える一〇〇億ドル（約一兆一八五〇億円）分の協定について、両国関係の悪化から日本政府がそれを延長しないことにしたとのニュースも伝えられている。(41)それは韓国経済にとっては勿論だが、両国の友好関係にもマイナスの影響をもたらすことが懸念されるのである。

むすび

第二次安倍政権は、景気回復など国民の関心が高い経済問題に焦点を当て、いわゆる三本の矢から成るアベノミクスによって国民の支持を獲得し政権の安定を図ると同時に、他方では右寄りの思想の持ち主としての安倍首相が政治家としてその執念を燃やす「戦後レジームからの脱却」という目標を強引に推進している。伊東光晴氏の言葉を借りれば、「戦後レジームからの脱却」という政策は正しくアベノミクスの隠された第四の矢ともいうべき政策であった。本文で見たように、安倍首相が狙いとするその目的は、今着々と実行に移されている。しかも、立憲主義の原則からすれば、なぜそれらが現行日本国憲法の枠内で許されるのか疑問に感じる政策が少なくない。

すなわち、そのまず第一は、平和主義を基調とする日本国憲法の枠内で日本が戦後七〇年に亘って曲がりなりにも維持してきた「武器輸出三原則」を放棄して「防衛装備移転三原則」に代え、武器輸出の原則的解禁に踏み切ったことである。「国際協調による積極的平和主義」という大義名分と防衛産業育成という二つの旗印の下で、これまで原則禁止されていた武器の海外への売り込みが今や安倍政権の下、防衛官僚を旗振り役にして一気に拡大しているのである。防衛産業育成を旗印に掲げている点では、アベノミクスの第三の矢に関わる成長戦略の一環に位置付けられている政策とも考えられる。この点では、国内での原発事故が収束せず事故原因も必ずしも明確でない中、原発の再稼働や首相のトップセールスによる原子力発電の海外への売り込み、そして海外からの観光客誘致の名目の下でのカジノ解禁など、企業利益に叶うならば、日本のこれまで築いてきた原則に反するものであろうとも、しゃにむに強行する安倍首相のお馴染みの手法だといわなければならない。さらに、この「防衛装備移転三原則」による武器輸出解禁の決定に当たっては、国内の防衛産業から安倍政権への働きかけが水面下でどれだけあったのかは分からないが、日本でもアメリカのような軍産複合体の形成が進んでいることが見て取れるのである。

第二に、防衛、外交、特定有害活動（いわゆるスパイ活動）、テロリズムの四分野から成る特定秘密保護法が、それが報道機関による取材や報道の自由、そしてまた国民の知る権利を制限する危険性が高いとして、多くの報道機関や市民から強い懸念と反対が示されたにも関わらず、自民党・公明党の多数与党の下で強行可決され実施されたことである。しかも、日本には従来からも国家公務員法や自衛隊法の下でこの種の法制度がなかったわけではないにも関わらず、恐らくはこの度集団的自衛権の行使を容認する前提の一つとして、日米など国家間の軍事機密保護などの名目で、報道機関の取材活動の自由や国民の知る権利がより一層制限されようとしている。しかも、その機密漏洩等に対しては最高で懲役一〇年という過去にない厳罰刑が定められたのである。いや、より正確に言えば、これまで注目されることが少なかった「日米相互防衛援助協定等に伴う秘密保護法（昭和二十九年六月九日法律第百六十六号）」が存在しており、その罰則の最高刑が懲役一〇年であった[42]。その意味では、今回の特定秘密保護法の制定と実施は、これまで我が国では例外的存在にすぎなかった「日米相互防衛援助協定等に伴う秘密保護法」の罰則規定が援用され全面化された事態であったともいえよう。

第三は、憲法九条の下で当の自民党政権下の歴代内閣が一貫して認められないとしてきた集団的自衛権の行使が、内閣の法律解釈の番人ともいうべき内閣法制局の長官に法律の専門家ではない元外交官を据え憲法解釈を変更して容認したことである。これまでも日米安保条約の下で事実上、在日米軍と自衛隊の共同作戦行動の実施などで両者の一体化が進んでいると言われてきたが、今回の集団的自衛権行使の容認によって、名実共に米軍と自衛隊の一体化が一気に進み始めたということであろう。

しかも、これら三つの取り組みによって、安倍首相によれば「戦後レジーム」の正しく象徴ともいうべき日本国憲法のその核心的地位を占める憲法九条が、解釈改憲によって実質的に骨抜きにされたということである。現行憲法を素直に読む限りこうした行動は決して容認されないことである。あたかもそれは、多数与党を背景に安倍政権による現行憲法内での「実質的なクーデター」が実行されつつあることを意味するのではなかろうか。

しかも、立憲主義の原則を否定する第二次安倍政権の行動が重大な問題を含んでいるだけではない。「戦後レジームからの脱却」という安倍政権が目指す行動は、その「国際協調に基づく積極的平和主義」の謳い文句にも関わらず（その実「積極的軍事主義」に他ならないが）、国際社会と多くの摩擦を生み出しているのは、実に皮肉である。まず、安倍首相と中韓首脳との間では現在、首脳会談さえまともに開催できない異常事態が生まれている。それはただ単に竹島や尖閣諸島を巡る領土問題だけが原因なのでは無い。日本の植民地支配や従軍慰安婦問題や日本の侵略戦争によって甚大な人的・物的あるいは精神的な被害を受けた韓国や中国が、過去の歴史的事実を直視しない安倍首相の歴史認識への包囲網作りを強めているからである。戦前日本のレジーム（「国体」）を支えた精神的バックボーンであり、しかもA級戦犯の合祀によって今もその影を色濃く引き摺る靖国神社への安倍首相とその閣僚・国会議員等の参拝が強行されたり、朝日新聞の誤報問題を巡って露呈した従軍慰安婦問題への日本軍の関与を一切認めようとはしない安倍首相やその支持母体の態度が浮き彫りになってきたりしたほか、侵略の定義は国際的に定まっていないという国会答弁などで示された安倍首相の歴史認識が大きな障害となっていることは間違いない。しかも、集団的自衛権行使の容認問題では安倍首相と一体となって行動しているはずのアメリカまで、安倍首相の靖国神社参拝や日本の過去の侵略戦争を認めようとしないその歴史認識に対しては強い警戒感と批判を抱いている。

さらに、二〇一五年夏には戦後七〇年を記念して安倍首相が談話を発表する予定だと言われるが、戦後五〇周年に際しての村山首相の談話とは違った内容の談話を発表したい意向だとも言われる。しかし、日本の過去の侵略の歴史から目を背け「戦後レジームからの脱却」を図りたいのが安倍首相の本音である。その談話の内容如何によっては、中韓やアメリカとの間の緊張をより一層強める可能性がないとはいえない。それは安倍首相が好んで使う「国際協調主義」とは正しく逆に、日本を国際的孤立の道へと導くことにもなりかねない。安倍首相は、二〇一五年一月三一日に亡くなったドイツのヴァイツゼッカー元大統領の以下の言葉を肝に銘じて、今後の国政運営に当たるべきであろう。

「問題は過去を克服することではありません。さようなことができるわけがありません。後になって過去を変えたり、起こらなかったことにするわけにはまいりません。しかし過去に目を閉ざす者は結局のところ現在にも盲目となります。非人間的な行為を心に刻もうとしない者は、またそうした危険に陥りやすいのです。(43)」

注――

（1）星野富一『現代日本の景気循環と経済危機』御茶の水書房、二〇一四年、第七章「アベノミクスと日本経済の行方」、参照。
（2）自民党、日本国憲法改正草案、二〇一四年四月二七日決定、参照。
（3）伊東光晴『アベノミクス批判：四本の矢を折る』岩波書店、二〇一四年、「はしがき」ix頁、及び第七章「安倍政権が狙うもの」、参照。
（4）林博史・関東学院大学教授は、「先の戦争での日本の死者は約三一〇万人だ。これはけっして少ない数ではない。しかし、日本がアジアの人々に与えた犠牲者は二千万人にものぼると言われている。／一五年にわたって日本が侵略した中国では死者は一千万人をこえる。そのなかには南京大虐殺で殺された約二〇万人の市民を始め、各地で虐殺された人たちが含まれている。」（林博史・水木しげる共著『小学6年生』小学館。林博史氏のホームページに再掲載した「日本はアジアに何をしたのか」より引用した。http://www.geocities.jp/hhhirofumi/paper42.htm）と述べている。また石川康宏・神戸女学院大学文学部総合文化学科教授も、日本のアジア侵略は「三一〇万人の日本人が殺される間に、二〇〇〇万人以上のアジア人を殺した戦争」（「戦争「違法化」への努力と日本の役割」『民医連医療』No.510／二〇一五年二月号）だと述べている。ほぼこれらの数字はかなり広く認められていると考えられるので、本章でもさし当たりこれらに依拠した。
（5）朝日新聞デジタル版、二〇一四年八月一日、参照。
（6）東京新聞、二〇一四年七月三一日。
（7）朝日新聞デジタル版、二〇一四年八月一日、参照。
（8）伊東（二〇一四）、一一九―一二〇頁。
（9）自由民主党憲法草案（http://www.jimin.jp/policy/policy_topics/pdf/seisaku-109.pdf）、参照。
（10）豊下氏は「第二次安倍政権の外交政策における一枚看板は〈積極的平和主義〉である。しかし、……集団的自衛権の行使は海外における〈戦争〉を意味するのであり、官邸が与党協議のために提示した〈一五事例〉は、自衛隊の武力行使の枠を質量ともにいかに拡大するか、という課題意識に徹したものである。つまり、〈積極的平和主義〉とは現実には〈積極的軍事主義〉をめざすものと言うべきであり、それを象徴的に示すのが、武器輸出三原則の撤廃に他ならない。」と述べている（豊下楢彦・古関彰一『集団的自衛権と安全保障』岩波新書、二〇一四年、一八八―一八九頁）。
（11）外務省Homepage「外交政策〈軍縮・不拡散〉武器輸出三原則等」を参照。また、この個所の（注）では「わが国の武器輸出政策として引用する場合、通常、〈武器輸出三原則〉と〈武器輸出に関する政府統一見解〉を総称して〈武器輸出三原則等〉と呼ぶことが多い」としている。
（12）防衛省・自衛隊Homepage「報道資料〈お知らせ〉防衛装備移転三原則について」を参照。
（13）同上、防衛省・自衛隊Homepage、参照。
（14）ユーロサトリ（EUROSATORY）の日本総代理店「クライシスインテリジェンス」は、東京新聞など報道各社が「ユーロサトリ２０１４」への日本の防衛産業の出店が「防衛装備移転三原則」を受けてのものだとした報道に対しては事実に反すると強く反論している。同社は東京新聞の記事を念頭に置きつつ、①「武器国際展示会」と表記されている件に対しては、「ユーロサトリはセキュリティー・デフェンスの展示会であり、武器を主軸にしているわけではありません。特に近年は民間防衛（防犯・防災）対テロを中心とした展示会となっております」と述べ、また②ユーロサトリへの日本の防衛産業の参加は、「クライシスインテリジェンス」社が二〇一三年一一月より募集していたものであり、安倍内閣が閣議決定した「防衛装備移転三原則」を受けてのものではなく、「二〇一四年四月より以前に申し込みをいただいており、新三原則発表後に申しこまれたものではありません」と主張し、その二点から東京新聞へ抗議するとしている（同社ホームページ、参照）。しかし、問題は、日本の軍需産業の育成を意図する防衛省が、二〇一四年四月に「防衛装備移転三原則」を定めたことを受けて日本ブースを初めて設置し、日本の軍需関連の企業に同展示会への参加を積極的に働きかけたことであろう。

（15）水島朝穂「〈特定秘密保護法〉の問題性―原則と例外の逆転へ」（読売新聞 WASEDA ONLINE 二〇一三年一一月一一日 http://www.yomiuri.co.jp/adv/wol/opinion/gover-eco_131111.html）。

（16）朝日新聞、二〇一四年一二月一〇日朝刊、一一面「秘密法　密約事件の教訓　元検事総長　松尾邦弘さん」、参照。

（17）松尾氏は「当時、私は検事総長でした。危ない事件になった、と感じていました。吉野さんが真相を語ったことで、検察の起訴判断時の土台は崩れてしまった。結果として、『密約』という国の嘘を暴いた西山さんの有罪は確定したまま、嘘をついた方はお咎めなしという事実だけが残ったのです」と語っている。前掲、朝日新聞二〇一四年一二月一〇日、参照。

（18）安全保障問題研究会「際限なき海外派兵へ　安保政策大転換の深い闇」（『世界』二〇一四年九月号、岩波書店）、一七一―一七二頁、参照。

（19）朝日新聞デジタル二〇一四年一一月二二日、参照。

（20）共同通信二〇一四年一一月一九日、参照。

（21）『北日本新聞』二〇一四年一二月一六日第六面「首相会見要旨」、参照。

（22）同前、参照。

（23）朝日新聞二〇一四年一二月一六日第二面、参照。

（24）東京新聞朝刊二〇一四年一二月一七日第一面、参照。

（25）この「武器輸出を進めるためのあらゆる課題を議論する」との文言に対応するかのように、同じ東京新聞は防衛省が武器購入国に資金援助制度を検討しているとのニュースについても大きく報道している。東京新聞朝刊二〇一四年一月一日第一面、参照。

（26）Washington Post, Tuesday, December 16 2014, 'Big win could help Abe pursue nationalist goals.'

（27）朝日新聞 DIGITAL 二〇一四年一一月三〇日〇五時〇〇分「（二〇一四衆院選　世界はこう見る）経済活性化、韓国にも利益　世宗研究所・昌洙氏」、参照。

（28）朝鮮日報日本語版二〇一四年一二月一六日一〇時二九分ネット配信「安倍首相〈平和憲法改正、引き続き推進〉」、参照。

（29）朝鮮日報日本語版二〇一四年一二月一六日一〇時三二分 ネット配信「何が〈安倍独走〉を生みだしたのか」、参照。

（29）YONHAP NEWS AGENCY,「ソウル聯合ニュース」二〇一五年二月一三日、参照。

（30）外務省ホームページ「トップページ＞国・地域＞アジア＞中華人民共和国＞日中関係の改善に向けた話し合い」、参照。(http://www.mofa.go.jp/mofaj/a_o/c_ml/cn/page4_000789.html)

（31）外務省ホームページ「トップページ＞国・地域＞アジア〈中華人民共和国〉日中首脳会談」、参照。（http://www.mofa.

go.jp/mofaj/a_o/c_ml/cn/page3_000999.html）

（32）同前。

（33）人民網（Ｗｅｂ日本語版）二〇一四年一一月一〇日一六時四八分、参照。

（34）そうした対日攻勢の一つは、二〇一四年一二月一三日に初めて制定された南京事件犠牲者を追悼する国家追悼日の式典に習近平国家主席が出席し、「南京大虐殺という悲惨な出来事には確実な証拠が山のようにあり、改ざんすることはできない。南京大虐殺という悲惨な事実を認めない人があるなら、それがどのような人であれ歴史に否定され、三〇万人に及ぶ無辜の犠牲者たちの魂に否定され、一三億の中国国民に否定され、世界中の平和と正義を愛する人々に否定されることになる」との演説を行ったことである。人民網（Ｗｅｂ日本語版）二〇一四年一二月一三日一四時五六分、参照。

（35）日本経済新聞二〇一四年一一月一〇日一三時四六分Ｗｅｂ版、朝日新聞二〇一四年一一月一〇日二一時二四分Ｗｅｂ版、北日本新聞二〇一四年一一月一一日朝刊。

（36）日本経済新聞二〇一四年一一月一〇日一三時四六分Ｗｅｂ版。

（37）朝日新聞二〇一四年一一月一〇日二一時二四分Ｗｅｂ版。

（38）日本経済新聞二〇一四年一一月一〇日一三時四六分Ｗｅｂ版。

（39）朝日新聞二〇一四年一一月一〇日二一時二四分Ｗｅｂ版。

（40）日本経済新聞二〇一四年一一月一〇日一三時四六分Ｗｅｂ版。

（41）YAHOO!ニュース（朝日新聞デジタル）二〇一五年二月一四日（土）七時三〇分配信、参照。なお財務省の当該報道発表資料では三項目からなり、「第六回日韓財務対話を本年五月二三日に東京で開催」することと同時に、日韓両国の通貨スワップ協定が終了すること、「日韓両国の当局は、必要が生じた場合には適切に協力することにも合意した」としているが、これがどれほど実効性があるものかは不明である。財務省 Homepage「報道発表」平成二七年二月一六日、参照。他方、元内閣参事官・嘉悦大学教授の高橋洋一氏は、新聞報道とは異なった見方を示し「今回の打ち切りを、日韓の政治関係の悪化から説明する向きもあるが、その背景には、危機対応が両国とも必要なくなったからという自然の成り行きがある」と述べている。高橋洋一「日本の解き方：日韓通貨スワップ打ち切りの背景　危機対応の観点では自然な成り行き」（SANKEI DIGITAL 二〇一五年二月二〇日）、参照。

（42）「日米相互防衛援助協定等に伴う秘密保護法」の第三条では、以下の三つの場合にそれぞれ「十年以下の懲役に処する」としている。「一　わが国の安全を害すべき用途に供する目的をもつて、又は不当な方法で、特別防衛秘密を探知し、又は収集した者／二　わが国の安全を害する目的をもつて、特別防衛秘密を他人に漏らした者／三　特別防衛秘密を取り扱うことを業務とする者で、その業務により知得し、又は領有した特別防衛秘密を他人に漏らしたもの」の三つがそれである。

(43) リヒャルト・フォン・ヴァイツゼッカー、永井清彦訳・解説『新版 荒れ野の四〇年』岩波書店、二〇〇九年、一一頁。

第Ⅱ部

東アジアを巡る通商交渉と企業活動

第7章　日中韓FTAの必然性と政策的課題——韓国部品産業の育成の視点を中心に——

金　奉吉
趙　貞蘭

はじめに

日中韓を主要国とする北東アジアは、「市場中心の経済協力関係の深化」と「地政学的な覇権主義の深化」という二重構造の地政学的な特性を持っている地域である。このような地域特性から日中韓FTAは北東アジア及び東アジア地域における制度的経済圏形成の土台としてその必要性が高まっている。日本、中国、韓国三カ国は地理的にも近く、経済的にも非常に密接な関係にあることから日中韓FTAは加盟国に大きな経済効果をもたらすことは、共同研究成果からも確認できる。しかし、FTA締結による市場統合の影響は国によって程度の差はあるものの、どの国にも利益を受ける分野と被害を受ける分野が存在する。韓国の場合、特に競争力の弱い中小企業が他のFTAと比べものにならないほど大きな被害を受けることが予想される。ある程度の構造調整の圧力は該当産業の構造革新を促し、生産性と競争力を向上させるきっかけになるが、限度を越えると当該産業に致命的な被害を与えることになる。実際このような懸念が多くのFTA交渉の阻害要因にもなっている。

制度的な地域経済統合は特定産業の域内での集積、分散、域内分業構造などに大きな影響を与える。このようなことはＡＳＥＡＮ、ＮＡＦＴＡなどの経験からも確認できる。したがって、韓国としては産業構造の高度化と中小企業の育成という観点から日中韓ＦＴＡ締結による影響を分析し、対策を準備することが重要となる。ＦＴＡがもたらす影響について正確に分析することは容易ではないが、本章では、日中韓ＦＴＡの経過と今後の行方について検討し、貿易統計を利用して日中韓三カ国製造業の国際競争力を考察し、韓国中小企業の立場から日中韓ＦＴＡの影響や対応策について模索する。

1　日中韓ＦＴＡの課題と展望

1　日中韓ＦＴＡの進展経過

北東アジア地域は、市場主導の経済協力は急速に進んでいるにもかかわらず、制度的な経済統合としては空白地域であった。しかし、東アジア及び北東アジアにおける経済協力の中心となるのは日中韓三カ国であり、制度的経済協力がどういう枠組みであるにせよ、三カ国のうち一カ国でも参加しないと東アジア経済統合の完成にはならないことは確かである。

日中韓の三カ国は二〇〇〇年代に入って競うようにＦＴＡを締結している。この競争的なＦＴＡ締結の動きはＦＴＡの経済効果の一つである貿易転換効果による被害を避けるための動きである。もちろんＦＴＡによる貿易創出効果が自国経済に及ぼす影響も無視できないため、各国はＦＴＡを通商政策の柱として活用しようとしている。日中韓ＦＴＡが東アジアにおける経済協力の枠組みのなかで最も優先度が高い課題の一つであるというコンセンサスはすでに三カ国の間に形成されているが、どのような手順と方法で進めていくのかが問題である。

日中韓ＦＴＡは、二〇〇三年から三カ国の研究機関により共同研究が開始され、二〇〇九年に終了した。

二〇一一年五月からは三カ国の産学官共同研究が行われ、研究結果は二〇一二年五月に中国で開かれた三カ国首脳会談で報告され、承認された。産学官共同研究の最終報告書は、「日中韓FTAは三カ国すべてに大きなメリットがある」と評価した。また、FTA交渉で考慮すべき点として、①包括的で高いレベルのFTA、②WTOルールとの整合性、③利益の均衡、④国内産業への影響が大きいセンシティブ分野への配慮などを求めた。特に、センシティブ品目と関連しては、農産物の場合「各国が自国の状況を考慮し適切に関税・非関税障壁を撤廃する」など自由度については正式交渉に委ねることにした。紛争解決手続きの導入、公正取引補償など包括的規範をFTAへ取り入れることを明示し、二〇一三年三月、第一回交渉が開始され、同年七月と一一月に第二回と三回目の交渉が行われ、二〇一五年五月には七回目の交渉が行われた。

2　日中韓のFTA政策

韓国のFTA政策

これまで韓国は、三カ国の中では最も積極的にFTA締結に取り組んできた。同地域での存在感を表しFTA締結を通じ相手国との経済的な関係強化を計っている。その結果、インド（二〇一〇・一）、EU（二〇一一・七）、米国（二〇一二・三）など巨大経済国・地域とのFTAを発効するなど主要貿易国とのFTAをほぼ履行した。二〇一〇年代に入ってからは日中韓FTA、RCEPなども含めアジア重視のFTA政策へと転換しつつある。なかでも韓中FTAを最優先課題の一つとし、中国とのFTA交渉を妥結させた（二〇一四・一一）。

韓国にとって日中韓FTAは「選択の問題」というよりは「時期と推進方法の問題」である。韓国は日中韓FTAについて当初は慎重な姿勢であった。中国と日本がそれぞれ一位、三位の貿易相手国であるにもかかわらず、三国間の産業構造から部品・素材産業、農業や中小企業など国内産業及び企業に与える影響が非常に大きい

表1　日中韓FTAの推進経過

日程	推進内容
1999	3カ国の首脳会議の成果事業として推進
2003	日中韓3国間FTA民間共同研究開始
2009.10.10	日中韓 3カ国首脳会議で産官学共同研究実施に合意
2010.5.～2011.12.	日中韓 FTA産官学共同研究：第1回会合～第7回会合の開催
2010.5.23	日中韓 通産長官会談の開催（ソウル）
2012. 3.21	日中韓 投資協定に仮署名（北京）
2012. 6,8,9	日中韓 FTA, 第1,2,3回事前実務協議開催（東京,青島,ソウル）
2013.2.20～21	日中韓 FTA交渉の準備会議を開催（東京）
2013.3.26～28	日中韓 FTA第1回交渉（ソウル）
2013.7.30～8.2	日中韓 FTA第2回交渉（上海）
2013.11.26～29	日中韓 FTA第3回交渉（東京）
2014. 3.7～3.10	日中韓 FTA第4回交渉（ソウル）
2014. 9.1～9.5	日中韓 FTA第5回交渉（北京）
2014. 11.24～11.28	日中韓 FTA第6回交渉（東京）
2015.5.12～5.13	日中韓ＦＴＡ第7回交渉（ソウル）

資料：韓国産業通商資源部など各種の資料から作成

からであった。しかし、日本と中国の積極的な姿勢とＴＰＰなど東アジアにおける経済・政治環境の変化に伴い、三国間ＦＴＡ交渉に同意した。現政府の朴槿恵大統領も「現在議論している日中韓ＦＴＡの貿易自由化の議論を加速し、東アジア包括的経済連携協定（ＲＣＥＰ）、環太平洋経済連携協定（ＴＰＰ）、またユーラシア域内外を網羅して経済を連携すれば巨大な単一市場を作ることができる」と述べた。(1) また、北朝鮮との緊張関係を抱えている韓国にとっては、このような経済的面とともに北東アジアの主要国である三国による包括的経済協力関係の強化は、政治・安全保障面においても肯定的な波及効果をもたらし、東アジアの平和と繁栄のための制度的基盤にもなる。

しかし、三者間のＦＴＡ交渉も、基本的にはそれぞれの二者間交渉を前提としており、二者間の交渉妥結に無理があった場合、三者間の交渉も進めにくい状況になりかねない。(2) また、すでに韓中ＦＴＡは二〇一四年一一月に実質的に締結に合意しており、日中韓FTAより韓中FTAが先に締結されたことによって、韓国としては日中韓FTAの経済的利益は一層高まることが期待できる。(3) 実際に韓国は、域内での役割を高めるため、日中韓FTAよりも韓中FTA締結に力を入れてきた。いずれにしても、同地域における政治・経済的利害関係の対立や日本と中国間の主導権争いなどを考えると、韓国の役割はますます重要となる。

日本のFTA政策

日本は二〇一〇年一一月、日本の通商政策の一大転換ともいえる新たな「包括的EPAに関する基本方針」を策定した。EPA基本方針の主な内容は、TPP交渉参加に対する意思表明であった。日本がTPP交渉参加を明らかにするまでは日本の通商政策の道筋は明確ではなかったといえる。日本の通商政策の中長期目標でもある環太平洋自由貿易圏協定（FTAAP）の実現のため、日中韓FTA、東アジア諸国と進めてきたRCEPを優先するか、実際交渉が開始されているTPP交渉参加を優先するかについて明確な方針がなかったように見えた。しかし、日本政府は二〇一三年三月にTPP交渉への参加を正式に発表し、東アジアにおける制度的経済圏の構築よりTPPを優先した。それは米国、EU地域で韓国との競争における不利益を回避するための戦略でもあるし、EUなどとFTA交渉をする際、日本の交渉力を高めるための戦略でもある。(4) また、日本はTPP交渉に参加するとともにRCEP、日中韓FTAも同時に進めていくことを明らかにした。しかし、規模の大きいメガFTAを同時多発的に進めると交渉に対する集中力が分散し、日本が一番力を入れるTPP以外のFTA交渉は中途半端になりかねない。とはいえ、日本の立場からはアジア太平洋と東アジア地域における米国と中国のヘゲモニー競争を利用して、TPPとRCEPでの日本の交渉力を高められる利点は大きい。

日本政府は、日中韓FTAが日本に多くの経済的利益をもたらすと肯定的に評価している。通商白書（二〇一三年版）には、「日中韓三国はすでにサプライチェーンが密接になっており、この三国の経済的結びつきの強化は、日本の経済成長に不可欠である」と記載されている。[5] また、自由貿易協定の交渉は高い競争力を持つ先進国に有利であり、交渉力が弱い途上国には不利な面が多く、現在行われているＴＰＰ交渉でも、高い競争力を持つ分野を数多く抱える米国が圧倒的に有利な立場となっていて、日本は防戦一方を強いられているとの指摘もある。しかし、日中韓ＦＴＡの場合、一部農産物を除いて韓国や中国より日本の輸入関税が低く、製造業における日本の高い競争力を考えると、日本にとっては日中韓ＦＴＡがＴＰＰより経済的効果が大きくなる可能性が高い。特に、日本企業は知的財産権の保護など域内のビジネス環境の改善に高い期待を寄せている。

だが、今後の日本の通商政策の道筋については明確とは言えない。中長期目標であるＦＴＡＡＰ実現のため、交渉が開始されたＴＰＰへの参加を優先したが、その交渉の行方は不透明であり、国内では依然としてＴＰＰ参加への反対世論も強い。また、東アジア地域では日韓ＦＴＡ交渉は中断されており、日中韓ＦＴＡとＲＣＥＰもあまり進展がない状況などを考えると、今後日本政府のリーダーシップが問われているといえる。

中国のＦＴＡ政策

中国はこれまで東アジアにおける地政学的・戦略的優位の確保のため、特に同地域における日本との主導権争いのためＦＴＡを戦略的に活用するなど、経済的な利益よりは政治的な側面からＦＴＡを進めてきた。それはＡＳＥＡＮ＋３を中心とした東アジア経済圏の構築を通じて域内主導権を確保する戦略であったが、日本のＴＰＰ参加宣言を契機に戦略を転換したことからも分かる。日本のＴＰＰ参加は、東アジア地域において米国と日本の影響力の拡大を意味し、中国はこれを牽制するため、韓中ＦＴＡやＲＣＥＰを中心とする東アジア経済圏の形成に力を入れるとともに、豪州、ＥＵなどとの二国間ＦＴＡにも積極的な姿勢を見せ始めた。中国は二〇一四年一一月には豪州とのFTA交渉を妥結し、アメリカとの投資協定（BIT）についても交渉中である。韓中FTAについても、アメリカやEUなど先進国とのFTA交渉のテンプレート（Template）として積極的な姿勢を見せた。中国はアメリカ、EUなど先進大国・地域とFTAを締結している韓国とのFTA交渉を、「大国vs.小国」の構図ではなく、「開発途上国vs.先進国」の構図でとらえ、韓中FTAは将来巨大先進国とFTAを進めていくための一つの学習効果として期待していたと思われる。[6]

日中韓FTAに関して中国は、日本が東アジア経済統合よりTPPを優先するなら、日中韓FTAより、中韓FTA締結を優先しながら東アジアFTA（ECFTA）を進めていく戦略であった。しかし、中国は東アジアにおける日米による主導権の強化を牽制するとともに、域内経済協力の枠組みの土台作りという意味で日中韓FTAにも積極的な姿勢を示し、政府間交渉に参加するようになった。中国が今後目指していく改革の大きな方向性が示されている〝三八三〟改革報告書の内容にも、[7]対外経済政策の中に日中韓FTA交渉の早期妥結が含まれており、中国にとって日中韓FTAが重要課題の一つであることが覗える。中国は日中韓FTAを通じて日本と韓国の先端技術や開発経験などを習得し、対中国直接投資の拡大や技術移転、人の交流の拡大などを進めることで改革・開放政策をより強固にし、国際的地位を向上させることを重要な政策課題の一つとして位置付けている。

だが、日中韓FTAは中国にとっては先進国との本格的なFTA交渉でもあるため、市場開放と関連しては多くのセンシティブ品目を持っているなど課題も多い。中国の場合、農業と繊維・衣料品などの労働集約的な分野では比較優位を持っているが、知的財産権などのサービス分野と機械・運送設備などの品目では日本と韓国に相当遅れている。しかし、日中韓FTA交渉に影響する要因としては、経済的問題よりは域内における地政学的覇権競争など非経済的要因が大きなハードルになっている。それに中国はTPP交渉も日中韓FTAの交渉力を分散させ、三カ国が緊密に交渉を進めていく上で制約要因になることを懸念している。[8]とりわけ、中国は域内の領土紛争の高まりや歴史認識の問題などに起因する国民感情の悪化と米国の東アジア戦略の強化が日中韓ＦＴＡの最大の障害要因として作用すると指摘している。

３　日中韓ＦＴＡの課題と展望

北東アジア地域の主要国である日中韓三国は、貿易・投資、人的交流など経済面で相互依存度がより高まってきた。また、三ヵ国の間では域内協力関係を一層発展させるための日中韓ＦＴＡのような制度的枠組みの構築に対するコンセンサスは形成されてきたと言える。

日中韓ＦＴＡの場合、地理的に密接であることが大きな利点になる。世界経済の中心がアジアに移っている中、日中韓における分業・貿易構造を考えると日中韓ＦＴＡによる巨大市場の誕生は、域内分業構造の深化などを通じて域内経済成長の新たなモメンタムになる。すなわち、日中韓ＦＴＡによる市場統合は三カ国にとって安定的な域内市場の創出、域内のビジネス環境の改善などにより安定的な成長の基盤になる。また、日中韓が東アジアの核心的な国々であることから日中韓ＦＴＡがＲＣＥＰ進展の実質的な土台になり、歴史や領土問題、域内主導権争いなど不安定要因が常に存在する北東アジア地域の平和と繁栄のための基盤作りにも寄与する。

しかし、三カ国の間では複雑な利害関係が存在する。日本は交渉が中断している日韓ＦＴＡの迂回達成、中韓ＦＴＡによる被害回避など多くのメリットがある。特に、中韓ＦＴＡに伴う貿易転換効果を防ぐとともに、中国市場で日本企業が韓国企業との競争で不利な立場にならないようにすることも日本の主な目標である。中国は、日中韓ＦＴＡの締結を基盤としてＲＣＥＰを早期に進め、米国主導のＴＰＰとそれにより東アジア地域での日米同盟による主導権強化を牽制する。韓国は日中韓ＦＴＡにより中・台ＥＣＦＡ発効による中国市場での韓国企業の不利益を解消できる。とりわけ、韓国の日本及び中国との貿易比重と今まで韓国が構築したＦＴＡネットワー

表２　日中韓FTAに対する国及び産業別影響

		中韓FTA	日韓FTA	日中韓FTA
韓国	賛成	- 重化学工業 - 部品産業	- 農業 - 労働集約的な産業	- 対中・対日利益相殺で不明
	反対	- 農業 - 労働集約的な産業	- 一部の重化学工業 - 部品産業	- 一部の重化学工業 - 部品産業 - 労働集約的な産業 - 農業
		中韓FTA	日中FTA	日中韓FTA
中国	賛成	- 農業 - 労働集約的な産業	- 農業 - 労働集約的な産業	- 農業 - 労働集約的な産業
	反対	- 重化学工業 - 部品産業	- 重化学工業 - 部品産業	- 重化学工業 - 部品産業
		日韓FTA	日中FTA	日中韓FTA
日本	賛成	- 重化学工業 - 部品産業	- 重化学工業 - 部品産業	- 重化学工業 - 部品産業
	反対	- 農業 - 労働集約的な産業	- 農業 - 労働集約的な産業	- 農業 - 労働集約的な産業

資料：チェビョンイル他(2013)「東アジアの広域FTA形成の観点から見た韓国のFTA推進戦略」韓国経済研究院、p.17から再引用

表３　日中韓FTA非商品分野の主要争点

分野	主な争点
原産地	域外加工地域認定の問題
サービス貿易	日本·韓国の積極的な市場開放要求と中国の消極的態度
投資	日本·韓国の投資自由化拡大の要求と中国の消極的態度
衛生検疫(SPS)	中国の積極的な要求、日本·韓国の消極的(基準の強化)態度
知的財産権	韓国と日本の徹底した執行と監督の要求
透明性	具体的範囲と内容の未確定
水産業	韓国と日本は水産資源の共同管理の必要性を強調する一方、中国は消極的な立場表明
政府調達	韓国と日本は、政府調達の章の構成を必要とするが、 中国はGPA加入交渉中であることを上げ難色を表明

資料：各種資料をもとに作成

クを勘案すると、日中韓ＦＴＡは事実上韓国ＦＴＡネットワークの完成に他ならない。

以上のように日中韓ＦＴＡは加盟国にとって多くの肯定的な経済統合であるにもかかわらず、七回の交渉で三カ国間の利害関係と立場の違いだけが浮き彫りになっており、交渉妥結までには相当な陣痛と時間が必要となる。日中韓ＦＴＡの第二回目の交渉が終わった直後、中国の人民日報は、(9)「日中韓ＦＴＡは敏感な産業品目や政治環境など、さまざまな障害があるため、長く困難な道のりになるだろうと関係者らは口を揃えた」と伝えている。本来の経済統合は、参加国の数が多いほどその効果が大きくなるが、交渉においては国の数が増えるほど交渉力は低下するなど困難が加重する。

まず、商品分野の交渉においては、三カ国における期待品目と敏感品目が交錯し、三国の要求をすべて満足させるような合意に至るまでは少なからぬ時間と能力が必要になる。中国は農産物や労働集約的消費財の開放を期待しているが、日本と韓国には敏感品目である。日本は高付加価値の部品・素材、最終耐久消費財（自動車など）品目の自由化を期待しているが、逆に韓国と中国には敏感分野である。韓国の場合は、半製品、部品などは対中輸出の拡大を期待しながらも、日本に対しては慢性的な赤字品目で市場開放になればこれらの生産の担い手である中小企業に与える影響が非常に大きくなる。一方、非商品分野では商品の品目に比べて相対的に立場の違いが少なく、商品分野ほどの対立はまだないようだ。しかし、主要品目における立場の違いが大きいため、合意に至るために克服しなければならない難題が多く、やはり相当の時間がかかると見られる。(10)

今後の日中韓ＦＴＡの行方は、日韓ＦＴＡなど二国間ＦＴＡの進捗状況とも密接な関係を持ちながら進むと思われる。日中韓ＦＴＡは、三国間の特殊な関係から経済だけではなく、政治・外交的にも大きく影響するため、交渉の流れによってはむしろ二国間交渉よりも柔軟に進展する可能性もある。二国の間では対立することも三国間になると円滑に解消できる可能性がある。韓国の対日貿易赤字問題は中国の貿易黒字によって解消する。日本と中国の間の主導権争いにも韓国がある程度は仲介者の役割を果たすことも可能である。また、日本と中国の対立が高まり、日中韓FTAの代わりにRCEPのような東アジア全体のFTAが先に進む可能性も排除できない。

2　日中韓における製造業の国際競争力

1　日中韓における域内貿易構造

日中韓の三カ国の場合、貿易・分業構造はますます緊密になりつつあるなど経済面での相互依存関係が急速に高まっている。そのような状況の中で世界のGDP及び輸出に占める三国の比重も急速に高まり、とりわけ中国の急成長に伴い二〇一〇年にはともに約二〇パーセントまで高まっている。また、人口面では三カ国だけで世界の二二・一パーセントを占めており、世界経済の「供給拠点と市場」としての「二重ハブの役割」が期待されている。

まず、日中韓における域内貿易を見ると、一九九〇年代に入ってから急速に増加し始め、一九九七年の東アジア通貨危機以降一時的に減少したが、二〇〇〇年代に入ってから中国のWTO加盟などもあって急速に増加している。国別に見ると、中国の域内輸入額は二〇〇〇年の六四七億ドルから年平均四・九パーセント増加し、二〇一〇年には三一四三億ドルまで増加しており、域内輸出は二〇一〇年代に年平均三・六パーセントの増加を記録している。韓国は域内輸出が二〇〇〇年の三八九億ドルから年平均三・七パーセント増加し、二〇一〇年には一四五〇億ドルを記録しており、輸入は年平均三・〇パーセントの増加を記録している。日本の場合、輸出、輸入がそれぞれ年平均三・五パーセント、二・四パーセントの増加率を見せている。

また、各国の域内貿易依存度を見ると（二〇一二年）、韓国の場合、総輸出に占める中国と日本の比重はそれぞれ二四・五パーセントと七・一パーセントを占めており、総輸入に占める中国と日本の比重がそれぞれ一五・五

表 4　日中韓における国別域内輸出(2012年)

韓国			日本			中国		
	輸出	輸入		輸出	輸入		輸出	輸入
中国	24.5%	15.5%	中国	18.1%	21.3%	韓国	4.3%	9.2%
日本	7.1%	12.4%	韓国	7.7%	4.7%	日本	7.4%	9.8%
総額	548億ドル	520億ドル	総額	637億ドル	707億ドル	総額	20,501億ドル	18,173億ドル

出所:韓国貿易協会

表5　日中韓の産業別域内輸出及び輸入割合(2010年)　　(単位:%)

	韓国		中国		日本	
	輸出	輸入	輸出	輸入	輸出	輸入
化学工業製品	5.79	7.21	4.82	6.80	6.75	6.28
プラスチック・ゴム製品	6.33	2.73	4.18	5.97	4.60	3.06
木材及びパルプ	0.71	1.51	1.53	2.25	0.64	2.20
繊維類	3.11	2.01	12.58	2.20	1.12	4.15
鉄鋼金属製品	9.38	13.41	10.08	7.04	9.14	5.38
機械類	10.78	9.58	20.00	12.37	19.48	7.87
電気電子	23.30	14.19	22.74	23.45	17.59	10.05
輸送機器	21.45	2.90	4.95	3.52	25.04	2.97
精密機器	6.83	3.00	3.33	7.05	4.62	3.22
その他製造	0.63	1.06	5.84	0.32	0.91	1.95

出所:UN, Comtrade.

パーセント、一二・四パーセントである。日本は、総輸出に占める中国と韓国の比重がそれぞれ一八・一パーセント、七・七パーセントであり、輸入においてはそれぞれ二一・三パーセント、四・六パーセントを占めている。中国は、総輸出に占める比重は韓国が四・三パーセント、日本が七・四パーセントであり、輸入においてはそれぞれ九・二パーセント、九・八パーセントを占めている。域内貿易における輸出入比率では域内輸入比率が輸出比率より高く、これは中国の域内輸出比率が域内輸入比率を大きく上回っているためである。

　次に、日中韓の製造業における産業別の域内貿易構造を見てみよう。韓国の場合、輸出においては電気電子が二三・三パーセント、輸送機器が二一・五パーセント、機械類一〇・七パーセントの順であり、輸入においては電気電子が一四・二パーセント、鉄鋼金属一三・四パーセント、機械類が九・六パーセントの順である。中国の場合、輸出においては電気電子が二二・七パーセント、機械類が二〇・〇パーセント、繊維類が一二・六パーセントの順であり、輸入においては電気電子が二三・五パーセント、機械類が一二・三パーセント、精密機械が七・一パーセントの順である。日本の場合、輸出においては輸送機器が二五・〇パーセント、機械類が一九・五パーセント、電気電子が一七・六パーセントの順であり、輸入においては電気電子が一〇・一パーセント、機械類が七・八パーセント、化学工業製品が六・三パーセントの順である。

以上のように三カ国における域内貿易構造は電気電子、機械類、輸送機器などの特定産業中心に域内貿易が行われており、これは三国の間では特定産業中心の垂直的な生産ネットワークが形成・蓄積されてきたことを意味する。したがって、今後のＦＴＡの交渉ではこのような分業ネットワークを一層発展させ、域内経済発展に有効に活用できるような三国間の競争と協力体制をどのように構築していくのかが重要な課題になると思われる。

2　日中韓における製造業の競争力

ここでは日中韓における主な製造業の国際競争力について考察する。製造業の国際競争力の分析には貿易データを活用した簡単な方法として貿易特化指数（ＴＳＩ:Trade Specification Index）、顕示比較優位（ＲＣＡ：Revealed Comparative Advantage）指数などが使われている(11)。ＲＣＡ指数は、産業別輸出成果の相対的な差からその産業の比較優位あるいは比較劣位を図る指標である。しかし、ＲＣＡ指数は輸出、輸入のどちらか一方にしか注目することができず、それらを同時に扱うことはできない。そこで、ここでは輸出入を同時に考慮する貿易特化指数も

表6　日中韓3国の製造業のTSI指数（2008年）

品目	韓国と中国とのTSI		韓国と日本とのTSI		中国と日本とのTSI	
	対中国	対韓国	対日本	対韓国	対日本	対中国
化学工業製品	0.417	-0.458	-0.606	0.625	-0.307	0.164
プラスチック・ゴム製品	0.593	-0.720	-0.395	0.436	-0.349	0.011
木材及びパルプ	-0.318	0.185	-0.313	0.326	0.139	-0.272
繊維類	-0.326	0.366	0.159	-0.134	0.703	-0.758
鉄鋼金属製品	-0.457	0.384	-0.458	0.453	-0.377	0.264
機械類	0.098	-0.115	-0.566	0.530	-0.167	0.032
電気電子	0.139	-0.344	-0.242	0.084	-0.338	0.029
輸送機器	0.378	-0.046	-0.670	0.595	-0.453	0.519
精密機器	0.708	-0.798	-0.416	0.525	-0.550	0.197
その他製造	-0.682	0.726	-0.344	0.367	0.776	-0.783
平均	-0.039	0.015	-0.257	0.255	0.024	-0.167

出所：UN, Comtrade.

同時に利用する。

二〇〇〇年代に入ってから中国経済の急成長に伴い日中韓における製造業の国際競争力についての比較分析が活発に行われきたが、韓国でも多くの先行研究がある。代表的な先行研究としては李（二〇〇九）、Yang（2007）、趙（二〇〇八）、張（二〇一一）、Hong（2011）などがある。これらの先行研究では三国の間の相互協力関係が緊密になることに伴い世界市場における輸出製品の競争分野が拡大しており、競争も徐々に深化していることが示されている。すなわち、今までは主な製造業の分野における国際競争力では日本が圧倒的な優位を持っていたが、二〇〇〇年代に入ってから多くの分野で韓国と中国の国際競争力が急速に高まってきていることで協力と競争分野の拡大と競争の深化が現れ始めていることが示されている[12]。

三国間における二国間ＴＳＩを使った産業別国際競争力を比較してみると、三国間におけるダイナミックな競争関係と分業構造がより明らかになる。韓国の場合、対中国に対しては精密機械を中心に化学工業、プラスチック・ゴム製品、輸送機器、電気電子、機械類などの分野で競争優位

表7　日中韓の製造業のRCA指数(2009年)

品目	韓国と中国とのRCA		韓国と日本とのRCA		中国と日本とのRCA	
	対中国	対韓国	対日本	対韓国	対日本	対中国
化学工業製品	1.54	0.73	1.15	2.36	1.04	1.33
プラスチック・ゴム製品	0.01	0.15	0.67	0.06	0.08	0.13
木材及びパルプ	0.39	0.37	0.65	0.64	0.57	0.69
繊維類	1.06	3.03	0.34	0.25	3.29	1.01
鉄鋼金属製品	1.14	2.11	2.42	0.80	1.91	1.74
機械類	0.90	0.65	1.53	1.83	1.34	2.03
電気電子	1.56	5.23	0.96	0.70	2.41	0.93
輸送機器	1.34	1.64	0.80	1.73	0.87	3.42
精密機器	2.42	1.10	1.29	1.65	0.93	0.93
その他製造	0.54	1.96	0.30	0.62	1.76	1.14

出所：UN, Comtrade.

を持っており、その他製造産業（マイナス〇・六八二）が最も競争劣位にある。また、日本に対しては繊維産業（〇・一五九）以外のすべての製造業分野で競争劣位にあり、特に輸送機器がマイナス〇・六七〇として最も競争劣位にあることがわかる。

次に、RCA指数を使った競争力構造を見てみよう。韓国の対中国RCA指数が一以上の分野は化学工業、繊維類、鉄鋼金属、電気電子、輸送機器、精密機器などであり、その中でも精密機器が二・四二として最も競争優位にある。また、対日RCA指数では、化学工業、鉄鋼金属、機械類、精密機器が一以上で競争優位にあり、その中で鉄鋼金属が二・四二として最も競争優位にある。日本と韓国の間ではRCA指数の格差が少しずつではあるが小さくなっている分野が多くなっている。中国の場合、電気電子と繊維分野における競争力が急速に高まっている。これらの分野は技術水準の標準化が進んでおり、韓国にとっては中国の急速な追い上げと、先端分野における日本へのキャッチアップの遅れによってより厳しい状況に置かれる可能性が高い分野である。

これまで日中韓の間では垂直的分業構造が形成されており、中国が日本と韓国から部品・素材を輸入して最終財を生産し、域内外に輸出する垂直的貿易構造が構築されてきた。[13] すなわち、日中韓における分業構造には中国の輸出拡大に伴い韓国と日本からの部品・素材の輸入が増加する「三角貿易構造」が形成・強化されてきた。特に、中国の最終財の輸出は域内向け輸出より域外向け輸出が急速に増加しており、中国の域内輸出比率は三国のうち最も低い一二・〇パーセント（韓国向け四・四パーセント、日本向け七・六パーセント）にすぎない。

中国は二〇〇一年のＷＴＯ加盟以降急速な成長に伴い東アジアだけではなく、世界の供給拠点（manufacture hub）と中心市場（purchasing hub）としての二重のハブ（dual hub）」の役割を強めている。このような貿易構造から世界経済の不振などで中国の輸出が減少すると日本と韓国も影響を受けることになる。したがって、日中韓ＦＴＡによる市場の拡大・創出は三国だけではなく、東アジア経済にとって新たな成長のモメンタムとしても重要である。

以上でみたように、これまでは三国間の垂直分業を通じた協力体制が維持されてきたが、中国の競争力の向上によって域内における協力と競争分野が増えつつあり、水平分業も拡大しつつある。今後中国の部品・素材などすそ野産業の基盤が整備されれば日本と韓国企業の対中投資の増加などによって水平的な産業内貿易及び産業間貿易も拡大する可能性がある。日中韓ＦＴＡ交渉においてはこのような三国における競争力構造や分業構造を反映しながら各国の産業構造の高度化と域内の経済発展につながるような交渉が進められることが期待できる。以下では三国間の産業別競争力とともに三国における分業及び競争力の構造の変化をより詳しく見るために部品・素材産業と中小企業の競争力について考察する。

3　韓国の中小企業の競争力とＦＴＡ対策

1　日中韓ＦＴＡと韓国の中小企業

韓国の産業構造の特徴から考えると日中韓ＦＴＡの締結によって大きな影響を受ける分野の一つが部品・素材産業とその担い手でもある中小企業であるだろう。[14]　韓国の中小企業を対象にしたアンケート調査によると（中小企業中央会、[15]　二〇一三年五～六月）、調査対象企業の五〇四社のうち、日中韓ＦＴＡが「自社に利益をもたらす」と答えた企業は二〇パーセントに過ぎなかった。自社が受ける利益の内容については、対日輸出企業の場合、「日本の関税撤廃による日本市場での価格競争力の改善」を期待するとの答えが六三・九パーセントとして最も多かった。また、原資材、素材などを主に日本から輸入する企業の場合、「日本から輸入する製品の輸入価格の引き下げ」が期待できるとの答えが七五・〇パーセントとして最も多かった。対中国に対しても対中輸出企業の場合、「中国の関税撤廃による中国市場での価格競争力の改善」を期待すると答えた企業が七二・九パーセントとして最も多く、主な部品などを中国から輸入する企業は、「中国から輸入する製品の輸入単価の引き下げ」が期待できると答えた企業が六四・七パーセントとして最も多かった。一方、内需中心の企業の場合、「韓国の関税引き下げによる原資材の輸入価格の引き下げ」が期待できると答えた企業が三四・八パーセントで最も多く、次が「日本市場への進出機会の拡大への期待」が三〇・四パーセント、「中国市場への進出機会の拡大への期待」が一三・〇パーセントであった。また、日中韓ＦＴＡが自社には直接的な影響がないと答えた企業も四二・五パーセントであり、「被害が大きい」と答えた企業は六・二パーセントに過ぎなかった。

日中韓ＦＴＡと関連して政府に期待する対策としては、「海外マーケッティングに対する支援」と答えた企業

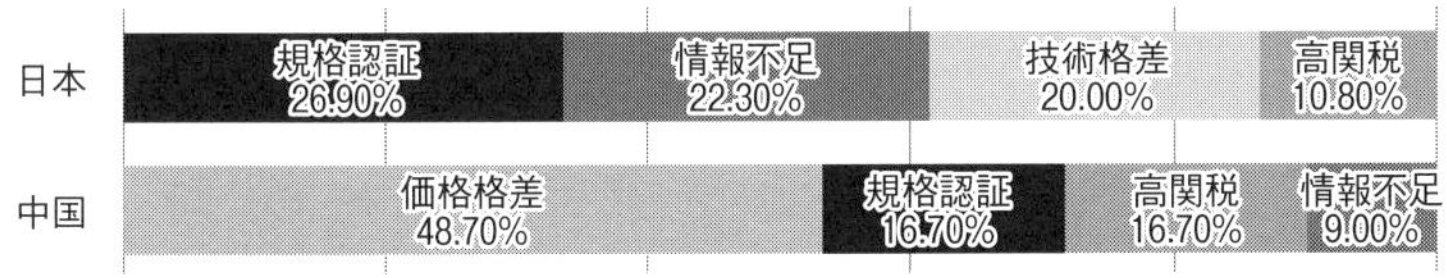

出所:「韓国中小企業の隘路事に対する設問調査」2013年8月1日

図8　韓国中小企業の日本及び中国への輸出における隘路要因

が三八・六パーセントとして最も多く、次が「設備投資資金の支援」が三三・一パーセント、「Ｒ＆Ｄへの支援」が二五・〇パーセント、「中国及び日本市場開拓への支援」が二一・六パーセントであった。この調査でもわかるように中小企業の場合、日中韓ＦＴＡに対してそれほど期待していないことがわかる。以上のような調査結果は筆者のインタービュー調査（二〇一三年二月）でも一部確認されている[16]。筆者のインタービューでは、ＦＴＡによる経済的効果に対する期待よりは中国や日本企業による国内市場シェアの拡大に対する心配の声が最も多かった。また、輸出入比重が高い中小企業さえもＦＴＡに対する関心と知識が低いこと、日中韓ＦＴＡについても関心が低かった。次に、ＦＴＡと関連して「政府への期待」に対する質問には、中小企業の固有分野である「中小企業の状況を反映した交渉戦略を立てることと情報の開示」、「部品産業の市場開放の猶予期間の延長」、「ＦＴＡ締結による被害企業に対する支援の強化」などを期待する声が多かった。

2　韓国の中小企業の競争力

日中韓における貿易構造や分業構造、そして韓国の産業構造の特性を考慮すると、日中韓ＦＴＡによる市場統合は韓国の中小企業と部品産業に大きな脅威になることは明らかであるが、国内産業構造の高度化のためには避けて通れない選択であもる。韓国にとって日本と中国は前述したように分業構造において非常に緊密な関係にあり、とりわけ韓国の中小企業にとっても日本と中国は最大の貿易相手国である。中小企業の輸出先を見ると（二〇一一年基準）、総輸出のうち対アジア向け輸出が六〇パーセント以上を占めており、

表8　韓国中小企業の地域別輸出実績（単位：千ドル、％）

	2009年		2010年		2011年	
	輸出額	割合	輸出額	割合	輸出額	割合
合計	76,782,727	1.00	98,623,749	1.00	101,559,896	1.00
アジア	48,947,478	0.64	62,719,532	0.64	63,548,806	0.63
中東	6,463,233	0.08	6,968,154	0.07	7,804,449	0.08
ヨーロッパ	8,668,081	0.11	11,391,275	0.12	12,211,968	0.12
北米	7,349,940	0.10	9,895,724	0.10	10,578,642	0.10
中南米	2,805,360	0.04	4,503,506	0.05	4,400,004	0.04
アフリカ	1,068,496	0.01	1,609,103	0.02	1,470,592	0.01
大洋州	1,456,714	0.02	1,518,005	0.02	1,531,430	0.02
その他	23,424	0.00	18,449	0.00	14,005	0.00

出所：韓国中小企業庁のBDから作成

そのうち対中輸出が四〇パーセント、対日輸出が一八パーセントを占めている。韓国中小企業研究院の調査でも（二〇一一年、対象企業一〇〇〇社）、主要輸出市場として挙げているのは中国市場が最も多く、次が日本であり、輸入相手国としても中国と日本が七割以上を占めている。

また、日中韓の分業構造における中小企業の重要性は中小企業の主な生産品目である部品・素材産業における域内貿易からも明らかである。域内の貿易構造を見ると、部品・素材産業の貿易規模が全産業の貿易規模を上回っており、その差が広まっている。すなわち、三国間における全産業の域内貿易の伸び率よりも部品・素材産業における域内貿易の伸び率が急速に高まっている。また、同産業における域内貿易依存度を見ると（二〇一〇年基準）、韓国が四五パーセント、日本が三三パーセント、中国が五〇パーセントであり、とりわけ、韓国の域内依存度が二〇〇〇年の二九・〇パーセントから二〇一〇年には四五・三パーセントまで急速に高まっている。

韓国の部品・素材産業における日本と中国との貿易収支を見ると、二〇〇〇年代に入ってから韓国の対日貿易収支の赤字、対中貿易収支の黒字が続いている。韓国の対中貿易収支黒字は

表9　日中韓の製品別の貿易特化指数（TSI）の推移

	韓国		日本		中国	
	素材	部品	素材	部品	素材	部品
1990	-0.92	-0.13	-0.97	0.17	0.24	-0.12
1995	-0.91	-0.21	-0.96	0.32	-0.15	-0.04
2000	-0.94	-0.02	-0.95	0.37	-0.44	-0.01
2003	-0.95	0.08	-0.92	0.28	-0.56	-0.05
2005	-0.96	0.06	-0.92	0.28	-0.72	0.02
2006	-0.97	0.13	-0.92	0.25	-0.78	0.06
2007	-0.96	0.15	-0.92	0.23	-0.82	0.06
2008	-0.95	0.12	-0.93	0.20	0.88	0.10
2009	-0.96	0.09	-0.90	0.25	-0.89	0.10

注：産業分類はBEC分類の貿易財をSNAの基準と関連つけて工程段階別に分類したものである。

二〇〇〇年代の半ばから対日貿易収支赤字を上回っている。とりわけ、素材産業は全産業の対日貿易赤字の三九・二パーセント、部品・素材の対日貿易赤字の五八・四パーセントを占めている。韓国の場合、半導体などIT分野や燃料電池など主要輸出製品の核心部品・素材産業における高い対日輸入依存度が同産業の輸出拡大に伴う雇用及び付加価値創出効果を低下させる要因となっている。一方、部品・素材産業における対中貿易収支は黒字が続いている。同産業における対中貿易収支黒字額の規模は二〇一〇年の対中黒字総額である七七九億ドルの五八・九パーセントを占めている。対中貿易収支を部品と素材産業に分けてみると、まず部品産業が部品・素材の対中貿易黒字の八一・五パーセントを占めており、対中貿易収支の黒字はそのほとんどが部品産業によって生み出されていることがわかる。業種別にみると、電子部品が二八四億ドルの黒字を記録し、対中貿易収支黒字の七五・九パーセントを占めており、その次が一般機械部品（一〇・七パーセント）、輸送機械部品（七・五パーセント）などである。

次に、日中韓における部品・素材産業の貿易特化指数を比較してみると、部品産業については韓国と中国のTSIが持続的に上昇している一方、日本のTSIが二〇〇〇年をピークに低下あるいは横這いになっている。特に、韓国は二〇〇〇年代に入ってから政府の積極的な部品・素材産業の育成政策などによって部品産業を中心に国際競争力が急速に上昇しており、中国も二〇〇〇年代半ば以降政府の国内部品産業の育成政策などで国際競争力が急速に上昇している。日本の域内貿易依存度が高まっていることを考慮すると、日本の部品産業のＴＳＩの低下は、現地進出した日本企業が部品・素材の現地調達を拡大していることもあるが、中国と韓国の中間財産業の育成政策などによって三国間における部品・素材産業の競争力の格差も徐々にではあるが縮小しつつあることを意味する。

３　韓国の中小企業対策

前述したように韓国・中国・日本の間に形成されてきた「三角貿易構造」は韓国と中国の部品・素材産業の育成政策などに伴い次第に弱まりつつある。とりわけ、中国は産業政策や外資政策を通じた自国の部品・素材産業の育成を強化しており、中国に進出している大手組み立てメーカーも現地調達の拡大のため、現地の部品・素材メーカーの育成に力を入れている。このような状況の中で韓国の部品・素材産業の場合、高付加価値分野での核心技術の進歩が遅れ、依然として対日依存度が高い状況が続いている一方、汎用部品・素材分野においては中国の追い上げが急速に進んでおり、日本と中国から挟撃（Nutcracker）される状況が続いている。

日中韓における分業構造や競争力構造から考えると、日中韓ＦＴＡが各国の産業構造や域内の分業構造に大きな影響を与えることが予想され、各国ともほかの二国間ＦＴＡとは違った対策に追われている。とりわけ韓国の場合、国の産業や経済が大企業への依存度が非常に高く、中小企業や部品・素材産業の育成が相対的に遅れている経済構造の特性を考慮すると、センシティブ品目が労働集約的な製品から先端製品まで幅広い分野に渡り、それだけ交渉戦略を立てることが難しいことを意味する。韓中ＦＴＡではセンシティブ品目を考慮して交渉を進めやすくするため「二段階交渉方式」で交渉を進めているが、日中韓ＦＴＡでは全品目を対象に自由化交渉を進めているため、各国は交渉戦略を立てることがそれだけ難しくなり、交渉妥結にも時間が掛かっている。

ＦＴＡ締結にともなう特定産業の域内における生産立地の集約あるいは分散は、市場統合の水準や産業の特性によって異なる。また、生産立地の優位性は、関連部品産業の集積や賃金水準などによっても変化するが、市場統合に伴い新たな国・地域が加わると、域内における加盟国間の生産立地の優位性が変化することもある。産業基盤の強化や産業構造の高度化のために中小企業と部品・素材産業の育成を進めている韓国としては、日中韓ＦＴＡは良い機会でもある。実際に、中小企業研究院（二〇一一年）によると、中小企業に最も肯定的な影響を与えるＦＴＡの相手国として中国とのＦＴＡを挙げており（一六・二パーセント）、次がアメリカとのＦＴＡであった（一〇・二パーセント）。しかし、これまでの韓国のＦＴＡについて「よく知らないかあまり関係ない」と答えた企業が全体の半数以上であった（五五・一パーセント）。これは国内の中小企業がＦＴＡについての関心と知識が乏しく、政府のＦＴＡ政策全般に対する認識が非常に薄いことを意味する。特に面白い結果が、自社に不利な影響を与えるだろうと答えた企業の八〇パーセント弱がどのような影響があるのかについては知らないか、不安になるほどの大きな影響がないと考えていることである。このような結果は、政府のＦＴＡと関連した中小企業向けの広報や教育が肯定的な部分を強調しすぎており、実際にどういう影響があってどう対応していくべきなのかなどの対策に対する教育と広報が不十分であったことを意味する。

日中韓ＦＴＡは距離的にも非常に近い膨大な域内市場の誕生を意味しており、それは「域内における協力と競争」の新たな機会を提供する。すなわち、日中韓ＦＴＡは域内市場拡大とそれによる域内分業ネットワークの有効な活用による新たな成長のモメンタムになると思われる。しかし、韓国の場合、これまでのＦＴＡ交渉の過程を見ても、現在の日中韓ＦＴＡ交渉の内容を見ても中小企業の立場をより正確に反映できるような戦略も体制も十分とはいえない。特に、韓国の場合、ＦＴＡ交渉は中央政府主導で行われており、実際の企業など現場と密接に関係している政策の執行機関である中小企業庁などが戦略作りや交渉段階に参加できる体制にはなっていないの

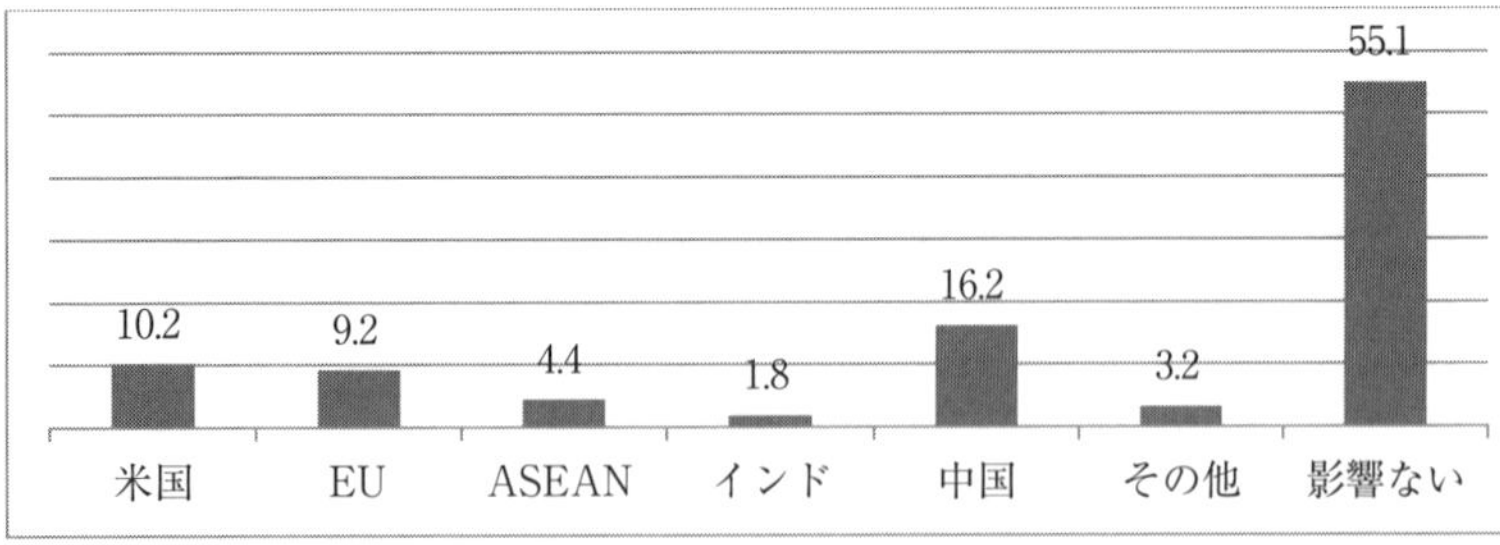

出所：中小企業研究院（2011）。

図2　自社に有利なＦＴＡ締結国（単位：％）

が実情である。そのため、実際の現場の声や世論が交渉戦略や政策に反映されにくい状況であり、そのために政府間交渉が妥結しても国内の国会での批准に時間がかかる一つの要因でもあった。韓国政府はこのような問題点を改善するために今の政権になってからＦＴＡを担当する中央部署を外交担当部署（外交部）から産業政策を担当する産業通商資源部に移管した[17]。特に、日中韓ＦＴＡがこれまで締結された他のＦＴＡと比べて国内の中小企業や部品産業に大きな影響を与えることが予想されるにもかかわらず、相対的に中小企業に対する戦略が乏しかった実情を考慮して、中小企業の関係部署や専門家をより多く参加させ、現場の声がより正確に反映できるような戦略や体制の強化が必要となる。

韓国の場合、大企業とは異なり競争力が脆弱な中小企業のための支援策の強化、原産地証明関連インフラ構築の充実化、ＦＴＡ協定と相違する地方政府の法規の整備、貿易構造調整支援制度の改善などは今までも指摘されてきたが改善が遅れている課題を緊急に整備すべきである。とりわけ、競争力の弱い企業の撤退Ｍ＆Ａの活性化など市場メカニズムによる再編・統合を通じた中小企業の構造改革が必要であり、そのための制度的整備が先決されねばならない。また、政策の効率性を高めるためにもこのような公正な競争を通じて生き残った有望な中小企業を中心に集中的に支援すべきである。

韓国の中小企業にとって日中韓ＦＴＡは、市場統合によって生まれる新たな巨大市場を提供してくれるとともに、日本と中国企業との戦略的提携を通じた競争力の向上のためのよい機会でもある。特に、後継者問題、グローバル化などで厳しい経営環境に置かれている日本の中小企業との戦略的提携やM&Aなどを通じた技術開発力を向上し、また、日本企業との提携による中国市場進出の良い機会でもある。とりわけ、韓国の中小企業にとって、産業の融合化、次世代技術開発のR&Dコストの急増などとともに世界レベルで進んでいるモジュール化、グローバル・ソーシング、ネット調達の拡大など急速な競争環境の変化に対応するためには自社の限られた経営資源の補完と集中化戦略をより積極的に進めるべきである。すなわち、企業自身が自社のコア・コンピタンスの強化に努めながら、弱いところを補完する戦略的提携ネットワークを強化していく戦略がより重要となる。

終わりに

北東アジアにおける「市場中心の経済協力関係の深化」と「覇権主義の深化」という二重構造の地域的特殊性からして日中韓FTAのような制度的経済統合は、これまで築き上げた協力ネットワークの効率性の向上と同地域の成長の潜在力の活用、金融通貨協力の進展など経済面での利益とともに、安全保障・政治面における重要な協力の場としての役割も重要である。日中韓における貿易・分業構造の特徴から見て、EU、NAFTAに比べて域内の分業ネットワーク及び市場の拡大の余地が大きいと言える。すなわち、日中韓としてはこれまでの欧米市場への高い依存度から脱皮し、域内貿易・投資の活性化や域内市場中心の新たな成長モデルの構築のためにも日中韓FTAが必要となる。とりわけ、欧米先進国だけではなく、新興国の経済も含めた世界経済における不安要素が多い状況を考えても、東アジア及び北東アジアの域内経済の活性化のための日中韓の三カ国の制度的経済統合の重要性はますます高まっているといえる。

今後東アジア及びアジア太平洋地域におけるRCEP、TPPなどメガ地域貿易協定が加速化していくことが予想される中で、日中韓FTAは特定産業や多国籍企業の国際的な生産ネットワークに大きな影響を与えることになる。東アジア地域においても二国間・複数国間のFTAが進展していくことで、域内生産ネットワークや産業集積が影響を受けるのは確かであり、それはASEAN、NAFTA、EUなどのケースでも確認された。日中韓FTAも規模の経済や輸送コストの相互作用により域内の調達・生産・流通ネットワークに大きな影響を与えることになる。日中韓の三カ国の場合、制度的条件の整備や関税・非関税障壁の撤廃を始め生産の集積と分散によるサプライ・チェーンの調整までには長い道のりになると思われる。それは日中韓だけではなく、ASEAN＋6という拡大東アジアレベルでのサプライ・チェーンの調整による可能性が大きいためである。韓国としては、今後RCEP、TPPの進展までも考慮した東アジアにおける域内生産ネットワークおよび分業ネットワークの変化に対応しなければならない。

今後韓国経済の成長の新たなエンジンとして産業構造高度化と部品・素材産業を育成するためには、まず、既存の国際競争力が高く輸出をけん引している輸出特化分野についてはキャッシュ・カウ（cash cow）の役割を持続させるための努力を続けながら、対外輸入依存度が高い先端分野に対しては産学官の協力体制の構築などを通じた基礎技術の開発から製品化・事業化までの中長期的な総合戦略と支援政策が必要となる。また、政策の効率性を高めるためには、政府の支援・育成政策と企業の経営戦略における整合性の向上、そしてR&D政策・人材育成政策など政策間の連携強化のための総合的な政策推進体制の構築も必要となる。しかし韓国の場合、現在交渉を進めているFTAと関連してこのような目標に対応できるような交渉体制と戦略を持って臨んでいるかについては疑問が残る。

また、FTA交渉にはPutnam（1988）が指摘しているように対外交渉と対内交渉の二段階の交渉（two-level

game）が必要となる。韓国の場合、従来のＦＴＡ交渉方法では政府主導の対外交渉が政府の意図にしたがって先に進められ、その後国内世論を説得するような「先対外交渉、後対内交渉」の交渉方法であった。しかし、韓国は政府の積極的な広報などにより国民の関心も高くなっているＦＴＡの先進国であり、これまでのように政府主導の対外交渉が中心であって、そのために対内交渉が軽視されてもよいような状況ではない。政府は対外交渉とともに、国内産業構造、制度的整備など経済状況を反映できるようなＦＴＡ対策で国内世論の支持を得るための努力を強化しなければならない。さらにより根本的な問題とも絡んで、韓国がこれまで締結した先進国とのＦＴＡの場合、「輸出拡大が国の経済成長のための最善である国」にとって、その恩恵を受ける層が大企業など一部の専有物になっているとの批判もある。韓国政府としては今後のＦＴＡ交渉では国内の緊急の課題である国内産業構造の高度化と中小企業及び部品産業の競争力強化という目標に向けたより正確な情報と戦略を持って交渉を進めていくべきである。

注

（1）文化日報（二〇一二）、「韓・中・日ＦＴＡ締結、ＲＣＥＰ・ＴＰＰとの連携、ユーラシア単一市場化」、一〇月一八日。
（2）日中韓の三カ国の産業・貿易構造などを考えると、日中韓ＦＴＡ交渉は日韓、韓中などの二国間ＦＴＡ交渉の問題を三国で調節しながら、経済的利益を実現できる可能性もある。
（3）対外経済政策研究院（ＫＩＥＰ）の資料によると、中韓ＦＴＡにより韓国ＧＤＰの改善効果は三パーセント台に予想されるが、日中韓ＦＴＡの効果は二パーセント台になる。日中韓ＦＴＡの効果が中韓ＦＴＡよりも低い結果は、日中韓ＦＴＡがより敏感であることを示唆する。これによりに日中韓ＦＴＡに対して韓国は積極的ではなかった。
（4）アジア太平洋地域における貿易・投資ルールがＴＰＰ主導で決定される可能性が高いため、日本のＴＰＰ参加はこれらの参加も重要な要因の一つであった。
（5）経済産業省（二〇一三）『通商白書』、五六―五八頁。

（6）Song Hong、社会科学院政治経済研究所所長「韓中FTA国際セミナー」（韓国松島、二〇一三・一一・一八）。

（7）習近平体制が二〇一三年一〇月二七日に発表した「三八三」改革報告書とは、管理システム：公務員清廉年金制度の導入、基礎産業：原油、精製油の輸入開放、土地：農民の所有権を認め、金融：預金保険制度の導入、制定および税：不動産税の試験区域の拡大、国有資産：国有資産の再設定、創意：知的財産権の侵害処罰強化、対外経済：日中韓FTA交渉の早期妥結など、三位一体改革と八大分野の改革、三つの方面の改革などが含まれている。

（8）特に、米国が排除され東アジアだけの経済統合を警戒する米国の政治的圧力が日中韓FTA締結の障壁となったとの見解もある（インタネット新聞、Newscham、「韓日中FTAと中国視野―中国の専門家、FTA交渉の複雑さ加重」二〇一三・〇三・二九）。

（9）Newscham（インターネット新聞）、「韓日中FTA第二回交渉開始、各品目摩擦」、二〇一三・〇七・三。

（10）日中韓FATの第四回目の交渉が二〇一四年三月韓国で行われた。商品分野以外のサービス、投資、競争分野も協定文に入れる主要分野としたが、知的財産権分野は中国の交渉担当者の都合で会議が行われなかった。

（11）RCAとTSIは次のように求められる。RCA ＝（Xij/Xit）/（Xwj/Xwt）、ただし、Xij：i国のj商品の輸出額、Xit：i国の総輸出額、Xwj：世界のj商品の輸出額、Xwt：世界の総輸出額である。
TSI ＝（Xi-Mi）/（Xi ＋ Mi）、ただし、Xi：ある国のi商品の輸出額、Mi：ある国のi商品の輸入額

（12）Hong（2011）によると、中国の場合、世界市場での製造業のTSIを見ると、精密機械、化学工業製品など一部品目を除いてはTSIがプラスになっており、国際競争力の向上のスピードが速く、韓国の大きな脅威になりつつある。

（13）詳しくは金（2013b）を参照。

（14）韓国の産業構造とその特徴については金（2013b）を参照。

（15）中小企業中央会は中小企業の立場や権益のために作った組織で、大企業中心の経済人連合会（日本の経団連）に該当する組織である。

（16）筆者（金）が二〇一二年九月、二〇一三年二月に韓国の電気電子及び自動車部品メーカーを中心とした中小企業一五社に対しておこなった実態調査である。

（17）政権交代とともに中央部署の改編に伴いFTA通商政策の担当部署と関連して、朴大統領が現場の状況をよりうまく反映できるためには直接関連部署で担当することが望ましいとの見解を示したことで担当部署が外交担当部署から産業政策を担当する部署に移管された。

参考文献

Lee, Hongbae（2009）、「韓中日貿易連関効果分析：経済統合の示唆点」『東北亜研究』、第二一巻第三号　韓日経商学会。
Yang, Pyungsup（2007）、『韓中交易特徴と韓中ＦＴＡへの示唆点』、二〇〇七、二〇〇八報告書、韓国対外経済政策研究院。
Choi, Yang（2011）、『韓中日三国間の貿易構造と産業別国際競争力変化分析』修士論文　東義大学校　二〇一〇、一二。
Cho, Hyungsung（2008）、「韓国のサービス産業の輸出競争力分析－ＲＣＡ指数を中心に」、『産業経済分析』、韓国経済研究院・
Hong, Jinyoung（2011）、『韓中日の顕示比較優位と産業な貿易に関する研究』博士学論文、仁荷大学、二〇一一・八。
経済産業省（二〇一三）、『通商白書　二〇一三』。
金奉吉（二〇一二）、「韓日中ＦＴＡの必然性と政策的含意」『亜太研究』、第一九巻第一三号、韓国慶熙大学。
金奉吉（二〇一三ａ）、「韓国の部品・素材産業の育成政策と国際競争力」『北東アジア地域研究』、第一九号。
金奉吉（二〇一三ｂ）、『新興国における産業構造高度化と中間財産業』科学研究費報告書（基盤（Ｃ））。

第8章　米韓FTAから見たTPPの問題点

郭　洋春

はじめに——TPPを理解する鍵＝米韓FTA——

日本がTPP交渉に参加してから一年以上経つが、いまだにTPPの全容は明らかにされていない。それはTPP交渉で交渉文書や各国の提案、関連資料を入手できるのは、政府当局者のほかは、政府の国内協議に参加する者、文書の情報を検討する必要のある者または情報を知らされる必要のある者に限られており、文書を入手しても、許可された者以外に見せることはできない、という秘密交渉が原則だからである(1)。さらに交渉文書は協定発効後4年間秘匿されることも、日本が参加する以前に決まっていた。したがって、日本政府は参加後も日本国民に情報を公開しないことを知っていながら、交渉をしていることになる。一国の経済社会を大きく変貌させるかもしれない自由貿易協定の全容を国民に知らせないまま交渉・締結する。いまだかつてない交渉である。このこと自体TPPには大きな問題が含まれていると言わざるを得ない。

しかし、TPP協定の全容を知る手掛かりが一つだけある。それが二〇一二年三月に発効した米韓FTAである。山田正彦元農林水産大臣(二〇一三)は、二〇一二年にアメリカに行き、通商代表部代表代行のマランチェスに、アメリカはTPPで日本に何を求めるのかと聞いたところ、TPP交渉の内容を知りたければ、米韓FTAを見ればわかると言われ、TPPではアメリカはそれ以上のことを求めると言われた、と明らかにしている。(2)

したがって、本稿は米韓FTAを通してTPPの内容とその実態・問題点を明らかにすることを目的とする。

1　米韓FTAとは

では米韓FTAとはどのような協定からなっているのだろうか。本節では、米韓FTAの協定文について見てみることにする。米韓FTAの協定文は全部で二四の章からなっている。(3)

第1章「米韓FTAの規定と定義」

第2章「商品に対する内国民待遇および市場接近」　内国民待遇というのは、一方の当事国に進出した企業には進出国の企業に付与した最も有利な待遇よりも不利になってはならないということである。

第3章「農業」　農業については、コメ及びコメ関連製品は例外品目とされた。また大豆、ジャガイモ、オレンジ等には関税割当（関税を維持して輸入を輸入認める）を設けた。さらに、牛肉、豚肉、高麗人参、唐辛子、ニンニク、玉ネギ等の限定された品目に関しては、年ごとに指定された輸入量を超えた時点で自動的に適用できる特別なセーフガード（緊急輸入制限措置）を設けた。さらに、豚肉は二〇一六年一月一日に撤廃することとした。要するに、①輸入を禁止した例外品目、②輸入を認めるけれども高関税を課して国内農産物を守る品目、③大量に入りこんだ場合には、緊急措置として輸入を禁止できる品目とに分けたのである。

第4章「繊維及び衣類」は、繊維及び繊維製品を対象とした特別なセーフガードについて規定している。また、原産地証明等に関する税関協力の強化についても規定している。

第5章「医薬品及び医療機器」は、医薬品・医療機器等の規制等に関する透明性、医薬品・医療機器の価格決定等を申請者の要請に応じて検討する独立の機関を設置することの確認について規定している。

第6章「原産地規則・原産手続」は、原材料を含む適用可能な原産地の範囲を規定している。

第7章「税関行政及び貿易円滑化」は、米韓両国の関税法、規定及び一般の行政手続きを、公布することを定めている。これはインターネット上での公布も同様だ。また、米韓両国間の貿易を円滑にするために、商品の効率的な搬出のために簡素化された通関手続きを採択したり維持することも規定している。

第8章「衛生植物検疫措置」は、米韓両国内で人間・動物または植物の生命や健康を保護し、両国の衛生及び植物の衛生措置の適用に関する協定の履行を増進し、衛生及び植物の衛生に関する事案を取り扱うことを支援するための委員会を規定している。

第9章「貿易に対する技術障壁」では、両国間の商品貿易に直接的・間接的に影響を及ぼすすべての標準、技術規定及び適合性評価の手続き準備、採択及び適用について定め、その改正と規則または、対象品目範囲の追加について規定している。また、市場アクセスを円滑にするために標準、技術規定及び適合性の評価手続きなどで協力を強化することを規定している。さらに、標準、技術規定及び適合性の評価手続きの開発について不利にならないで参与できることを認めている。そして、自動車規制の調和のために自動車の環境性能及び安全に関する標準を調和させるために協力することを規定している。

第10章「貿易規制」は、緊急輸入制限措置（セーフガード）及び反ダンピング（不当に安い価格での輸出）について定めている。

第11章「投資」は、投資の設立・買収・拡張・経営・営業・運営・売却・処分について内国民待遇および最恵国待遇を与えることを規定している。また、待遇の最小基準も規定している。また直接的・間接的接収を禁止している。

第12章「越境サービス貿易」は、①内国民待遇及び最恵国待遇を付与する。②協定上の義務範囲を示す方式として、ネガティブ・リスト方式を採用。③投資家対国家の紛争解決手続きが盛り込まれている。④専門家の免許や資格の基準等の承認について、相手国に対して情報提供をすることや、関連団体間による相互に受入れ可能な基準の策定を奨励することを規定。議論の促進のために「専門家作業グループ」を設置することを規定。⑤急送便サービスについては、協定署名時における自由化水準の維持、独占的な郵便事業者が独占範囲外のサービスを提供する際に独占的地位を濫用することの禁止、独占的な郵便事業者が独占郵便事業から得られる収入を民間事業者と競合する他のサービスへ割り当てることを禁止する意図について規定。⑥協定発効までに、韓国ポストの独占の範囲の例外に国際書類配達サービスを含むよう拡大すること、独占の範囲を客観的基準（重量、価格等）により設定すること等について規定している。

第13章「金融サービス」は、①内国民待遇及び最恵国待遇を付与することを規定。②協定上の義務範囲を示す方式として、ネガティブ・リスト方式を採用。③ラチェット条項あり。④協同組合の提供する保険サービスについて、民間事業者との間で競争上の優位性を与えるべきではなく、実施可能な限り、民間事業者と同一のルールを適用することを規定。また、農業協同組合や水産協同組合等の保険事業の支払能力（Solvency）については、協定発効後三年以内に、金融監督委員会（Financial Services Commission：ＦＳＣ）の規制下に置くことも規定。⑤韓国ポストの提供する保険サービスについて、民間事業者との間で競争上の優位性を与えるべきではなく、実施可能な限り、民間事業者と同一のルールを適用することを規定。⑥韓国ポストに対し、韓国ポストの財務諸表等の検証を含めたＦＳＣの監督体制、保険商品広告への民間事業者と同一の認可要件の適用、変額生命保険・損害保険・退職保険を含む新商品販売の禁止、既存商品変更の際のＦＳＣの勧告、限度額引上げの際のＦＳＣとの協議及びＦＳＣの意見書提出について規定。⑦韓国ポストが、現在、金融機関として規制を受けない政府機関であり、将来政府機関でなくなった場合に見直し協議を行うことについても規定している。

第14章「通信」では、公衆の通信サービス貿易に影響を及ぼす措置を規定している。放送局またはケーブルシステムを運営する企業が公衆通信サービスに持続的に接近し、これを利用するように保障するためのことを除き、ラジオまたはテレビプログラムを放送したり、ケーブルで配給することに関するいかなる措置にも適用されない。公衆通信およびサービスに対するアクセスと利用について規定している。また公衆通信サービスの要求者に関する義務についても規定している。さらに一方の当事国の公衆通信サービスの供給者については支配的事業者が資産・子会社・系列会社または非系列サービス供給者に付与する者より不利にならない待遇を付与するように保障している。また通信紛争の解決についても規定している。

第15章「電子商取引」は、両当事国が電子商取引が提供する経済的成長及び機会、その利用及び開発に対する障壁回避の重要性と電子商取引に影響を及ぼす措置に対するＷＴＯ協定の適用可能性を認めている。そのために電子商取引のためのインターネットへのアクセス及び利用に関する原則を定めている。

第16章「競争関連事案」は、両当事国の反競争的営業行為を禁止することによって、自国市場における競争を増進し保護する競争法を維持したり、適用できることを定めている。また各当事国は経済的効率性及び消費者の更生を増進させる目的で反競争的営業行為についての適切な措置を扱うことを定めている。

公的企業・指定独占企業を設立・維持できることを認める代わりに、各当事国政府が、このような企業が本協定上の義務を遵守する義務について規定している。

第17章「政府調達」は、政府調達協定の対象は、米韓両国とも中央政府機関のみであることを規定している。

またＧＰＡ（Agreement on Government Procurement：ＷＴＯ政府調達協定）の原則的適用についても規定している。両当時国とも、中央政府の財・サービスに係る調達基準額を米国一〇万ドル、韓国一億ウォン、建設サービスに係る調達基準額を五〇〇万ＳＤＲ（七四億ウォンまたは七四〇万七〇〇〇ドル）とすることを規定している。

第18章「知的財産権」

【商標】①音声、においが、商標として保護され得ることを規定。②地理的表示（Geographical Indications：ＧＩ）保護を商標によっても可能とすること等を規定している。

【著作権】①著作権保護期間を七〇年に延長（二年の猶予期間あり）することを規定している。②著作物のアクセスを防止する技術的保護措置を迂回し、そのための機器・サービスを製造・輸入・頒布等する行為を刑事罰の対象とすること等を規定している。

【特許】①医薬品について、新薬の製造販売許可のために特許保護期間が不当に短縮される場合には、特許保護期間を調整することを規定している。②発明の公表から特許出願までに認められる猶予期間を一二ヵ月とすることを規定している。

【執行】①著作物、レコード、実演に関する著作権・隣接権侵害及び不正商標の場合に法定損害賠償を定めることについて規定している。②権利者からの正式な申立が無くても、故意の商業的規模の著作権侵害や商標侵害に対して、関係当局が職権で刑事上の手続を開始できることを規定している。③インターネットサービスプロバイダーの法的責任の範囲を定め、著作権者と協力させるための法的措置（インセンティブ）を講ずること等を規定している。

第19章「労働」は、国際労働機構（International Labor Organization：ＩＬＯ）の会員としての義務を再確認している。作業場における基本原則及び権利に関するＩＬＯ宣言に記述されたとおり、自国の法及び規定、慣行として結社の自由、団体交渉権の効果的認定、あらゆる形態の強制的または強要による労働の撤廃、児童労働の効果的廃止と禁止、雇用及び作業場の差別の撤廃という権利を認め維持することを定めている。

第20章「環境」では、自国の環境保護水準と自国の環境発展の優先順位を設定し、これによって自国の架橋法及び政策を決めたり、修正することができるそれぞれの権利を認め、各国は法及び政策が高い水準の環境保護を規定し章呈するように保障するために、環境法及び政策を通じることを含め、環境保護の水準を持続的に向上させるように努力することを定めている。

第21章「透明性」が、この協定の適用対象になる事案に関する自国の法、規定、手続きと一般的に適用される行政判定を迅速に公布したり、利害関係者が認めることができるようにする方法とは別に、利用可能となるように保障している。また一方の要請がある場合、以前に通報を受けたかどうかに関係なく、この協定の運営に影響を及ぼすことができると判断された情報を迅速に提供し、これに対する質問に答えるとしている。

第22章「総則規定・紛争解決」は、米国通商代表部（Office of the United States Trade Representative：USTR）と韓国の外交通商部通商交渉本部長を共同議長とする合同委員会を設置し、毎年定期的に開催し、協定の実施状況、協定の解釈・運用等について協議することについて規定している。また米韓ＦＴＡに基づく義務違反の場合のみならず、米韓ＦＴＡ義務違反と言えない場合でも、米韓ＦＴＡの規定に基づいて合理的に期待できる利益が無効化又は侵害を受けた場合、両国が加盟している協定による紛争解決の場に対し、提訴することが認められる場合があることを規定している。

第23章「例外」は、第2章ないし第4章（商品に対する内国民待遇および市場アクセス、農業、繊維および衣類）および第6章ないし第9章（原産地規定および原産地手続き、関税行政および貿易円滑化、衛生および植物衛生措置、そして貿易に対する技術障壁）の目的上、一九九四年度ＧＡＴＴ第20条およびその注釈は必要な変更を加え、この協定に統合されてその一部になると規定している。また一九九四年にＧＡＴＴ第20条Ｂ号に言及された措置が人間・動物または植物の生命または、健康を保護するために必要な環境措置を含むということと、一九九四年度ＧＡＴＴ第20条Ｅ号が枯渇しうる生物および無生物天然資源の保存に関する措置に適用されるということを了解すると定めている。

第24章「最終条項」は、この協定の付属書、付録及び脚注は、この協定の不可分の一部を構成すると定めている。

以上米韓ＦＴＡの全ての条項を見てきたが、これらの内容がそのままＴＰＰに入ることは間違い。

表1　米韓FTA協定内容

第1章　「冒頭規定・定義」
第2章　「商品に対する内国民待遇及び市場アクセス」
第3章　「農業」
第4章　「繊維及び衣類」
第5章　「医薬品及び医療機器」
第6章　原産地規則・原産手続
第7章　税関行政及び貿易円滑化
第8章　衛生植物検疫措置(SPS)
第9章　貿易の技術的障害(TBT)
第10章　貿易救済
第11章　投資
第12章　越境サービス貿易
第13章　金融サービス
第14章　電気通信
第15章　電子商取引
第16章　競争関連事案
第17章　政府調達
第18章　知的財産権
第19章　労働
第20章　環境
第21章　透明性
第22章　総則規定・紛争解決
その他(第22章「例外」、第24章「最終条項」)

資料:筆者作成

2　米韓ＦＴＡの問題点

では、米韓ＦＴＡの問題点とは何か。本節では、米韓ＦＴＡに盛り込まれた条項の問題点について見てみることにする。

①非違反提訴（non-violation complaint）

非違反提訴とは、その名の通り何ら違反するような行為はしていなくても、当事国が相手国に紛争を提起できるようにする制度のことだ。それは協定によって与えられた「合理的に期待した利益」が、協定に合致した措置（measure that is not inconsistent with agreement）によって無効または侵害された場合、相手国政府を訴えることが出来るのである。具体的には、商品、原産地、サービス、政府調達分野がそれに該当する。

さらに米韓ＦＴＡではこの紛争解決に向けた手続きにおいて訴えた側＝米国企業の立証責任を厳格に規定されていない。その結果、企業から見れば、合理的に期待された利益を証明する必要がない、自らの判断だけで相手国政府を訴えることが出来ることになる。

こうした理不尽とも見れる非違反提訴に対してＷＴＯ（World Trade Organization：自由貿易機構）はどのような立場をとっているのか。実は、ＷＴＯも非違反提訴については認めている。しかし、それは極めて例外的な場合だけだ。それは関税譲許によって関税をかけることを認められた商品がそれ以外にも、非関税障壁や補助金の支給などで必要以上に保護されている分野についてのみ、非違反提訴権を与えている。

したがって、「合理的な期待された利益」などという考えはとっていない。言い換えれば、ＷＴＯの非違反提訴は当事国の措置が協定と一致するか否かを問わず、協定にしたがって直接・間接的に与えられた利益が無効または侵害された場合を非違反提訴ができる条件と定めているだけなのだ。

すなわち、米韓ＦＴＡ協定における非違反提訴条項は明らかに問題のある条項ということだ。それは規定が曖昧であり適用条件が不透明なので、国家政策の安定性が揺らいでしまうことになる。合法的な税金の賦課、広告規制、不公正取引行為に対する是正措置、国内産業保護のための補助金の支給、消費者保護規定などを非違反提訴によって問題と見なすことができ、公共の利益のため新たな経済、文化、環境、保健政策を導入することも提訴の原因になり得る。

また非違反提訴は、協定に抵触する制度・法律を問題と見なすことだ。この場合、合法的な措置を取る場合にも、その措置をとる当事国が費用を支払わなければならないので、政策遂行に費用が増えてしまうことになる。

さらに米韓ＦＴＡは両当事国の間の貿易と投資を拡大し、自由化をより高めることを目的にしており、ＷＴＯと異なって手続きに関する特例を設けないので、ＷＴＯより期待利益の水準がはるかに高く、非違反提訴で米国企業が韓国政府を訴えれば、米国企業の主張が通る可能性がより高い。

最後にＷＴＯの非違反提訴は、たとえ認定されたとしても当該措置を撤回する必要はない。要するに拘束力がないということだ。その理由は、関税の例外的措置によって期待した利益の均衡回復をするだけで提訴の目的を達成したことになるので、当事国の裁量である政策を遂行する権利まで制限するような主権侵害につながらないようにするためだ。しかし、米韓ＦＴＡは「利益の無効化または侵害の除去」自体が非違反紛争の解決策であると定めているので、政策の主権侵害にあたる可能性が高い。

②ラチェット条項とスナップバック条項

ラチェットとは、歯止めという意味だ。それはいったん関税を引き下げ自由化の水準を引き上げた場合、それを元に戻すことはできないということだ。このラチェット条項が入っているのは、第11章「投資」、第12章「越境サービス貿易」、第13章「金融」だ。具体的には銀行、保険、法務、特許、会計、電力・ガス、宅配、電気通信、建設サービス、流通、高等教育、医療機器、航空輸送など、多岐にわたる分野に適用されている。

しかし、このラチェット条項には、例外規定が設けられている。それが自動車分野である。米韓FTAの付属文書には、韓国が協定に違反した場合、またはアメリカ製自動車の販売・流通に深刻な影響を及ぼすとアメリカ企業が判断した場合は、アメリカ製自動車輸入関税二・五パーセント撤廃を無効にするという内容が盛り込まれているのだ。要するに、韓国の自動車がアメリカ市場で売れすぎると、アメリカはスナップバック条項を適用し、関税を元の乗用車は二・五パーセント、トラックは二五パーセントに戻すことができるのだ。

問題なのはこの条項はアメリカには適用されるが、韓国には適用されないということだ。つまり、アメリカ車が韓国で違反行為をしたり大量に輸出されて韓国の自動車メーカーが被害にあっても、韓国はスナップバック条項を使うことができない。こうした一方的な条項が米韓FTAには盛り込まれている。

③間接接収

米韓FTAの第11章には「間接接収」という項目がある。間接接収とは国有化のような直接的な接収ではないが、実質的な経済的効果面について接収・没収されたのと同じように被害を受けることを指す。

間接接収と見なされるのは、①政府による間接接収行為によって、経済的損失を受けたかどうか、②投資に基づく投資家の明らかな期待を政府行為によって侵害されたのかどうか、③政府行為の性格（公共益の名のもとに接収する）など、関連する全ての要素（経済的損失等）を考慮して判断するということだ。

要するに、たとえ政府が公共益によって個人資産を接収したとしても、それが投資家にとって著しい経済的損失を被ったかどうかによって、間接的な接収と見なすというものだ。これは公共益よりも私有財産が優先されるという考えだ。韓国でも日本でも憲法で認められていない考え方だ。

しかし、米韓ＦＴＡによる間接接収は、個人財産が上にあると規定されている。ＴＰＰにもこの間接接収が盛り込まれる可能性がある。そうなるといったいどのようなことが起きるのだろうか。またどのような場面で、間接接収が問題となるのだろうか。

もしも、アメリカの不動産会社が京都の土地を買収し、お寺や歴史的建造物の隣に高層マンションを建ててしまったとする。しかし、京都には「京都市地区計画の区域内における建築物等の制限に関する条例」によって建物の高さが地区ごとに制限されている。またデザインや禁止色も設定している。この条例を盾に高層マンションの取り壊しを求めたら、高層マンションや土地が事実上没収されたとして、間接接収にあたるとして京都市を訴えるだろう。こうした可能性を引き起こすのが、間接接収なのである。

④農業補助金の廃止

ＷＴＯの補助金に関する交渉によると、政府の財政支援または価格・所得支援によって受益者に便益が与えられた場合、それは「補助金」であると見なされる。具体的には、補助金には政府の租税軽減、政府によるサービスの提供や物品の購入、私的団体を媒介とした政府資金の移転などがすべてこれに該当する。また補助金の類型には輸出・輸入を促進するための補助金のような禁止補助金、「不利な効果」が現れる場合、関税などを賦課することができる措置可能補助金（actionable subsidies）、「不利な効果」が現れる場合　関税を賦課できず、他の規制（保障）手段を探すようにする許容補助金（non-actionable subsidies）に区分される。但し、ＷＴＯの農業関連交渉では農業補助金について柔軟な立場をとっている。例えば、禁止対象補助金でも段階的削減等を認めている。

このような条件で政府が運営している国内農畜産品支援あるいは業者支援のための各種補助金制度は違反提訴あるいは非違反提訴の対象になり得る。

また、一般的な商品貿易や農業部門で認められている補助金でも、米韓FTA当該物品あるいは業者の期待利益が明らかに侵害されたと見なされる場合、非違反提訴を通して適切な保障を要求することができることになる。

⑤知的財産権

WTOにおいて知的財産権に関する非違反提訴を猶予したのは、危険性に対する国際的合意のためだ。TRIPS協定(Agreement on Trade-Related Aspects of Intellectual Property Rights:知的所有権の貿易関連の側面に関する協定)を論議していた当時、非違反提訴を認めなければならないと主張した国は、米国一国だけであった。米国が非違反提訴を導入しようとする意図は、国民の健康のために各国のTRIPS協定第八条（1）加盟国は、国内法令の制定又は改正に当たり、公衆の健康及び栄養を保護し並びに社会経済的及び技術的発展に極めて重要な分野における公共の利益を促進するために必要な措置を、これらの措置がこの協定に適合する限りにおいて、とることができる。（2）加盟国は、権利者による知的所有権の濫用の防止又は貿易を不当に制限し若しくは技術の国際的移転に悪影響を及ぼす慣行の利用の防止のために必要とされる適当な措置を、これらの措置がこの協定に適合する限りにおいて、とることができる）による措置を無力にするためのものだった。

また米国の製薬会社が特許権を持っている場合、知的財産権の規定によって医薬品に対する独占価格という利益を期待することができる。しかし、健康保険公団が薬剤費適正化法案によってその医薬品の価格を引き下げる場合、米国の製薬会社は期待した価格が無効または侵害されたとして米国政府を通して提訴することができる。つまり、高価な特許薬に対する価格統制ができないならば薬剤費適正化法案は実効性を失い、国民は高い薬しか購入できなくなるということだ。

⑥遺伝子組替え食品

現在多くの国で遺伝子組み換え食品に対する表示義務制度を導入している。例えば、ＥＵは遺伝子組み換え食品の意図しない混入率を〇・九パーセント以上の場合、表示（Labelling）を義務づけている。韓国では意図しない混入率が三パーセント以上の場合、コーン、モヤシ、トウモロコシ、ニンニクについて表示を義務づけている。遺伝子組み換え食品の表示制度は、消費者の健康を保護するための目的だけではなく、消費者の選択権を保護するための目的として各国の政府が取る公共政策に該当する。しかし、米韓ＦＴＡでは、韓国政府が国民の健康と消費者の選択権の確保のためにＥＵ並みの混入率に引き下げた場合、米国はＷＴＯと米韓ＦＴＡ協定に基づき、多様な手段を通して韓国政府の公共政策を無力化させ、その結果主権侵害に陥る可能性がある。

⑦公共サービス

米韓ＦＴＡを議論した際、あまり注目されなかった分野が公共サービス分野だ。日本でもＴＰＰの議論の中で公共サービスがどうなるのかといったことが論じられることはほとんどない。

米韓ＦＴＡ協定をみると、公共部門についてはかなりあいまいかつ包括的に表現されている。そのために公共部門の開放の内容とそれを巡る解釈、解釈による紛争の可能性、ＩＳＤ条項による提訴の可能性も包括的と言える。公共サービスを含むサービス分野の開放の範囲は全ての分野だ。なぜなら米韓ＦＴＡは自由化の範囲をネガティブリスト方式としたために、例外と明示しない限りすべての分野が開放の対象となるからだ。またラチェット条項が適用されるため、いったん開放した領域は二度と戻ることはできない。電力、ガス、鉄道、水道はすでに国内法上では開放対象として開放されている。今後は民営化が進む可能が高い。

現在は、公共サービスにより公共料金が安く抑えられているが、民営化されることにより現在よりも価格が高くなる可能性がある。なぜなら、公共サービス分野は資源が限られており、大量に生産することができない分野だからだ。

⑧悪魔の毒素条項ＩＳＤ

ＩＳＤ条項とは、正式名称をInvestor State Dispute Settlementと言う（全ての頭文字をとってＩＳＤＳ条項とも言われる）。また、日本語では投資家対国家紛争解決条項と呼ばれている。

韓国では、Poison（毒素）条項とも呼ばれ、米韓ＦＴＡの最大の問題点であるとも言われていた。ＩＳＤ条項が注目されたのは、一九九四年に締結されたＮＡＦＴＡ（North American Trade Agreement：北米自由貿易協定）で、アメリカ企業がカナダ政府を訴えた時に始まる。これはアメリカの廃棄物処理業者が、カナダで処理をした廃棄物（ＰＣＢ）を、アメリカ国内に輸送してリサイクルする計画を立てたところ、カナダ政府が環境上の理由から、アメリカへの廃棄物の輸出を一定期間禁止したのに対し、アメリカの廃棄物処理業者は、ＩＳＤ条項を使ってカナダ政府を提訴し、カナダ政府は、八二三万ドルの賠償を支払わなければならなくなったという事例である。

またＵＮＣＴＡＤの調査によると、ＮＡＦＴＡでの紛争件数四六件のうち、アメリカが訴えられた件数が一五件であり、それ以外は、アメリカ企業がカナダ、メキシコ両政府を提訴している。要するに、ＩＳＤ条項は米韓ＦＴＡやＴＰＰのみに盛り込まれている条項ではない。世界中で締結されている自由貿易協定に盛り込まれている。二〇一一年末では世界全体で四五〇件もの訴訟が起こされている。そのうち上位一〇か国のうち実に八ヵ国が開発途上国なのだ。すなわち先進国の企業が途上国政府を訴えているのだ。この数字だけを見てもＩＳＤ条項は先進国企業のためにあることがわかる。

実際に、日本が締結した二四ヵ国とのＥＰＡ（経済連携協定）にもＩＳＤ条項が盛り込まれている。

ではＩＳＤ条項の問題点は何か。

第一に、ＩＳＤ条項は、国家と国家が取り交わす条約という、契約法上の基本概念を否定している。そもそも米韓ＦＴＡは国家と国家の契約である。したがってその条項を行使するのも国家であれば、違反した国家を訴えるのも国家であるはずだ。それにもかかわらず、ＩＳＤ条項では、契約当事者でもない投資家（企業）に相手国家を提訴する権利を与えている。

第二に、ＩＳＤ条項は一国の司法主権を侵害する条項といえる。なぜなら、司法主権の存在こそ、国民が国家の保護を受けることができる基礎をなす制度だからだ。司法主権とは、近代国家において、国内で起こる紛争は外国企業であっても、その国の裁判所の管轄に従うことで成り立つ。その司法主権が外部（国際仲裁センター）に奪われてしまえば、その国家はもはや独立国家ではなくなる。

第三に、米韓ＦＴＡにおいては、ＩＳＤ条項は韓国では事実上国内法に優先する地位を持つのに対して、アメリカでは国家主権が優先するとされている点だ。アメリカの企業が韓国に投資した場合は米韓ＦＴＡの協定文に則ってＩＳＤ条項が国際仲裁センターで審議されるのに対して、韓国企業がアメリカに投資した場合の紛争は、アメリカの国内法で処理するとしているのだ。韓国には独自に紛争を判断する司法主権がないのに、アメリカは自国の法律によって韓国企業を処罰することができるようになっている。

第四に、ＩＳＤ条項は議長仲裁人の選任が、不公正になる危険性が高いということだ。

仲裁人というからには、両者と利害関係のない信頼ある人が選ばれるのが基本だ。ところが、アメリカの影響下にある世界銀行傘下の国際仲裁センターの事務総長が最終任命権を持っている。要するに、企業が国家を訴えるという一大事が中立性が担保されるかどうかがわからないのだ。

第五に、ＩＳＤ条項はそれが適用される投資の範囲がとても広い。ＩＳＤ条項の適用範囲が広いということは、あらゆる分野で国家が投資家から国際訴訟の的になる可能性があるということだ。それだけではなく、二〇〇八年以後の金融危機の原因である金融派生商品（デリバティブ商品）までも投資の範囲に含ませることによって、今後、国際的投機資本の金融市場かく乱の一つの手段として、ＩＳＤ条項が悪用される危険性がある。

以上のことからもわかるとおり、ＩＳＤ条項は単に企業が国家を訴える点に問題があるだけではなく、その性格・本質に問題がある。

⑨サービスの非設立権

第12条「国境間サービス貿易」の中には、「現地駐在」という項目がある。そこには、「サービス業については投資先に事業場等を設立しなくても営業することができる」と書いてある。これがいわゆるサービス非設立権の認定条項といわれるものだ。

これにより、アメリカ企業は、韓国内に企業を含めた事業所等を設立しなくても、企業活動をすることができるようになったのだ。一見すると、サービス産業にとっては経済活動がやりやすくなっていいと思いがちだが、その企業が法律違反した場合にもそれを取り締まることもできず、また企業が進出先に法人登録していないので税金を徴収することもできない可能性がある。(4)

日本ではＴＰＰを議論する際、このサービスの非設立権について、まったく触れられていない。こうした議論されていない分野こそ、重大な問題が含まれている。

3　米韓ＦＴＡ発効後起きたこと

前節では、米韓ＦＴＡの問題点について見てきた。こうした懸念は実際、韓国ではどのような形で起きているのか（いないのか）。結論から言うと、予想以上の速さと内容で様々な問題が発生した。

その一例をあげると、二〇一二年五月、韓国マイクロソフト社が韓国国防部に対し、合同参謀本部、陸軍、海軍、空軍の指揮通信システム（Command Control Communication Computers：Ｃ41）を含む韓国軍全体のコンピュータの数と、正規ソフトウエアの使用状況が記載された資料を提出するようにとの書簡を送ったことが明らかとなった。その後マイクロソフト社は、独自に把握したデータに基づき、二〇一一億ウォン（約一三四億六〇〇〇万円）の損害が発生したので、使用料支払いの協議に応じろという趣旨の文書を国防部に送付した。

今回マイクロソフトが問題視したのは、コンピュータネットワークの心臓部とも言えるサーバーをマイクロソフト社から購入した際に、複数の人が同時に使うことができるサーバーのアクセス権限の数と、実際に国防部内で使っている数が異なっており違法に使われたというものだった。実際韓国軍が使用している約二一万台のパソコンは、全てマイクロソフトのサーバーにアクセス可能なため、マイクロソフトは、それらの数に相当するアクセス権限の数を計算し、使用料を支払うよう求めたのである。また、韓国軍が使用している違法にコピーされたソフトによる損害も、同時に賠償するよう要求してきた。

これに対して国防部は、マイクロソフトが、この件で損害賠償訴訟を起こすことはないとしながらも、交渉がうまくいくように、最大限に取り組むとして交渉に応じる姿勢を示した。

六月には、ＢＳＥ（Bovine Spongiform Encephalopathy：牛海綿状脳症）牛問題が発生した。韓国では米韓ＦＴＡ

交渉の過程で多くの国民が懸念したのが、安全な牛肉を輸入することができるのかどうかということだった。こうした懸念が現実化する事件が米韓FTA発効直後の六月に発生したのだ。米農務省がカリフォルニア州の月齢三〇ヵ月以上の乳牛一頭で、BSEの感染が確認されたと発表したのだ。韓国政府は直ちにアメリカに調査団を派遣した。しかし、渡米した韓国政府現地調査団は、BSE感染牛が発見された農場への訪問を果たせないまま帰国した。理由は、農場の主人が農場の公開を拒否し、米農務省も私有財産であることを理由に、調査団の農場訪問を拒否したためだった。

米韓FTAの事前交渉で懸念事項とされたBSE問題が発生した以上、調査団の訪問を受け入れ、安心・安全をアピールするべきにもかかわらず、農場が公開を拒否し、かつ私有財産であるという理由で拒否するというのは、アメリカの傲慢さを示す出来事だ。しかし、これが米国と協定を結んだ国の実情なのだ。

一一月には、アメリカ系私募ファンドのローンスターが、韓国政府を相手取ってISD条項を発動した。ローンスター側は、韓国政府が二〇〇五年ローンスター関連企業に不適切な税務調査を行って圧力を加え、二〇〇六年KB金融持株、二〇〇七〜二〇〇八年HSBCに外換銀行株式を売却しようとした時、韓国政府がわざと承認を遅らせ、数十億ユーロ（二兆ウォン台と推算）の損害をこうむったと主張した。これに対して、韓国政府は、国内法、および国際法規により、透明で差別なく処理したとして反論している。

今回のISD訴訟の主な争点は、①韓国金融当局が、ローンスターの外換銀行持株売却承認を不当に遅延させたのかどうか、②外換銀行・スタータワー売却収益四兆七〇〇〇億ウォンに対する三九三〇億ウォンの課税適合性問題などに集約できる。この訴えに対する最終結論は、三年以上かかると言われているが、もしローンスターが勝つことになれば、今後TPPが発効し米国企業が日本に進出し、利益を得ても日本に税金を納めない可能性もある。はたしてそれでは、日本がTPPに参加したメリットがあるのか疑問である。ISD条項とは、我々の想像を超える形で使われる典型的な例である。

二〇一三年二月には、七月から予定していた低炭素車協力金制度の導入を二年間凍結すると発表した。低炭素車協力金制度とは、二酸化炭素の排出量が少ない自動車を購入すると、最大三〇〇万ウォン（約三二万円）の補助金を交付し、逆に排出量が多い自動車の場合は、最大三〇〇万ウォンの負担金を課すというものだ。それが突如、この制度の導入が、二〇一五年まで延期された。理由は、アメリカの自動車業界などが反発したからだ。アメリカの自動車業界が反発した理由は、アメリカ製の自動車は、二酸化炭素排出量の多い大型車が中心なので、韓国市場に輸出した場合、不利な扱いを受け、これが米韓ＦＴＡの「貿易の技術的障害」に違反するとした。これは韓国の公共政策が、米韓ＦＴＡによって頓挫した初のケースとして波紋が広がった。

四月には農林畜産食品部が米韓ＦＴＡで価格が急落した韓牛と小牛を被害補填支援対象品目に選定したと明らかにした。被害補填直払金制度とはＦＴＡの履行により国産農産物の価格が基準価格より下がった場合、下落分の九〇パーセントを補填するという制度だ。

直払金支援対象になるためには、輸入量が過去五ヵ年平均より増え、国産品の価格が過去五ヵ年平均の九〇パーセント以下に下がらなければならない。米韓ＦＴＡで二〇一二の牛肉輸入量は過去五ヵ年平均より一五・六パーセント増えた。特に米国産牛肉の輸入量は五三・六パーセントも増えた。価格面でも韓牛は五ヵ年平均より一・三パーセント、小牛は二四・六パーセント下がった。

ここで注意しなければならないのは、被害補填支援対象品目に選定されたのは今回が初めてということだ。すなわち、韓国が二〇〇四年以降ＦＴＡを締結して初めてのケースが米韓ＦＴＡ発効後に起きたのだ(5)。

二〇一四年七月には、韓国政府は二〇一五年一月一日から五一三パーセントの関税をかけてコメ市場を全面開放することにした。韓国政府は、「韓国のコメ市場開放の猶予期間が二〇一四年末で終わる。コメ市場を開放せ

表2　米韓ＦＴＡ発効後の韓国社会

2012年3月	米国務省、三星電子・ＬＧ電子の冷蔵庫に反ダンピング関税賦課	貿易救済
4月	経済自由区での自由診療許可	医療
5月	マイクロソフト社、国防部に賠償請求	知的財産
6月	BSEが発生したが、十分な調査ができず輸入継続	食の安全
10月	保健福祉部、経済自由区域内で営利病院開設のための施行規則を公布	医療
11月	ローンスター、ＩＳＤ発動	ＩＳＤ
2013年2月	韓国版エコカー減税制度、2年間延期	公共政策
4月	農林畜産食品部、韓牛と韓牛の小牛を被害補填支援対象品目に選定	関税
2014年7月	2014年からコメ市場開放	市場アクセス

筆者作成

ずにおくためには義務輸入量を今の二倍に増やす必要がある。それよりはコメ市場を開放して、韓国のコメ産業を発展させるきっかけにすべきである」(6)と説明した。韓国政府は、コメ市場を全面開放しても輸入コメに高い関税を賦課すれば問題ないという立場だ。政府の説明は、ウルグアイ協定に基づきコメ関税化猶予期間が二〇一四年に終了するため二〇一五年一月から関税化を始めるというものだが、この協定には関税化の義務が新たに発生するという内容はなく、「特別待遇終了＝義務発生」ではない。これは直接米韓ＦＴＡのコメ例外合意にかかわるものではないが、ウルグアイ協定に基づきコメ市場を開放すれば、いずれ米韓ＦＴＡ協定でも米市場開放が議論されるのは時間の問題だろう。

以上のように、米韓ＦＴＡ発効後わずか、三年足らずでこれだけの問題が起きている。しかし、発生件数が多いこと以上に問題なのはその内容である。すなわち、韓国社会で起きた問題は、ほとんど非関税分野で起きているということだ。日本でもＴＰＰを巡る議論をすると、被害領域＝農業、地方、恩恵領域＝製造業、流通・サービス業、都市部と考えられているが、実際は都市部、消費者のほうが多くの被害を受けているのだ。

したがって、米韓ＦＴＡ＝ＴＰＰとは決して一部の産業・地域でのみ被害が起きるのではなく、その国全体で発生し、さらに非関税分野での方が様々な問題が起きるということに留意しなければならない。

おわりに

以上みてきたように、米韓ＦＴＡはWIN-WIN関係というより、一方的な（アメリカへの）利益の移転が生じる不平等な関係だ。これはＴＰＰについても言えることだ。そして最も注意しなければならないことは、米韓ＦＴＡが締結された際、米国の政府高官が「米韓ＦＴＡの本当の目的は関税の撤廃ではなく、法律・制度・習慣を変えることだ(7)」と発言していることだ。このことの意味するのは、交渉相手国の市場で米国企業が自由な経済活動をするのに妨げとなるあらゆる制度は全て変えるということだ。現在の日本で議論されているように、関税撤廃か否かという議論が、いかに表層的な議論かがわかるだろう。現在交渉中のＴＰＰもその究極には上記のような事態が想定されていることに留意すべきであろう。

グローバル化社会における自由競争とは、まさに地球の隅々にまで市場原理を浸透させることだ。ＴＰＰはその大きな手段として使われることを忘れてはならない。

注

（1）『朝日新聞』二〇一三年八月二〇日付。
（2）山田正彦『ＴＰＰ秘密交渉の正体』竹書房新書、二〇一三年。
（3）『대한민국과 미합중국 간의 자유무역협정』2011.6.
（4）郭洋春『ＴＰＰ　すぐそこに迫る亡国の罠』三交社、二〇一三年。
（5）同上書。
（6）「日経ビジネスONLINE」二〇一四年九月八日。
（7）郭、前掲書。

参考文献

Kotra「한미FTA 발효 2년對美수출 성과 분석」『Global Market Report 14-006』2014. 3. 15
堤未香『(株)貧困大国アメリカ』岩波新書、二〇一三年。
原中勝征編著『私たちはなぜTPPに反対するのか』祥伝社、二〇一四年。
『農業と経済　九月号』昭和堂、二〇一三年。

第9章　アジア地域の経済統合にみるメガＦＴＡと日本企業

――ＴＰＰ、ＲＣＥＰにおけるＡＥＣの位置づけと日本企業の適応戦略と役割――

岩内秀徳

はじめに

二一世紀に入り世界の成長センターと形容されるアジア地域の通商交渉にみる自由貿易協定は、拡大ＦＴＡまたはメガＦＴＡと称され、地域内経済統合、地域内経済協力と関連する。メガＦＴＡは経済圏の形成へと派生することから、アジア回帰を掲げる米国はＴＰＰ交渉を積極化させ、一方それに対して中国はＡＳＥＡＮが提案したＲＣＥＰを支持することにより、アジア地域での影響力拡大を試みＴＰＰへの対抗を示している。このような政治経済的状況においてＡＳＥＡＮの立場は微妙かつ複雑である。高水準の自由貿易化構想であるＴＰＰはＡＳＥＡＮ域内において受容可能な国と受容不可能な国を形成することから域内に分断線を引く。ＡＳＥＡＮが提案したＲＣＥＰにおける中国の影響力拡大は、加盟国間での労働力・商品サービス・資本の往来を自由にする共同体の構築を目指すＡＳＥＡＮにとって複雑な事柄であり、メガＦＴＡによる地域経済統合を大国間の覇権競争の舞台にされては困る。またＴＰＰにせよＲＣＥＰにせよ、通商ルールの形成プロセスが進行している中、多国籍企業とりわけ日系多国籍企業は海外投資経営戦略としてアジア地域に生産拠点、販売拠点、物流拠点のネットワーク化によるサプライチェーンを構築している。

アジア太平洋地域のメガＦＴＡの潮流において、ＡＳＥＡＮは政治経済上、どのようにして経済統合、経済協力と関係してきたのであろうか。これについて、本稿ではＡＳＥＡＮにみる一九九七年のアジア通貨危機、二〇〇八年のリーマンショックの影響、そしてＡＳＥＡＮ共同体・経済共同体構想の形成プロセスの視点からみている。また、ＡＳＥＡＮへの多国籍企業による海外投資経営活動はアジアに広域地域サプライチェーンを形成し、事実上の経済統合へと作用した。そこで、次にメガＦＴＡの潮流における多国籍企業の海外投資について、在ＡＳＥＡＮ日系企業の海外投資経営活動の視点から前段的検討を行い、補足的に官民連携の一形態としてのＡＳＥＡＮ日本人商工会議所連合会について扱っている。

1　ＴＰＰ、ＲＣＥＰにおけるＡＳＥＡＮ、ＡＥＣの位置づけについて

東アジア地域[1]、アジア太平洋地域[2]における二国間ＦＴＡ（Free Trade Agreement：自由貿易協定）主義から多国間ＦＴＡ主義、そして広域拡大ＦＴＡ主義へと変化しつつあるメガＦＴＡの潮流は、アメリカのイニシアチブによって推進された一面をもつＴＰＰ（Trans-Pacific Partnership Agreement：環太平洋経済連携協定）、そしてＥＡＦＴＡ（East Asia Free Trade Area：東アジア自由貿易圏）とＣＥＰＥＡ（Comprehensive Economic Partnership in East Asia：東アジア包括的経済連携）の二つの折衷的性格ももち、ＡＳＥＡＮ＋１のＦＴＡ網により派生し、ＡＳＥＡＮによって推進されたＲＣＥＰ（Regional Comprehensive Economic Partnership：域内包括的経済連携）という地域経済統合、地域経済協力の二つの大きな枠組みを提起している。ＥＡＦＴＡは中国のイニシアチブによって推進され、一方ＣＥＰＥＡは日本のイニシアチブによって推進された。その意ではＲＣＥＰはＥＡＦＴＡとＣＥＰＥＡ

の統合的側面をもつ。このような動向は国際貿易構造において先進諸国の市場と投資に依存する一辺倒から、台頭するアジアをはじめとした新興諸国の市場と投資にも依存する多様化へと変容したこととも関連している。

経済統合という意ではASEANは、その結成沿革において同様の一側面をその中に見出すことができる。もちろん、ASEANの結成沿革において、政治的側面の影響度が強いことはいうまでもないが、経済的側面の影響度もまた存在し、とりわけ一九七〇年代以降はその影響度は顕著である。一九六一年タイ、マラヤ連邦(現在のマレーシア)、フィリピンの三カ国によって、域内の共産主義の浸透回避のために「東南アジア連合」[3]が結成された。これは後のASEANの母体となる。一九六七年タイ、マレーシア、シンガポール、フィリピン、インドネシアの五カ国によって、域内の経済成長、域内の安定と平和、加盟国の便益維持のために「東南アジア諸国連合」(ASEAN(Association of Southeast Asian Nations))が結成され、一九八四年ブルネイが加盟し先行ASEAN諸国、いわゆるASEAN6となった。一九九二年シンガポールでのASEAN6首脳会議によって、経済統合の一環として域内貿易を行うために、二〇〇八年までに加盟国間の関税引き下げ・撤廃を行うというAFTA[4](ASEAN Free Trade Area:ASEAN自由貿易地域)が合意・決定された。いわゆるシンガポール宣言である。そのあと一九八九年ベルリンの壁崩壊、中東欧革命、冷戦終結による国際政治の冷戦構造の変化を契機として加盟国は増加し、一九九五年ベトナム、一九九七年ラオスとミャンマー、一九九九年カンボジアが加盟し、新規ASEAN諸国、いわゆるCLMVが加わりASEAN10となった。なお、二〇一一年東ティモールがASEAN加盟を申請した。加盟国の増加にともない、加盟国間の関税引き下げ・撤廃という域内関税に関して、先行ASEAN諸国が二〇〇二年までに、ベトナムが二〇〇三年までに、ラオス、ミャンマー、カンボジアが二〇〇五年までに関税を〇~五パーセント下げるというCEPT(Common Effective Preferential Tariff:共通効果特恵関税)というシステムが導入されたが、二〇〇九年AFTAとCEPTは統合されATIGA5(ASEAN Trade in Goods

Agreement：ＡＳＥＡＮ物品貿易協定）となった。これは先行六カ国が二〇一〇年までに、新規四カ国が二〇一五年までに、ほとんどの品目の関税撤廃を実現するものであった。このようにして、ＡＳＥＡＮの一九九二年ＡＦＴＡ以降の域内自由貿易推進、加えて一九九六年域内水平分業促進のためのＡＩＣＯ（ＡＳＥＡＮ Industrial Cooperation：ＡＳＥＡＮ産業協力措置）６スキーム、さらに加盟国各国による外資優遇促進のための産業政策、外資政策の策定というツールによって、日系多国籍企業をはじめとした欧米系多国籍企業、日系以外のアジア系多国籍企業の企業内工程間生産ネットワーク形成、さらに企業間工程間生産ネットワーク形成へと展開し、いわゆるサプライチェーンネットワーク形成、ＶＡＬＵＥチェーンネットワーク形成がＡＳＥＡＮ地域内に構築された。また、中国、韓国、インドの経済発展は多国籍企業に対して立地戦略上、ＡＳＥＡＮという地域を広域サプライチェーンネットワーク、ＶＡＬＵＥチェーンネットワーク形成としての好適地の一つとして捉えられ、このような状況は東アジア地域の事実上の経済統合へと作用した。(7)

ＡＳＥＡＮの域内経済統合、域内経済協力に必要とされる経済的側面として、域内外の資本および域内外の市場の確保があげられるが、この点に関して多国籍企業などの外資による海外投資が重要な役割を演じる。ＡＳＥＡＮは域内経済成長を実現するために、そして外資による海外投資受入先としての優位性を実現するために、一九九七年のアジア通貨危機、二〇〇八年の世界的金融危機という二つの危機を分水嶺として、おのおのの危機に適応しつつ、さまざまな域内経済協力を展開してきた。一九七六年インドネシア、バリでのＡＳＥＡＮ首脳会議と「ＡＳＥＡＮ協和宣言（Bali Concord）」（バリ協約）により、ＡＳＥＡＮは集団的輸入代替工業化戦略として制限的外資導入を行い、一九八五年プラザ合意以降、一九八七年ＡＳＥＡＮ首脳会議により集団的輸出指向型工業化戦略として優遇的・積極的外資導入を行った。このようにして、外資をテコとした産業政策、工業化政策によって経済成長、経済発展を遂げたアジアの新興工業国を世銀は「東アジアの奇跡（East Asia Miracle）」と形容し、一九九三年にレポートを作成した。東アジア地域における日系多国籍企業、欧米系多国籍企業をはじめとする多国籍企業の企業内、企業間国際分業体制は域内貿易を促進させた。だが、この地域をターゲットとしたヘッジファンドなどの金融ファンドによって、アジア通貨危機が発生し、アジアの奇跡に暗い影を落とした。

一九九七年タイ通貨バーツを起点として発生し、タイ、インドネシアなどの通貨が急落したアジア通貨危機後の危機回復のために、ＡＳＥＡＮは同年のＡＳＥＡＮ首脳会議を「ＡＳＥＡＮ＋日中韓」首脳会議として開催し、外資とりわけ金融資本投資家に対して、ＡＳＥＡＮの域内経済協力、域内経済統合の意思表示を行うために「ＡＳＥＡＮ・ビジョン２０２０」を発表した。これは二〇二〇年を域内中期目標の時限として、ＡＳＥＡＮ域内のモノ・サービス、投資の自由な移動、資本のより自由な移動を実現し、ＡＳＥＡＮ経済圏の創設を目指すものである。後述するＡＥＣの原点ともいえる。というのは「ＡＳＥＡＮ・ビジョン２０２０」の具体化が、二〇〇三年の「バリ協約Ⅱ」におけるＡＳＥＡＮ共同体〔ＡＣ：ASEAN Community〕の創設実現の合意だからである。翌年一九九八年以降この会議の開催を定例化し、一九九九年からは「ＡＳＥＡＮ＋３」首脳会議と称した。さらに、二〇〇〇年タイ・チェンマイの「ＡＳＥＡＮ＋３」財務大臣会議により、短期的な流動性問題に対処するためのチェンマイ・イニシアチブ[8]（ＣＭＩ：Chiang Mai Initiative）が合意された。このようなアジア通貨危機からの回復のための処方箋により、東アジア地域は再び投資・市場の拡大が実現し、貿易投資が活発化し域内経済の相互依存関係はさらに進展した。しかしながら、中国、インドの著しい経済成長と海外投資の受入先としての中国、インドの台頭、ＷＴＯ（World Trade Organization：世界貿易機関）にみる貿易自由化の進捗状況の停滞とＦＴＡの代替効果は、ＡＳＥＡＮに対して受入先としての優位性を確保するために、更なる域内経済協力を求めることとなった。そのため、二〇〇三年インドネシア・バリでのＡＳＥＡＮ首脳会議の「第２ ＡＳＥＡＮ協和宣言（Bali Concord II）」（バリ協約Ⅱ）により、ＡＳＥＡＮ共同体〔ＡＳＣ（ASEAN Security Community：ＡＳＥＡＮ 安全保障共同体）、ＡＥＣ（ASEAN Economic Community：ＡＳＥＡＮ経済共同体）、ＡＳＣＣ（APEC Study Center Consortium：ＡＰＥＣ研究センター連合）から構成される〕の創設実現に合意がされた。三つの共同体から成るＡＳＥＡＮ共同体の中心でもあるＡＥＣは、二〇二〇年までに単一市場・生産基地を構築する構想であり、一つの共同体として物品・サービス・投資・熟練労働者の自由な移動、資本の流れを目指すものである。換言すると、ＡＥＣは統合型提携プラットフォームを通じて、つまりアジア貿易のハブとして、貿易機能と物品移動の強化を目指すものである。なお、ＡＥＣ(9)を含むＡＳＥＡＮ共同体に関して、二〇〇七年フィリピン・セブ島でのＡＳＥＡＮ首脳会議により、二〇二〇年から二〇一五年へと五年前倒しでの創設が宣言された、いわゆるセブ宣言である。(10)

しかしながら、二〇〇八年リーマンショックと称される、二〇〇七年のサブプライム、ＣＤＳ（クレジット・デフォルト・スワップ）から派生した世界的金融危機により、ＡＳＥＡＮは、アジア通貨危機にもまして、再び更なる地域経済協力、地域経済統合の対応が迫られることとなった。二〇〇八年の世界的金融危機による米国市場の停滞、ヨーロッパ市場の停滞、世界的需要の停滞によって、ＡＳＥＡＮは供給面では生産工場立地としての優位性を確立・維持しつつ、一方、需要面では人口ボーナスと称されるこの地域の人口増加、所得上昇により消費市場としての優位性を確立することがせまられ、そのためのＡＳＥＡＮをはじめとする東アジア地域の拡大ＦＴＡ網の構築による域内貿易自由化などの対応がせまられることとなった。世界的金融危機への対応の意を含めて、一九九二年に合意、決定されたＡＦＴＡに関して、二〇一〇年一月ＡＳＥＡＮ６は達成し、対象品目の関税が撤廃された。これと同時に、二〇〇八年にＡＳＥＡＮは日中韓の三国間とのＦＴＡ、いわゆるＡＳＥＡＮ＋１をほぼ完成させ、二〇一〇年にＡＳＥＡＮインドＦＴＡ、ＡＳＥＡＮオーストラリア・ニュージーランドＦＴＡの発効へこぎつけた。一方、リーマンショックの震源地でもあるアメリカは国内経済再建のために東アジア地域市場の重要度が高まり、二〇一〇年一月にはオバマ政権によりアジアを含めた地域への輸出倍増計画が策定され、二〇一二年六月に再選されたオバマ政権はアジア重視政策を継続することとなった。さらにまた、アメリカは、ＡＰＥＣ（Asia Pacific Economic Cooperation：アジア太平洋経済協力会議）「ボゴール宣言」[11]の域内貿易での早期自由化（ＥＶＳＬ：Early Voluntary Sectoral Liberalization）推進派であったシンガポール、ニュージーランド、チリ、ブルネイのＰ４（Pacific 4）により提唱、構想され、Ｐ４のＦＴＡを基にして二〇〇六年に発効されたＴＰＰに二〇〇八年参加表明し、二〇一〇年交渉参加を行った。これによりアメリカは東アジアの広域拡大のメガＦＴＡにみる経済連携からの自国の排除回避、二国間ＦＴＡでは開放されなかった市場アクセスへの可能性、ルール形成への関与を実現することとなった。

世界的金融危機後のアメリカのさらなるアジアマーケット重視、すなわちアジア地域への輸出促進、輸出促進の一環としてのメガＦＴＡであるＴＰＰへの参加、そしてＰ４とアメリカに加えてさらに交渉参加国増加によるＴＰＰ構築の動向[12]は、ＡＳＥＡＮに対して微妙かつ大きなストレスとして作用した。つまり、ＴＰＰというメガＦＴＡにより、ＴＰＰ交渉参加国であるＰ４のシンガポール、ブルネイ、二〇一〇年参加のベトナム、マレーシア、そして交渉不参加国六カ国をＡＳＥＡＮのなかに生み、さらに先行ＡＳＥＡＮ諸国とＣＬＭＶにみるＡＳＥＡＮ各国の経済発展の差異、産業競争力格差、所得格差のデメリット面が問題となり、ＡＳＥＡＮの域内経済協力へのスクラムが弱体化し、域内経済統合、協力へのスタンスの足並みが崩れＡＥＣ実現への構築、道のりが脅かされるのではないかというストレスがおきた。このストレスへの反作用も関係して、二〇一一年インドネシア・バリでのＡＳＥＡＮ首脳会議、ＡＳＥＡＮ＋３首脳会議にて、ＡＳＥＡＮは中国のイニシアチブによって推進されたＥＡＦＴＡ[13]（ＡＳＥＡＮ＋３）、日本のイニシアチブによって推進されたＣＥＰＥＡ[14]（ＡＳＥＡＮ＋６）そしてＡＳＥＡＮ＋１[15]という三つの拡大ＦＴＡから派生し、それらの延長線上に位置するＲＣＥＰを提案した。これはＡＳＥＡＮの連結性をハブとした東アジア地域でのメガＦＴＡを意図したものであった。ＲＣＥＰに関して、同年二〇一一年開催されたASEAN＋6首脳会議（EAS）においてもASEAN連結性実現とAEC構築が確認され、「ASEAN連結性に関する首脳宣言」が行われた。なお、二〇〇五年より開催されたASEAN＋6首脳会議は二〇一一年より、従来の一六カ国体制からアメリカ、ロシアが加わり一八カ国体制となった。二〇一二年4月ASEAN首脳会議にて、RCEP交渉開始が合意され、同年八月より開催されたASEAN＋FTAパートナーズ大臣会合にて、ASEAN一〇カ国とFTAパートナーズ六カ国の計一六カ国がRCEP推進に合意、RCEP交渉の基本方針が取りまとめられた。[16]

以上時系列的に、TPPとRCEPというメガFTA構想の形成過程をみてきたが、そのプロセスにおいてマクロ的には欧米諸国とりわけ米国、日本、そしてアジアNIES、中国、インドをはじめとする東アジア地域の新興国という国家間にみる経済統合での自国の関わり方の模索、ポジショニングが関係している側面をもつ。このマクロ的動向に、アジア通貨ショック、リーマンショックという二つのショックが国際経済、国際貿易に影響することにより、模索とポジショニングが変容し、その結成沿革に潜在する経済統合の性質をもつASEANもまた、環境適応することとなった。ミクロ的には、欧米日亜の多国籍企業は、マクロ的動向に適応しつつ、自社にとって効率的な投資と市場開拓を行ってきた。このミクロ的動向はまた、マクロ的動向に影響することはいうまでもない。このようなプロセスにおいて、ASEANにおけるTPP、RCEP、AECの確立、それぞれの関連性はどのように関係しているのかを以下、若干ではあるがみることとする。世銀レポートより「東アジアの奇跡」と形容されたアジア新興経済諸国である4ドラゴンズ（韓国、台湾、シンガポール、香港）へのキャッチアップをASEAN、ASEAN首脳会議は試行錯誤してきた。一九九七年ASEANをアジア通貨危機が襲ったが、同年からのASEAN＋3首脳会議の開催、さらに二〇〇五年からのASEAN＋6首脳会議の開催、またチェンマイ・イニシアチブ合意によって、危機からの回復を実現するとともに、ASEANを含めた東アジア地域にみる域内経済協力、そして域内経済の相互依存関係が進展した。またWTOの穴を埋める新秩序としての多国間FTA主義も作用し、ASEANを含めた東アジア地域は多国籍企業などの外資の立地戦略上の優位性を高めることとなり、ASEANの経済成長は好調を呈した。その後、二〇〇八年世界的金融危機が起きたが、ASEANを含めた東アジア地域は比較的早くに回復することとなった。だが、世界的金融危機を契機としたアメリカのアジア重視政策、TPPへの参加はASEANに対して強いストレスとして作用した。EAFTAを提唱する中国とCEPEAを提唱する日本との政府間レベルの議論が加速できない間に、東アジア地域ではASEANはASEAN+1というFTAを締結し、二〇一〇年にASEANをハブとした多国間FTA網ができ、二〇一一年にASEANはRCEPというメガFTAを提案することとなった。RCEP交渉の基本方針は、「ASEAN中心性」であり、その意では二〇〇三年のASEAN首脳会議の「第二ASEAN協和宣言」（バリ協約Ⅱ）にみるASEAN共同体のうちのAEC、すなわちASEANをハブとして貿易機能と物品の移動を強化することを目指し、単一市場、生産基地を構築するAECはRCEPにおいて重要な役割を演じると位置づけられる。TPPにせよRCEPにせよ、メガFTAにおいてサプライチェーン、VALUEチェーン形成で重要な役割を演じるのは、各国、地域に投資、生産、流通、販売などを行う多国籍企業であり、企業の利用、活用が存在することが必要不可欠である。そのため、域内関税や非関税障壁を撤廃して、統一した市場・生産基地を構築することで合意したAEC構想はASEANへの外国資本の投資誘致の原動力となった側面もある。

二〇〇六年以降の通商交渉にみるメガFTA時代はTPPの交渉開始より幕を開け、東アジア地域ではRCEP、アメリカとEUによるTTIPが構想され、二〇一三年より世界経済の三極化をカバーする交渉が始まった。前述したように、世界的金融危機はアメリカのアジア重視とTPP参加を促し、その結果として日本を含めた東アジア各国の参加を促進させた。TPP確立の動向は、それへの反作用として、アジア通貨危機への対応で築かれたＡＳＥＡＮと東アジアの域内経済協力をさらに加速させ、ＡＳＥＡＮの中心性、連結性、つまりハブとしたＲＣＥＰ構想が提唱された。換言すれば、その意ではＴＰＰ交渉の進展はＲＣＥＰ提唱を促進させたともいえる。このようにして、アジア通貨危機後と比較して世界的金融危機後は、メガＦＴＡ構想の潮流によってＡＳＥＡＮと東アジアの域内経済協力、域内経済統合の実現が推進することとなった。そして、このＲＣＥＰ構想を推進するうえで、アジア通貨危機を受けてＡＳＥＡＮが打ち出した地域統合構想でもあるＡＥＣの確立が急がれ、さらに東アジア地域におけるＡＳＥＡＮ自身の統合の真価とＡＳＥＡＮのハブとしての役割が現在改めて、問われることとなっているのである。

2　メガＦＴＡと在ＡＳＥＡＮ日系企業の海外投資経営行動――

二〇一三年以降の国際経済における大市場統合ともいうべきメガＦＴＡの始動、とりわけ日本が交渉参加しているアジア太平洋地域にみるメガＦＴＡであるＴＰＰ、ＲＣＥＰは日本企業の外部経営環境を変化させ、その結果、日系多国籍企業による海外投資活動の効率化が求められている。日本企業はアジア地域への海外投資の活発化により、生産拠点、販売拠点の双方にサプライチェーンをアジア地域に形成していることから、メガＦＴＡに適応し、サプライチェーンの再編による域内分業体制の効率化を図ることは立地戦略上の競争優位性を高めることとなる。

日本企業のアジア向け海外投資は一九六〇年代から見受けられるが、とりわけ一九八五年のプラザ合意以降、自動車メーカーをはじめとする輸送機器関連の企業、電気メーカーをはじめとする電気機器関連の企業のアジア向け海外投資の活発化はマスメディアを通じて周知の事実となっている。これまでアジア各国は各国ごとの関税率を設けていることから、日本企業はアジア各国の外資優遇制度、マーケット、労働力、サポーティンインダストリーなどの投資環境を検討し、アジア地域の各国ごとに生産拠点、販売拠点を展開するために重複投資的海外投資を行ってきた。しかしながら、二〇〇〇年代以降のアジア地域にみる二国間ベースＦＴＡの拡大、さらにアジア太平洋地域にみるメガＦＴＡの到来により、日本企業はアジア域内の部品調達・生産拠点、販売拠点のネットワークの統廃合・再編を行い、域内のどの国に生産・販売拠点を集約化し、域内に商品・サービスを提供するかというビジネスモデルを描くことが可能となった。正に最適化生産・販売のネットワーク化、及び地域内ネットワーク化の統括的ビジネスモデルが現実化することとなった。ＡＳＥＡＮは地域内でのＦＴＡであるＡＦＴＡ（ＡＳＥＡＮ自由貿易地域）、地域内での「単一の市場と生産基地」を整備することを目的とした側面をもつＡＳＥＡＮ経済共同体（ＡＥＣ）、ＡＳＥＡＮと日本、中国、韓国、オーストラリア・ニュージーランド、インド各国間とのＦＴＡであるＡＳＥＡＮ＋１ＦＴＡを展開していることから、日本企業の海外投資にとってＡＳＥＡＮは収益性の高い投資効率[17]が期待できる投資地域として位置づけられる。

日本企業のＡＳＥＡＮへの海外投資におけるＦＴＡの適応戦略としての経営変革は大別して二つの事例が指摘されている[18]。一つ目の事例として、日系自動車メーカーのケースによく見受けられる経営変革の例であり、生産・販売拠点の統廃合ではなく各国での操業継続を前提とし、企業グループ内で生産する品目を棲み分け、調整を行い、拠点間での相互供給を通じて経営の効率化を実現する例である。例えばトヨタでは部品の生産品目調整・相互供給に関して、タイではディーゼルエンジン、ステアリングコラム、ボディパネル、マレーシアではステアリングリンク、ラジエーター、ワイパーアーム、インドネシア・フィリピンではその他の部品を生産している。また完成車の生産・販売の棲み分けに関して、タイではピックアップトラック、インドネシアではミニバンなどの生産を行い、マーケット需要に応じて各国ごとに生産・販売する車種を集約化し、域内においても販売の相互補完を行っている。二つ目の事例として、日系電気メーカーのケースによく見受けられる経営変革の例であり、生産・販売拠点の統廃合による集約化を通じてスケール・メリットを追求する経営の効率化を実現する例である。例えば東芝ではテレビ生産をシンガポール、マレーシアからインドネシアに集約化、パイオニアでカーステレオ生産をマレーシア、生産委託をインドネシアからタイに集約化、パナソニックでは家電、AV機器生産をインドネシアからタイに集約化した。このようなメガFTAによる経営環境の変化への適応戦略としての経営革新、経営行動はFTA締結国間の国内産業にも影響を与える。つまり、FTA締結を行っている各国間の産業集積にみるコスト・品質などの生産性、市場規模などの優位性の有無が、各国間における外国資本による海外投資の流入、流出のメリット、デメリットを引き起こす側面がある。また、集約化を軸とした効率化を追求する経営革新はリスクマネジメント上、問題点を抱える。[19] それはASEAN地域の自然災害や政情不安などであり、例えば二〇一一年一〇月タイ中部での大洪水はバンコクを中心とした産業集積地を水没させ、日系企業、日系企業を納入先としたサプライヤーに多大な被害を及ぼした。そして二〇一四年五月ベトナムと中国との両国間の南シナ海の領有権を巡る問題においても、反中デモが暴徒化し、中国系企業のみならず台湾系企業、日系企業も被害をこうむった。ベトナムと中国の関係悪化は、日系企業のベトナム北部と中国華南間の越境輸送・物流に影響を及ぼしサプライチェーン寸断もありえた。これらの事例は集約化を軸とした経営革新はリスクマネジメント上の問題があり、集約化と相反する分散化を考慮した代替的生産・物流・販売拠点のサプライチェーンの取り組みの必要性を示している。

前述した在ASEAN日系企業にみるFTA、メガFTAへの適応戦略としての経営革新である二つの事例の背景には、「陸のアジア」、「海のアジア」というASEAN各国の地理的特性を活用した日本企業の海外事業展開が潜在し、ASEANでの企業・事業戦略の展開が、これからの日本企業の国際的競争優位性の構築に影響を与える側面があることも指摘されている。[20] 陸のアジアとはアジアのデトロイトとも形容され、ASEAN屈指の工業国であるタイ、そのタイを取り囲むようにしてベトナム、ラオス、カンボジアのインドシナ三国、ミャンマーなどのメコン川流域のインドシナ半島に位置する国々であり、陸のアジアの先にはインドという巨大な市場が存在する。海のアジアとは海に囲まれた地域であり、電気機器関連の日系メーカーが多く進出しているマレーシア、そのマレーシア（マラヤ連邦）から分離独立したシンガポール、そしてインドネシア、ブルネイ、フィリピンの国々であり、とりわけマレーシア、インドネシア、ブルネイにはイスラム教を信仰している国民が多いことから、海のアジアの市場は中近東諸国のイスラム・マーケットと関連する。このように、ASEANでの海外事業展開は、これから経済発展が期待される成長センターのインド、中近東諸国マーケットに派生する可能性が高いグローバル海外事業展開なのである。TPP、RCEP、AECの確立といったメガFTAに関連する国際経営環境の変化において、日本企業は陸のアジア、海のアジアを意識しつつ、生産拠点・販売拠点・物流拠点での立地優位性をもつ事業集約化を考慮した効率的事業配置を行い、それに加えて、リスク分散化を考慮した立地上的に分散した事業の効率的配置を行うことが重要であると考えられる。その際、日本企業は集約化、分散化という相反する事業の効率的配置を調整し、統合するという組織能力が求められ、そのための地域統括組織の確立もまた経営命題として求められると考えられる。

3　官民連携とASEAN日本人商工会議所連合会

アジアとりわけASEANにおいて海外投資経営活動を行っている日本企業は、FTAやメガFTAによる外部経営環境の変化に対して適応戦略を行っているばかりではなく、ASEAN事務局および日ASEAN経済閣僚会議との官民対話のチャネルを通じて、海外ビジネス環境改善のための制度改善要請活動をも行っている。このような活動は結果として、日系産業界、日系企業の要請、要望がＡＳＥＡＮを通じて日本企業の外部経営環境に影響を与えることから、ＡＳＥＡＮ事務局と日本企業、および日ＡＳＥＡＮ経済閣僚会議と日本企業、または日本政府と日本企業の双方間にみる官民連携の一形態として企業戦略上かつ事業戦略上、重要な役割を演じている。

ＡＳＥＡＮサイドと日本企業との間の官民連携ともいうべき官民対話のチャネル構築の背景は多岐にわたるが、ここでは①二〇〇七年のＡＳＥＡＮ憲章採択、②二〇〇八年の第一二代ＡＳＥＡＮ事務局事務総長のスリン・ピッサワン就任について示すこととする。①に関しては、二〇〇七年ＡＳＥＡＮ首脳会議にてＡＳＥＡＮ憲章が署名され、これによりＡＳＥＡＮは政府間機関としての法人格をもつこととなり、加盟国はインドネシアのジャカルタのＡＳＥＡＮ事務局に常設代表部（大使級）を設け、加盟各国の常設代表部により常設代表委員会が構成されることとなった。ＡＳＥＡＮ憲章は加盟国間の内政不干渉の原則、またＥＵとは異なり加盟国の国内法がＡＳＥＡＮの決定より優先されることなどの事柄は残しつつも、ＡＳＥＡＮにおけるＡＳＥＡＮ事務局の位置づけ、その機能強化を示すこととなった。なおＡＳＥＡＮ事務局の設置は、一九六七年八月バンコク宣言でのＡＳＥＡＮ結成から約一〇年後の一九七六年二月である。さらにＡＳＥＡＮ憲章は二〇一五年末を創設目標としているＡＳＥＡＮ共同体と関連している。というのはＡＳＥＡＮ憲章の二〇〇七年採決、二〇〇八年発効により、ＡＳＥＡＮ共同体を構成している三つの共同体であるＡＳＥＡＮ経済共同体、ＡＳＥＡＮ政治安全保障共同体、ＡＳＥＡＮ社会文化共同体に対応する形態で、ＡＳＥＡＮ事務局の強化、加盟国の各種閣僚会議の整理、最高意思決定機関としての加盟国首脳会議の年二回開催が進行した。②に関しては、バンコク日本人商工会議所をはじめとする在タイ日系産業界は、元タイ外相スリンのＡＳＥＡＮ事務局事務総長の内定以降、ＡＳＥＡＮ事務局および日系産業界、日系企業との官民対話の実現のために次期事務総長との接触、調整を行った。そして二〇〇八年九月バンコクにて、スリン事務総長と在ＡＳＥＡＮ日系産業界との初めての対話が実現した。そこではＡＳＥＡＮ各国の日本人商工会議所会頭などの代表者がスリン事務総長に対し、ＡＳＥＡＮにみる日系産業界、日系企業の経営環境、ビジネスの現状、経営課題、事業運営上の改善要望などの説明を行った。この初めての対話に対応して、スリン事務総長はＡＳＥＡＮ事務局と日系産業界との官民対話の継続、相互協力のために、ＡＳＥＡＮの日系産業界、日系企業の連合的組織の立ち上げ提案を行った。ＡＳＥＡＮ各国の日本人商工会議所はスリン事務総長の提案に呼応して、毎年夏に開催されるＡＳＥＡＮ経済相会議〔ＡＥＭ（ASEAN Economic Ministers）〕を見据え、毎年ＡＳＥＡＮ事務総長との官民対話を行うことを目的とし、ＡＳＥＡＮ市民たる在ＡＳＥＡＮ日系産業界、日系企業の組織化を目的としたＡＳＥＡＮ日本人商工会議所連合会〔ＦＪＣＣＩＡ（Federation of Japanese Chambers of Commerce and Industry in ASEAN）〕を結成した[21]。

ＡＳＥＡＮ事務局と在ＡＳＥＡＮ日系産業界、日系企業との官民対話は、二〇〇八年タイ・バンコクでの対話を初回とし、二回目を二〇〇九年インドネシア・ジャカルタ、三回目を二〇一〇年シンガポール、四回目を二〇一一年マレーシア・クアラルンプール、五回目を二〇一二年カンボジア・シェムリアップ、六回目を二〇一三年ベトナム・ハノイ、七回目を二〇一四年フィリピン・マニラと毎年開催され、継続されている。初回から五回目までがスリン事務総長の任期であり、六回目以降は元ベトナム外務副大臣のレ・ルオン・ミン事務総長の就任以降であり、ＡＳＥＡＮ事務局とＡＳＥＡＮ日本人商工会議所との官民対話はスリン事務総長からミン事務総長へと引き継がれることとなった。官民対話を通じて在ＡＳＥＡＮ日系産業界は、民間部門の目線から海外投資・経営展開上での問題点と事業改善要請を織り込みながら、ＡＳＥＡＮ経済共同体の統合措置としての工程表ともいえるＡＥＣブループリントに即して、特に「ＡＳＥＡＮ全体として取り組むべき課題」として、二〇一〇年シンガポールにて六項目(22)、二〇一二年カンボジア・シェムリアップにて八項目(23)を提示した。このような官民対話の動向は二〇一一年マレーシア・クアラルンプールにて大きく変化し、それまでのASEAN事務総長、ASEAN事務局と在ASEAN日系産業界との対話チャネルから、ASEAN経済閣僚会議すなわちASEAN各国の経済相と在ASEAN日系産業界との対話チャネルへと拡大した。この拡大の背景(24)として、前年の二〇一〇年日ASEAN経済相会議にて、当時の日本政府の直嶋経産大臣が検討要請を行った在ASEAN日系産業界の事業環境改善要望が関係していた。これはまさに日本政府と日本企業の官民連携であるが、一方でASEANがメガFTAを通じての地域経済統合を進めていくうえで民間部門の関与を重要視し、ビジネスフレンドリーな地域経済統合の実現への強い意欲の表れでもある。日系企業より先行して、ASEANでの海外投資経営活動を行ってきた米国系企業は、一九八四年より米ASEANビジネス評議会へ(米国大手企業より構成)を通じて、ASEAN経済閣僚会議のみならずASEANの財務相や税関局長に米国企業がビジネスを進めていく上での事業環境改善要請を行ってきた。では、日系企業は米国系企業が行ってきた官民連携と同様のスタンスをこれから選択すべきなのであろうか。勿論、参考すべき点は多々あるが、二〇世紀後半以降のアジアの世紀と称されるASEANにおける日系企業のスタンスはアジアの一員、ASEANの一員としてのスタンスが必要とされる側面をもつ。つまり、ASEANに生産拠点、販売拠点のサプライチェーンを構築している日系企業は、官民連携ともいうべき官民対話を通じて、ASEANをハブとしたRCEPなどのメガFTAを通じての地域経済統合への相互協力、貢献が望まれつつある。このような状況を踏まえた上での戦略的海外投資・経営活動はASEAN市民としての日系企業という新たなるグローバルステージの日本企業のあり方と関係していると考えられる。

おわりに

リーマンショックによる世界的金融危機以降、比較的早期回復を遂げた新興国は国際貿易上、投資上の評価を高めメガＦＴＡの対象国となっている。アジア地域のうちＡＳＥＡＮはチャイナ＋1として、多くの日本企業のサプライチェーンが構築されている生販・物流拠点、そして高い経済成長と急増する中間層に裏付けられた消費市場により、これからの日本、日本企業にとって政治経済上最も重要なパートナーの地域の一つとなりうる。二〇一五年末を創設目標とするＡＳＥＡＮ経済共同体構想により、ＡＳＥＡＮはビジネスフレンドリーな外資政策、インフラ投資によるインフラ整備などが進み、地理的立地上の優位性を高める。二〇一三年一二月、日本ＡＳＥＡＮ友好協力四〇周年記念の年に、一〇年ぶりに日本にて日本ＡＳＥＡＮ特別首脳会議が開催された。日本はグローバル化の趨勢を踏まえ、二一世紀の通商ルールの形成などについてＡＳＥＡＮとの政治的連携、経済的連携の重要性を認識し、その意義を再検討する段階に入っていると考えられる。

注

（1）　本稿でいう東アジア地域は、東アジア首脳会議（ＥＡＳ）のメンバー一八カ国の内米国、ロシア、オーストラリア、ニュージーランドを除いた一四カ国（ＡＳＥＡＮ10＋中国、韓国、日本、インド）をさす。

（2）　アジア太平洋地域とは、アジア、北米、南米、オセアニアという全く異なる地域が集まって形成しているものであり、アジア太平洋という概念がもともとあったわけではないとしている。（通商産業省通商政策局経済協力部地域協力課編『行動するＡＰＥＣ 二〇二〇年への道のり』通商産業調査会出版部、一九九七年）

（3）ASEANの歩みとして、一九五四年タイに本部を置く、反共軍事同盟の東南アジア条約機構（SEATO）が設立された。この機構は欧米諸国なども参加した反共軍事同盟であり、一九七七年に解散した。その間に一九六一年東南アジア連合（ASA）が結成され、それを前身として一九六七年インドネシア・バリに本部を置くASEANが設立された。なお、ASAは当時いわば開店休業であったとタイ外務省の秘書官であり、ASEAN設立宣言（バンコク宣言）を起草したソムポン・スチャリックンは述べている（『日本経済新聞』（二〇一四年九月七日付））。

（4）経済統合とは国と国との間で、とりわけ貿易を通したグループ作りを意味し、自由貿易地域、関税同盟、経済共同体などがこれにあたる。自由貿易地域は域内貿易の自由化を指し、物品・サービスへの関税・非関税障壁の撤廃を行う。関税同盟は域内貿易の自由化を行うが、非加盟国に対しては共通の関税を設定する。共同体は域内貿易の自由化をさらに進展させ、域内での労働力・人間の自由移動や共通通貨の採用などを行う〔廣田 功、加賀美充洋（二〇一四）二頁〕。

（5）廣田功、加賀美充洋（二〇一四）六頁、一三頁、三六九頁。

（6）AICOとは一九九六年に打ち出されたASEAN域内の水平分業を促進するための「ASEAN産業協力」であり、域内に立地する企業が、原料、部品、完成品を他のASEAN諸国の企業から輸入する際に、〇〜五パーセントの特恵関税率の適用を前倒しで受けることができる。AICOにより外資自動車メーカーの自動車産業内にみる産業内企業間分業、すなわちサプライチェーンネットワーク形成が促進された〔廣田功、加賀美充洋（二〇一四）七頁〕。

（7）廣田功、加賀美充洋（二〇一四）五一―二三頁、唱新（二〇一三）五三―五八頁。

（8）CMIは、各国の外貨準備を融通した二国間通貨スワップ取引のネットワークであり、ASEAN五カ国と日中韓の計八カ国から成るASEANスワップ協定より構成されIMF融資とリンクし、かつ、IMFの補完でもあった。二〇一〇年以降CMIマルチ化により、ASEAN＋3の計一三カ国に参加国が増え、通貨スワップ発動の為の意思決定手続きの共通化、支援の迅速化が実現した（財務省webより）。

（9）AECは、そもそもシンガポールのゴー・チョクトン首相が二〇〇二年のASEAN首脳会議にて提案したものである。台頭する中国やインドなどの競合国に対して、ASEANへの国際投資にみる競争優位性を保持するために提案されたものである〔清水一史（二〇一三）一八頁〕。

（10）清水一史（二〇一三）一一七頁、一二〇頁、廣田功、加賀美充洋（二〇一四）三〇〇―三〇二頁、三一三頁、一〇―一三頁、一四―一六頁、二〇頁、菅原淳一（二〇一二）六―七頁。

（11）一九八九年発足のAPECは今日の「アジア太平洋」地域における地域協力・地域経済統合の動きの起点と考えられている。APECは発足後、九一年にはその後中国の参加、九二年には事務局の設置、九三年にはその後定例化する非公式首脳会議の開催など、地域的枠組みとしての歩みを進め、九四年には域内の「自由で開かれた貿易及び投資」を先進国は二〇一〇年、発展途上国・地域は二〇二〇年までに実現するという「ボゴール宣言」の合意に至った。しかしながら、その後、域内の貿易投資自由化の進め方を巡って域内諸国の意見が対立すると、APECにおける貿易投資自由化の動きは頓挫した。ボゴール宣言を受け、域内の貿易投資自由化を具体的に進める段階になると、米国や豪州、ニュージーランドなどの域内の自由化積極派諸国は、域内貿易自由化の方策として、「早期自主的分野別自由化（EVSL）」を推進した。九七年には、EVSLの対象となるいわゆる「優先九分野」が合意されたが、翌九八年に米国は、この「優先九分野」について一括して自由化することを求めた。この米国の要求に最も強く反発したのは日本であった。日本としてはどの分野を対象とするかは各国の判断に任されているとの認識であった。この日米対立を契機に、九八年にはEVSL協議は事実上決裂に至った。以上より、APEC、EVSL、TPPの関係を察することができる〔菅原淳一（二〇一二）五頁〕。

(12) TPPはP4、アメリカに加えて二〇一〇年三月にオーストラリア、ペルー、ベトナムが加わり、さらに同年一〇月にマレーシアも加わり交渉参加国は計九カ国となった。その後、二〇一二年一二月のオークランドでの第一五回TPP交渉会議にて、カナダ、メキシコが交渉参加し、二〇一三年三月に日本が交渉参加し交渉参加国は合計一二カ国となった〔石川幸一、清水一史、助川成也編（二〇一三）一四―一五頁〕。

(13) EAFTA（東アジア自由貿易圏）構想は、二〇〇〇年のASEAN＋3首脳会議にて検討することがすでに合意されており、二〇〇四年ASEAN＋3首脳会議では、中国の提案による共同専門家研究会が設置され、二〇〇九年に最終報告書が提出された。EAFTA構想はそもそもASEANと東アジア地域経済協力と関係している側面をもつ。というのは、アジア通貨危機の後、一九九七年一二月の第一回ASEAN＋3首脳会議、二〇〇〇年のASEAN＋3財務相会議のCMI（チェンマイ・イニシアチブ）の合意から派生し、広域FTAであるEAFTA構想の確立に向けての作業が進められたからである〔菅原淳一（二〇一二）一〇頁、石川幸一、清水一史、助川成也編（二〇一三）一一頁〕。

(14) CEPEA（東アジア包括的経済連携）構想は日本が二〇〇六年に提唱し、東アジア首脳会議（EAS）での民間研究が二〇〇七年に開始・合意された。CEPEAの最終報告書はEAFTAの最終報告書と同じ二〇〇九年に提出された〔菅原淳一（二〇一二）一〇頁〕。

(15) ASEAN＋中国FTAに関しては物品貿易協定発効二〇〇五年七月（ASEAN6と中国間では二〇一〇年一月一日にノーマル・トラック品目の関税が撤廃、CLMVと中国間では二〇一五年一月に関税撤廃予定）、サービス貿易協定発効二〇〇七年七月、投資協定署名二〇〇九年八月、ASEAN＋韓国FTAに関しては物品貿易協定発効二〇〇七年六月、サービス貿易協定発効二〇〇九年五月、投資協定発効二〇〇九年九月、ASEAN＋日本包括的経済連携協定に関しては二〇〇八年一二月発行、ASEAN+インドに関しては物品貿易協定発効二〇一〇年一月、ASEAN+オーストラリア・ニュージーランドFTAに関しては二〇一〇年一月発効〔廣田功、加賀美充洋(二〇一四)一一頁、石川幸一、清水一史、助川成也編(二〇一三)一六七—一七二頁〕。

(16) 石川幸一、清水一史、助川成也編〔(二〇一三)一一一八、一七四頁、菅原淳一(二〇一二)四—六頁〕。

(17) 二〇一三年末までにおいて、日本のASEAN一〇カ国向けの製造業における直接投資残高は六兆六〇一二億円で世界全体の一五・六パーセントを占めるに過ぎないが、経常利益は経済産業省の第四三回海外事業活動基本調査によれば、一兆四四五〇億円と世界全体の三四.七パーセント(中国は二九・一パーセント)を占めるまでになっている(二〇一二年度実績)。直接投資残高と経常利益の、おのおのの世界全体に占める割合を比べれば、ASEANは高い投資効率が期待できる地域であるといえよう〔(深沢淳一、助川成也(二〇一四)一一四頁〕。

(18) 深沢淳一、助川成也(二〇一四)一五〇—一五七頁。

(19) 深沢淳一、助川成也(二〇一四)一三四—一三七頁。

(20) 二〇一一一般財団法人海外投融資情報財団監修(二〇一三)一一八—一三五頁、一三七—一五一頁。

(21) 深沢淳一、助川成也(二〇一四)一七七—七八頁、石川幸一、清水一史、助川成也編(二〇一三)二〇三頁。

(22) 六項目とは①税関手続き、②AFTAフォームD取得に関する問題、③基準、認証、表示制度の合理化及び調和、④知的財産権保護の徹底、⑤ASEAN+1FTAについて、⑥産業人材の育成によるグローバル供給ネットワークへの参加〔深沢淳一、助川成也(二〇一四)一八二頁〕。

(23) 八項目とは前述の六項目に加えて、⑦日メコン産業政府対話での要望事項、⑧その他要望である〔深沢淳一、助川成也(二〇一四)一八七—一八八頁〕。

(24) 石川幸一、清水一史、助川成也編(二〇一三)二〇四頁、深沢淳一、助川成也(二〇一四)一八三頁。

参考文献

廣田功、加賀美充洋(二〇一四)『東アジアにおける経済統合と共同体』日本経済評論社。

深沢淳一、助川成也(二〇一四)『ASEAN大市場統合と日本』文眞堂。

苅込俊二、宮嶋貴之(二〇一四)「ASEANにおける経済統合の進展と日本企業の対応」『みずほ総研論集I号』みずほ総合研究所。

みずほ総合研究所(二〇一四)「ASEANに対する期待と懸念を交差させる日本企業」『みずほリポート』みずほ総合研究所。

石川幸一、清水一史、助川成也編（二〇一三）『ＡＳＥＡＮ経済共同体と日本』文眞堂。

一般財団法人海外投融資情報財団監修、寺本義也、廣田泰夫、高井透（二〇一三）『東南アジアにおける日系企業の現地法人マネジメント』中央経済社。

JETRO（二〇一三）『ジェトロ世界貿易投資報告』ジェトロ（日本貿易振興機構）。

清水一史（二〇一三）「ＴＰＰとＡＳＥＡＮ」山澤逸平、馬田啓一、国際貿易投資研究会編『アジア太平洋の新通商秩序』勁草書房。

助川成也（二〇一三）「ＲＣＥＰとＡＳＥＡＮの課題」山澤逸平、馬田啓一、国際貿易投資研究会編『アジア太平洋の新通商秩序』勁草書房。

助川成也（二〇一三）「ＡＳＥＡＮ日本人商工会議所連合会のＡＳＥＡＮ事務総長との対話を通じた要望事項の進捗について」『所報』（六月号）バンコク日本人商工会議所。

高橋則孝（二〇一三）「タイ経済とＡＥＣ（アセアン経済共同体）への展開」『所報』（四月号）バンコク日本人商工会議所。

唱新（二〇一三）「東アジア貿易構造の変化とＲＣＥＰの可能性」『世界経済評論』（Vol.57　No.3）世界経済研究協会。

安積敏政（二〇一三）「求められる日本企業のアジア地域統括戦略」『世界経済評論』（Vol.57　No.4）世界経済研究協会。

助川成也（二〇一二）「ＡＳＥＡＮ日本人商工会議所連合会による第五回ＡＳＥＡＮ事務局スリン事務総長との対話について」『所報』（一〇月号）バンコク日本人商工会議所。

菅原淳一（二〇一二）「アジア太平洋地域における地域経済統合と日本の戦略」『みずほ総研論集Ⅱ号』みずほ総合研究所。

藪下史郎監修、吉野孝、弦間正彦編（二〇一一）『東アジア統合の政治経済・環境協力』東洋経済新報社。

助川成也（二〇一一）「ＡＳＥＡＮ日本人商工会議所連合会による第四回ＡＳＥＡＮ事務局スリン事務総長との対話、および第一回ＡＳＥＡＮ経済相との対話について」『所報』（九月号）バンコク日本人商工会議所。

赤尾信敏（二〇一一）「東アジア共同体と日本ＡＳＥＡＮ関係」谷口誠監修『東アジア共同体とは何か』桜美林大学北東アジア総合研究所。

助川成也（二〇〇五）「ＡＳＥＡＮの対外経済戦略とそのインパクト」馬田啓一、大木博巳編『新興国のＦＴＡと日本企業』ジェトロ（日本貿易振興機構）。

ADB（2013）.Asian Economic Integration Monitor, Manila, October
Petri, Peter A. and Michael G. Plummer（2012）, "The Trans-Pacific Partnership and Asia-Pacific Integration : Policy Implications," Policy Brief, Number PB12-16,June, Peterson Institute for International Economics

第10章 中国「国家資本主義」による石化の急成長と日中韓企業の収益力への影響

——中国のアンチダンピング提訴濫発と「国家資本主義」企業成長後の課題——

小柳津英知

はじめに

一国の経済発展に伴う乗用車や家電製品の普及、社会インフラ整備の進展は、工業製品や建築材料の素材である鉄や樹脂（プラスチック）の内需を飛躍的に増やしていく。例えば、樹脂の原料であるエチレン換算の一人当り内需量は、二〇一〇年時点で日本が三四・三キログラム、タイが二三・五 キログラム、中国が一八・五 キログラムであり、中国の値が今後も上昇していく事は確実である。

中国は二〇〇一年のＷＴＯ加盟後、経済成長に伴う様々な樹脂の内需拡大に生産能力が追いつかず、大幅な輸入超過を解消すべく外資誘致に努めてきた。つまり、ここ十数年の構図は、日本、韓国そして中東の石化プラントは中国向け輸出で利益を維持し、かつての欧米石化メジャーは将来の内需を狙って中国に大規模な石化プラント建設を拡大するというものであった。一九九四年、中国は石油化学を電子・自動車・機械・建築と並ぶ五大支柱産業に指定し、その後、シノペック（Sinopec）、ペトロ・チャイナ（Petro china）、ＣＮＯＣＣという多数の傘下企業を持つ巨大石油・石化企業を育成し、世界の石油・石化製品市場に大きな影響力を及ぼしている。

以上の過程で中国の石化生産能力は急速に拡大し、主な石化原料の自給化も進んできた。しかし、これらの企業は中国政府の資源獲得戦略を担って、海外の石油・天然ガス権益等を莫大な金額で獲得し、日本を含む先進国から警戒を呼ぶ。さらに中国政府は、ＷＴＯ加盟後にアンチダンピング提訴を日本と韓国の石化企業に頻発するなど、自由貿易の理念とかけ離れたプロセスで成長してきた面は否定できない。

このような中国政府と巨大石化企業の行動様式は、市場経済のルールを脅かすものとして警戒の眼が向けられ、いわゆる「国家資本主義」（State Capitalism）批判として広まり、ＴＰＰ推進の根拠ともなっている。本稿はこのような「国家資本主義」（State Capitalism）企業の代表である中国の石化工業の急成長の特徴を把握し、ライバルである日韓の石化企業との競争力にはどう影響しているかを見るものである。

1　石化工業の特徴と日中韓の生産能力の推移

1　石化工業の製造過程の特徴と汎用樹脂の用途

（1）基礎原料（オレフィン）→中間原料（モノマー）→樹脂（ポリマー）の流れで製造される石化工業

石油化学工業はプラスチック製品の原料となる樹脂の製造が最も川下に位置する。図1のように川上の原油からナフサ、あるいは天然ガスからオレフィン（基礎原料）、そこからモノマー（中間原料）、さらにポリマー（樹脂）という順番に製造される。いずれも別々のプラントで製造され、各段階での調達市場も国内外に存在している。

したがって、一国の石油化学工業の発展段階は、まず川下のプラスチック樹脂や合成繊維の製造業が登場し、川上のオレフィンの製造が本格的に軌道に乗るのは川下の需要が安定してからとなる事が多い。なお、基礎原料（オレフィン）のエチレン（C_2H_4）プロピレン（C_3H_6）は常温では気体であり、輸送には特殊な冷凍船が必要となる。

図1　石油化学工業の原料から最終製品の流れ

<table>
<tr><td>原料</td><td>ナフサ、天然ガス</td></tr>
</table>

↓

<table>
<tr><td rowspan="2">基礎製品</td><td colspan="3">オレフィン系</td><td>芳香族系</td></tr>
<tr><td>エチレン</td><td>プロピレン</td><td>ブタジエン</td><td>BTX</td></tr>
</table>

↓

<table>
<tr><td>中間原料</td><td>塩化ビモノマー、エチレングリコール、エチレンオキサイト、アクリロニトリル、フェノールなど</td><td>高純度テレフタル酸</td><td>スチレン</td></tr>
</table>

↓

<table>
<tr><td rowspan="3">最終製品</td><td>プラスチック</td><td>(代表的な汎用樹脂)塩化ビニール、ポリエチレン、ポリプロピレン</td><td>ポリスチレン</td></tr>
<tr><td>合成繊維</td><td>アクリル繊維、ナイロンなど</td><td>不飽和ポリエステル、PET</td></tr>
<tr><td>合成ゴム</td><td>ブタジエンゴム、イソプレンゴム</td><td>SBゴム</td></tr>
</table>

出所:筆者作成

そのため貿易には輸送コストがかかり、中間原料以降が国際貿易の中心となってきた。

オレフィンからプラスチックの生産は石油化学プラント内で行われ、コンビナート内ではパイプで連結して供給される。特にプラントの規模は大きく新しいものほど生産性が高い特徴を持ち、近年は巨大化の傾向が顕著である。例えば一九七〇年代は四〇万トンが世界最大クラスだったが、現在では新設一〇〇万トン以上が主流であり、建設費は日本でエチレンプラント一〇〇万トン建設の場合、一千億円が必要と言われる。

このような背景から、途上国で石化工業を成長させる近道として、外資誘致あるいは国家プロジェクトとして公営企業の主導による大型石化コンビナートの建設が実施されてきた。

（2）汎用樹脂（プラスチック）を中心に生活の隅々に利用される素材としての石化最終製品

多種多様の樹脂（プラスチック）の内、その用途が広く生産量の多い高密度ポリエチレン、低密度ポリエチレン、ポリプロピレン、塩化ビニール樹脂、ポリスチレンを五大汎用樹脂と呼ぶ（表1）。

また、ペットボトルなどの原料になるポリエチレンテレフタレー

表1　五大汎用樹脂とPET樹脂の用途と原料の高純度テレフタル酸

樹脂及びその原料名		用途
多用途に用いられる樹脂	低密度ポリエチレン	包装材（袋、ラップフィルム、食品チューブ用途）、農業用フィルム、電線被覆
	高密度ポリエチレン	包装材（フィルム、袋、食品容器）、シャンプー・リンス容器、バケツ、ガソリンタンク、灯油缶、コンテナ、パイプ
	ポリプロピレン	自動車部品、家電部品、包装フィルム、食品容器、キャップ、トレイ、コンテナ、パレット、衣装函、繊維、医療器具、日用品、ごみ容器
	塩化ビニル樹脂	上・下水道管、継手、雨樋、波板、サッシ、床材、壁紙、ビニルレザー、ホース、農業用フィルム、ラップフィルム、電線被覆
	ポリスチレン（発泡ポリスチレン含む）	OA・TVのハウジング、CDケース、食品容器、梱包緩衝材、魚箱、食品用トレイ、カップ麺容器、畳の芯
	ポリエチレンテレフタレート（いわゆるペット樹脂）	絶縁材料、光学用機能性フィルム、磁気テープ、写真フィルム、包装フィルム、惣菜・佃煮・フルーツ・サラダ・ケーキの容器、飲料カップ、クリアホルダー、各種透明包装（ＡＰＥＴ）、飲料・醤油・酒類・茶類・飲料水などの容器（ペットボトル）
	不飽和ポリエステル樹脂	浴槽、波板、クーリングタワー、漁船、ボタン、ヘルメット、釣り竿、塗料、浄化槽
原　料	高純度テレフタル酸（PTA）	上記のポリエチレンテレフタレートと不飽和ポリエステル樹脂の原料

注：ポリスチレンまでが五大汎用樹脂
出所：筆者作成

トと不飽和ポリエステル樹脂も我々の生活に密接にかかわるため需要の成長が著しい。そして、これら二つの樹脂の原料となるのが高純度テレフタル酸（ＰＴＡ）であり、二〇〇〇年以降の石化貿易では非常に重要な位置にある。

2　二〇〇〇年代に急拡大し、日・韓を抜いた中国の石化生産能力

二〇〇〇年以降、中国の石化大型プラント建設・生産能力の拡大は驚異的なものであった。本節ではこの点を、表1の汎用樹脂の原料であるエチレン、プロピレンと合成樹脂の中間原料である高純度テレフタル酸（ＰＴＡ）について図1～8によって確かめたい。なお、オレフィンであるエチレンとプロピレンの生産は、アジアでは一九八〇年代まで日本のみであり、一九九〇年代からアジア諸国でプラントの稼働が徐々に始まり、二〇〇〇年代に入ってから中国の生産能力の著しい拡大が進んだという経緯がある。

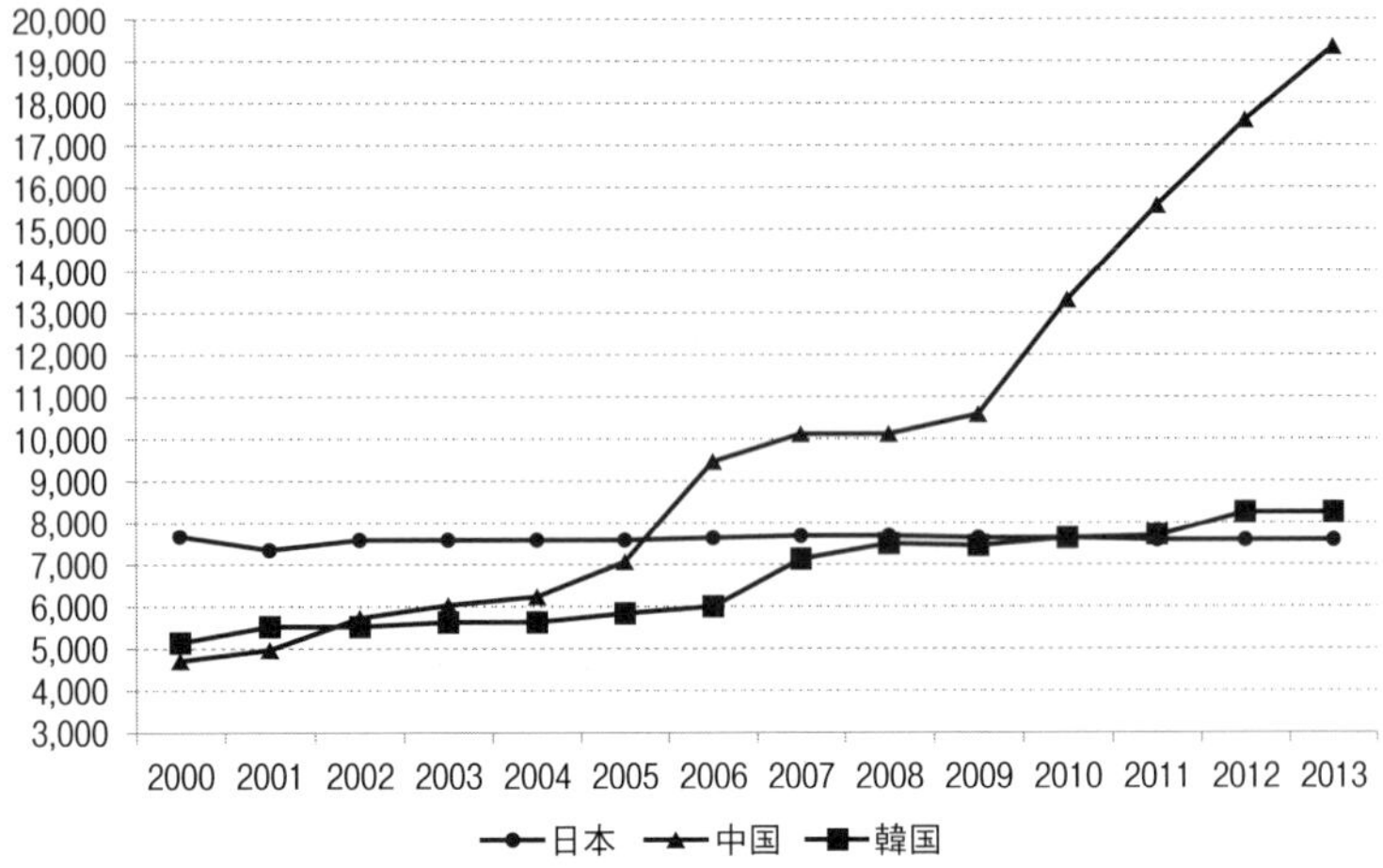

注:2013年データは推計値

出所:経済産業省「世界の石油化学製品の需給見通し」2014年より筆者作成

図2　エチレン生産能力の推移(単位:千トン)

（1）中国に続いて韓国が日本を追い抜いたオレフィン（エチレン、プロピレン）の生産能力

中国のエチレン生産能力は二〇〇二年に韓国を二〇〇五年に日本を追い抜き、その後も急拡大を続けている。また、韓国のエチレン生産能力は徐々に増加し、二〇一〇年に日本を追い抜いた（図2）。逆に、日本の樹脂の内需成長は期待できないため、日本の石化メーカーはエチレン生産能力の削減を進めつつある。そして、もう一つのオレフィンであるプロピレンにおいて同様の傾向が見られる（図3）。

（2）二〇〇五年に韓国を追い抜いた中国の高純度テレフタル酸（ＰＴＡ）の生産能力

高純度テレフタル酸はＰＥＴ樹脂等の原料であり、二〇〇〇年代前半まで韓国の生産能力が最大であり、日本国内でも中国向け輸出を期待して一定の生産能力を維持してきた。しかし、図のように中国の爆発的な生産能力拡大によってアジア市場は供給超過で

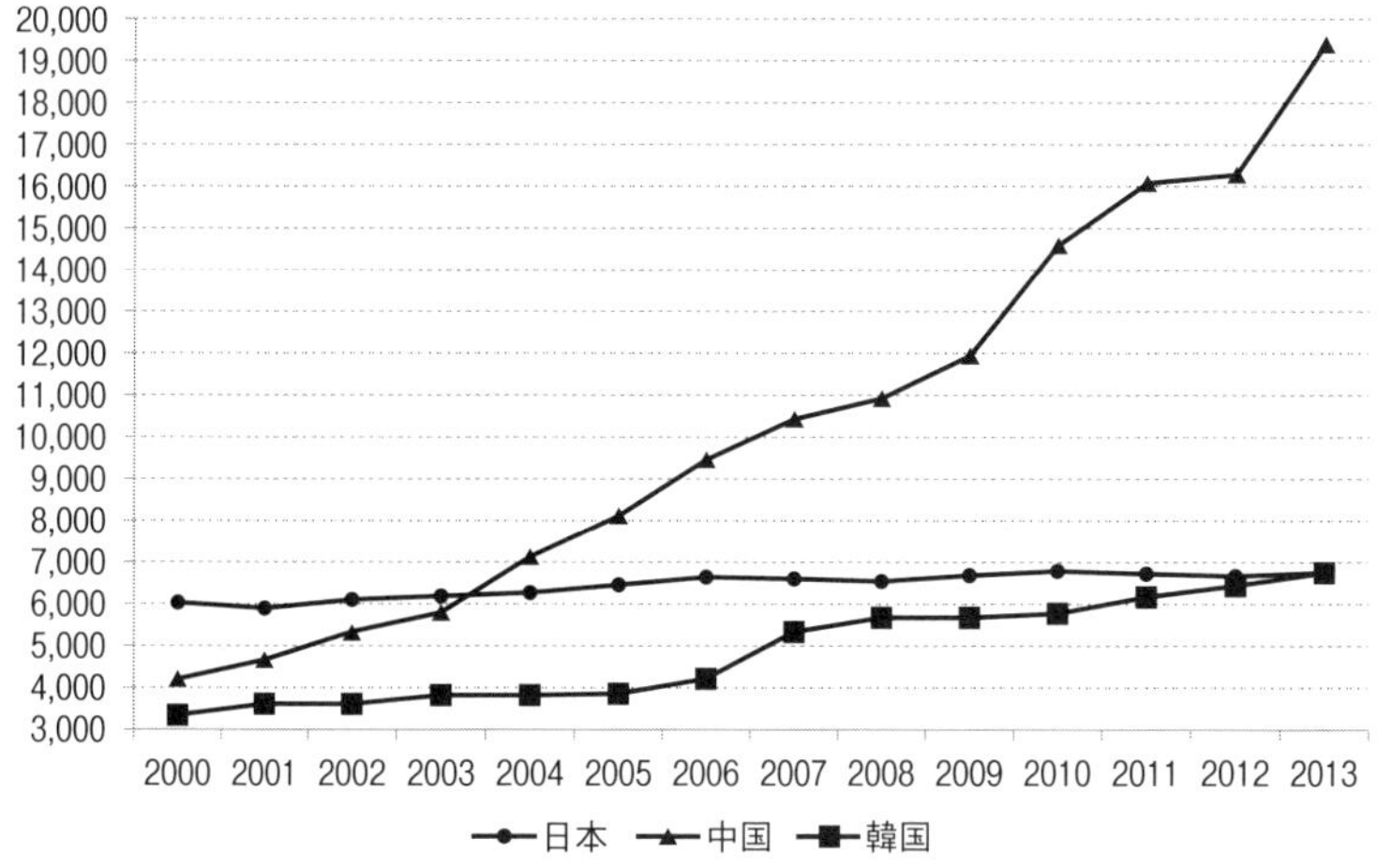

注:2013年データは推計値

出所:経済産業省「世界の石油化学製品の需給見通し」2014年より筆者作成

図3　プロピレン生産能力の推移(単位:千トン)

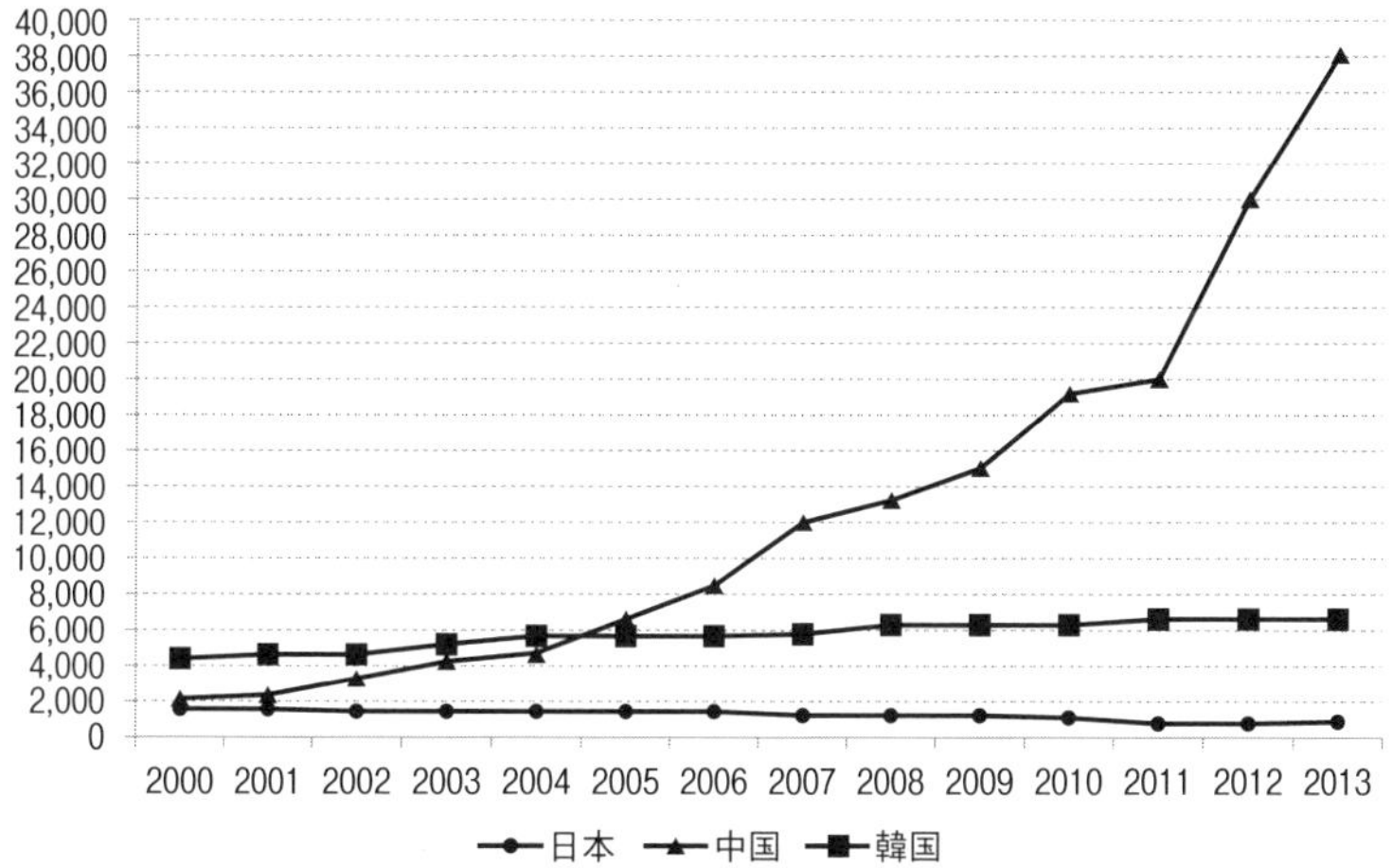

注:2013年データは推計値

出所:経済産業省「世界の石油化学製品の需給見通し」2014年より筆者作成

図4　高純度テレフタル酸(PTA)の生産能力の推移(単位:千トン)

価格は暴落した。このような事から日本の生産能力は二〇〇〇年の二〇〇万トン規模であったが、プラント休止が相次ぎ二〇一一年には九〇万トン規模まで縮小している。

なお、このような中国の生産能力の拡大は、急成長する内需を賄うために中国企業ばかりでなく、欧米メジャーや日本、サウジの企業の合弁も多い点が特徴である。

2　中国の三大石油・石化企業の台頭と「国家資本主義」としての批判

1　中国三大石油・石化企業とは何か

(1) エチレンの生産能力シェアではダウ・ケミカルを抜いて世界第二位のシノペック

シノペック（中国石油化工集団公司）とＣＮＰＣ（中国石油天然ガス集団公司）の二社は、現在、中国版二大メジャーとして知られる。これにＣＮＯＣを加えた三社を中国の三大石油・石化企業と呼び、一九九〇年代から国際石油・エネルギー市場における支配的企業の位置を占めてきた。例えば、シノペックのエチレンの生産能力と世界シェアの推移を見ると、二〇〇八年に世界の四パーセントシェアで七位から、二〇一三年に五・〇パーセントと三位に上昇している。他の製品についても世界シェアに占める割合は長期的に上昇していくことが予想される。

(2) 欧米市場で上場し成長する三大石油・石化企業

二〇〇六年にフォーチュン誌の世界企業の業績ランキングでは、ＣＮＰＣとシノペックはそれぞれ売上高で第四位、第四位、純益額は第七位、第一四位を占め、その後の順位も上昇している。こうした中、これら企業の海外投資・資源権益確保の活発な動きが米国等から批判されている。なぜなら、サウジアラビアなど中東の天然ガ

表2　エチレン生産能力の企業別順位

2008年				2013年			
順位	会社名	能力	構成比	順位	会社名	能力	構成比
1	ダウ・ケミカル／UCC	10,768	8.1%	1	SABIC	12,365	7.8%
2	SABIC	7,215	5.4%	2	ダウ・ケミカル	10,996	7.0%
3	エクソンモービル	6,802	5.1%	3	シノペック	7,835	5.0%
4	ライオンデルバセル／エクイスター	6,269	4.7%	4	エクソンモービル	7,300	4.6%
5	シェル	5,743	4.3%	5	ライオンデルバセル	6,688	4.2%
6	シノペック	5,310	4.0%	6	CNPC	6,090	3.9%
7	台湾プラスチック	4,350	3.3%	7	シェル	5,793	3.7%
	世界合計	133,700	100.0%		世界合計	157,847	100.0%

出所：重化学工業通信社『化学品ハンドブック』各年版より筆者作成

ス（LNG）権益の入札で日本の民間企業グループではあり得ない高額で獲得しており、その投資行動は「経済性を無視した」国家による海外の資源確保に他ならないからである。

ただし、これら企業は欧米の株式市場に上場して総資産を拡大しつつあり、閉鎖企業（非公開）ではないことは留意すべきである[1]。

２　「国家資本主義」企業として批判される中国三大石油・石化企業の行動様式

（1）イアン・ブレマーによる中国を意識した「国家資本主義」の定義

数年前から中国三大石油・石化企業は「国家資本主義」企業であるとして批判を受けている。

この「国家資本主義」企業とは、イアン・ブレマーが著作『自由市場の終焉』（二〇一一）の中で、新興国の分析から批判的に定義したのが端緒である。

その特徴は、国営の石油・ガス会社の存在、国有企業による市場支配力（シェア）の存在、政府と密接な関係を持ち、重要な役割を担う独占企業（National Champion）の存在、政府系ファンド（Sovereign Wealth Fund: SWF）の存在とその戦略的な投資（という資源確保）である。

そして①政府が市場を通して富を創造、②政治的利益つまり政権基盤の安定に利用、結果として、民間企業の活動に基礎を置く市場経済を脅かすことになっている、と結論づけられる。そして、イアン・ブレマーの批判対象が、中国三大石油・石化企業が中心である事は言うまでもない。九〇年代後半から、これらの企業が「国の資源戦略」のために中東やロシアの資源開発に参画している事がその根拠とされる。

(2) TPP推進の根拠とされた中国の「国家資本主義」

ところで、TPP推進の根拠の一つとして中国の「国家資本主義」を封じ込める事も主張されてきた。例えば日本経済新聞は、「国家資本主義」の解説記事で「企業の事業と政府の保護政策を一体化した効率的な経済運営が特徴」と定義し、「社会主義の土台に市場経済を取り組む中国が、その代表格だ」としている。そしてTPPの目的について、「『単に関税を撤廃するだけでなく、勢いを増す国家資本主義に対抗し、透明性が高い平等な市場ルールを築く点にある』(田中均・国際戦略研究所理事長)」という主張を紹介している。(2)実際に記事で述べられているような「効率的な経済運営」が観察されるかどうかは後で検討するとしても、他の先進国の民間企業のように、調達資金の制約もなく(より緩い制約)、「株主の短期的な収益率の要求」を無視できる経営体制であることは事実であろう。そして、そのことが急激な生産能力の拡大や海外資源の獲得を実現できた要因である事は否定できない。

(3) アンチダンピング制度を利用した国内石化企業の保護とその目的

冒頭で指摘したように、中国の石油化学工業は川上のオレフィンでは急速に自給化が進んだ。しかし、多様な製品群のある川下分野では依然として輸入に依存する面が強く、国内企業の成長はおぼつかない。

このような中、中国はWTO加盟後の数年間に、「貿易救済措置」の一つであるアンチダンピング課税を実施する事例が急増した。これらの事例の内容から、国内企業の保護手段として悪用しているのではないか、という批判がある。(3) この点について、一九九五年から二〇一三年末までの日中韓の三か国のアンチダンピング提訴件数に関するデータを見たのが表3〜4である。

表3から三ヵ国の中で中国の一六四件が圧倒的に多い事が認められる。さらに表4で分野別で見ると中国はⅥ「化学品」が八九案件、五四パーセント、Ⅶ「プラスチック・ゴム製品」三六件、二二パーセントと両者を合わせた石油化学分野で七六パーセントを占める。韓国も同様に見ると石油化学分野で三六パーセントに及ぶ。

主にアンチダンピング課税は、国内企業が特定の輸入品について「ダンピングだ」と国内の担当部署に訴えがあってから所定の手続きを経て決定される（公的機関自身による提訴の可能であるが、実績は不明）。そして二〇〇五年時点で見ると、アンチダンピング提訴一四品目の内、二〇〇一年に中国の国家経済貿易委員会が策定した「石油化学工業第一〇次五ヵ年計画」で特に重点分野とされた一一品目が含まれていた。そのため、これら生産者（企業）を保護するために、中国政府がアンチダンピング制度を積極的に活用させていると研究者が推測するのも自然と言えよう。(4)

次に、表4でどの国がどの国を対象にアンチダンピング提訴をしているのかを見ると、中国は日本に二九件、韓国に二六件のアンチダンピング提訴をしているのに対し、韓国は中国に二一件、日本は中国に一件、韓国に一件のみしか提訴をしていない。

ただし、全体の件数を見ると中国はアンチダンピング提訴を七一七件受けており、世界最大の〝被害者〟であり、日・中・韓三ヵ国の中では、日本が最大の〝被害者〟という興味深い状況（？）にある。このように、中国は石化製品の主な輸入国である日本と韓国を対象にアンチダンピング提訴及び課税を行ってきた。

表3　日・中・韓のアンチダンピング提訴の分野

（Sectorial Distribution of Measures）別構成比

	日本		中国		韓国	
	件数	構成比	件数	構成比	件数	構成比
I Live animals and products		0%	1	1%		0%
II Vegetable products		0%	1	1%		0%
III Animal and vegetable fats, oils and waxes		0%		0%		0%
IV Prepared foodstuff; beverages, spirits, vinegar; tobacc		0%		0%		0%
V Mineral products		0%	4	2%		0%
VI Products of the chemical and allied industries	4	57%	89	54%	18	23%
VII Resins, plastics and articles; rubber and arti		0%	36	22%	10	13%
VIII Hides, skins and articles; saddlery and travel goods		0%		0%		0%
IX Wood, cork and articles; basketware		0%		0%	5	6%
X Paper, paperboard and articles		0%	10	6%	9	12%
XI Textiles and articles	3	43%	3	2%	5	6%
XII Footwear, headgear; feathers, artif. flowers, fans		0%		0%		0%
XIII Articles of stone, plaster; ceramic prod.; glass		0%		0%	2	3%
XIV Pearls, precious stones and metals; coin		0%		0%		0%
XV Base metals and articles		0%	13	8%	7	9%
XVI Machinery and electrical equipment		0%	1	1%	19	25%
XVII Vehicles, aircraft and vessels		0%	2	1%		0%
XVIII Instruments, clocks, recorders and reproducers		0%	4	2%		0%
XIX Arms and Ammunition;Parts and Acceaaories Thereof		0%		0%		0%
XX Miscellaneous manufactured articles		0%		0%	2	3%
総計	7	100%	164	100%	77	100%

出所：WTOの公表資料より筆者作成

表4　アンチダンピングの提訴国(Reporting)と被提訴国(Exporting)

Reporting → Exporting ↓	中国	EU	日本	韓国	アメリカ	左記以外の国全て	総計
中国		84	1	21	96	515	717
EU	17		0			51	68
日本	29	7		14	21	55	126
韓国	26	12	1		16	144	199
アメリカ	29	7		7		105	148
左記以外の国全て	63	187	5	35	186		
総計	164	297	7	77	319	2,030	2,894

注:1995年1月1日から2013年12月31日までの件数
出所:WTOの公表資料より筆者作成

例えば、表5は対日アンチダンピング調査の対象品目を調査開始日順に並べ、日本以外の対象国も記したものである。これをみると、日本が対象となった二七品目の内、韓国は一四品目が該当し、日本と最も共通に対象となった国であることがわかる。

次に調査開始日を見ると、二〇〇七年までに二五品目が集中しており、まだ、中国の石化内需が逼迫していた時期に集中しており、その後はいったん収まったようにも見受けられる。ただし、二〇一二年以降に再調査になった品目（メチルエチルケトン、アセトン）や、クロ裁定でアンチダンピング課税が原則とされる最大五年間課せられた後、さらに五年延長という措置を受けている品目（エタノールアミン、ビスフェノールA、カテコール）もある。こうしたことから、二〇一〇年以降においても意図的なアンチダンピン措置が行われていると言わざるを得ない。

日本の業界団体や経産省は、中国の対日アンチダンピング提訴濫発の背景を、対象となった製品が日本の対中輸出金額が大きくないものが多いことから、国内産業の保護より長期的に日本メーカーの進出を促し、技術協力等によって中国の競争力を高めること、つまり外資誘致と競争力の強化につなげるのが目

表5 中国による化学品の対日アンチダンピング調査と日本以外の対象国

No	対象化学品	日本以外の対象国	調査開始日（上段）と最終決定日（下段）	裁定
1	アクリル酸エステル	米国	1999.12.10 2001.6.9	（●クロ裁定で決着） （ドイツのみシロ）
2	ポリスチレン	種区タイ	2001.2.9 2001.12.6	（○シロ裁定で決着→）
3	アクリル酸エステル	韓国、インドネシア、マレーシア、シンガポール	2001.10.10 仮02.12.5 2003.4.10	（●クロ裁定で決着）
4	カプロラクタム	ベルギー、ドイツ、オランダ、ロシア	2001.12.7 仮03.1.7 2003.6.5	（●クロ裁定で決着）
5	無水フタル酸	韓関、インド	2002.3.6 2003.8.31	（●クロ裁定で決着）
6	スチレン・ブタジエンゴム（SBR）	韓国、ロシア	2002.3.19 仮03.4.15 2003.9.9	（●クロ裁定で決清）
7	塩化ビニル樹脂	台湾、韓国、ロシア、米国	2002.3.29 2003.9.29	（●クロ裁定で決着）
8	TDI	韓国、米国	2002.4.17 2003.11.22 再2005.2.3 2006.1.10	（●クロ裁定で決着） （企再調査を開始→） （税率鉱大で決着→）
9	フェノール/	米国、台湾、韓国	2002.6.18 2004.2.1	（●クロ裁定で決着）
10	MDI（ピュアMDIを含む）	韓国	2002.9.20 2003.11.28	（○調査中止で決着）
11	エタノールアミン	米国、台湾、イラン、メキシコ、マレーシア	2003.5.14 2004.11.15 2010.11.13	（●ク白書量定で決着） （5年延長で決着）
12	クロロプレンゴム	米国、EU	2003.11.10 2005.5.10	（●クロ裁定で決着） （5年延長で決着）
13	水加ヒドラジン	米国、韓国/フランス	2003.12.17 2005.6.17	（●クロ裁定で決着）
14	トリクロロエチレン	ロシア	2004.4.16 2005.7.22	（●クロ裁定で決着）

15	ビスフェノールA	ロシア、シンガポール・韓国、台湾2004.5.12 (ロシア除く3国)	2004.5.12 2005.5.12 2005.11.7 2006.8.30 2007.8.29 2013.8.29	 (調査期間を半年延長) (○調査中止で決着→) (企再調査を開始) (●クロ裁定で決着) (5年延長で決着)
16	コーン原料ジメチルシクロシロキ	韓国、英国、ドイツ	2001.7.16 延05.7.16 2006.1.16	 (●クロ裁定で決着)
17	ベンゾフラノール	EU、米国	2004.8.12 2006.2.12	 (●クロ裁定で決着)
18	エピクロJレヒドリン	観光区、米国、ロシア	2004.12.28 2006.6.28 2012.6.28	 (●ク口議定で決着) 5年延長
19	スパンデックス	シンガポール、韓国、米国、台湾	2005.4.13 2006.10.13 2011.10.13(	 (●クロ裁定で決着) 5年延長後再調査)
20	カテコール	米国	2005.5.31 2006.5.22 2012.5.21	 (●クロ裁定で決着) 5年延長
21	PBT樹脂	台湾	2005.6.6 2006.7.22	 (●クロ裁定で決着)
22	オクタノール	韓国、サウジアラビア、インドネシア	2005.9.15 2006.9.15 / 2007.1.31	 (調査期間を半年延長) (○調査中止で決清)
23	ブタノール	米国、EU、ベラルーシ、南ア、マレーシア	2005.10.14 2006.10.12 2007.3.2	 (調査期間を半年延長) (○調査中止で決着)
24	メチルエチルケトン	台湾、シンガポール 台湾が対象	2006.11.22 2007.11.21 2012.11.21	 (●クロ裁定で決着) (再調査を開始)
25	アセトン	韓国、台湾、シンガポール	2007.3.9 2008.6.10 2013.4.3	 (●クロ裁定で決着) (再調査を開始)
26	レゾルシン/	米国	2012.2.3 2013.3.25	
27	ピリジン	インド	2012.9.21 2013.11.20	 (●クロ裁定で決着)

(注) 2013年12月現在、日本製品が対象の化学品は27件で、日系子会社を入れると29件になる。輸出量●金額は調査対象期間中の日本から中国への輸出実績。

出所・重化学工業通信社『日本の石油化学工業』各年版より筆者作成

的ではないか、と判断してきた(5)。

このような日本メーカーの行動に対する影響も考えられるが、アンチダンピング課税により輸入中間原料の国内販売価格が上昇することは、むしろマイナスに働くと見るべきである。すなわち、①短期的には川下（モノマー）のみ生産している中国の化学企業に原料コスト上昇のデメリットが生じる、②長期的には国内企業がアンチダンピング制度に依存し、生産性向上の努力を怠る、という大きな欠点を生じかねない。

以上のような点を考慮しつつ、次に世界企業ランキングにおける日中韓企業数の推移を見ていきたい。

3　世界化学企業ランキングにおける日中韓企業数と企業業績の推移 ——

これまで、WTO加盟後の中国政府による保護貿易的な石化工業育成の内容を述べてきた。この二〇〇〇年代を通した日中韓の化学企業の世界の中の位置と業績の推移を見る。

1　世界化学企業ランキングにおける日中韓企業数の推移

（1）日本企業のランクイン企業数が安定して増加

毎年、世界の化学企業の石化部門売上高でみたランキング50がC&EN誌で公表されており、二〇一一年と一二年は、一位BASF（ドイツ）、二位Dow Chemical（アメリカ）、三位シノペック（中国）と順位は同じである。

次に、表6では、日中韓の石化企業が世界でどの程度プレゼンスを増減させているかを見るため、ランクイン企業数を五時点で比較したものである。

売上高は企業合併でも増加するため、他企業の売上が一定であれば自動的に順位は上がるが、国当りのランクイン企業数という基準であるから合併は減少要因にもなり、指標として問題はないと考えた。

二〇〇〇年では日本企業が六社に対し、中国企業はシノペック一社で、順位も二五位と日本の上位四社より低い。また、韓国企業にランク入りはなく、台湾は台湾プラスチック一社のみである。二〇〇五年になると日本企業は七社に増え、中国企業はシノペック一社であるが順位を七位に上昇させている。また、韓国企業はLG化学一社が五〇位に入り、台湾企業は台湾プラスチック一社だが、順位を一一位に上昇させている。

さらにリーマン・ショック後の二〇〇八年は、日本企業が八社に増え、中国企業はシノペックとペトロ・チャイナの二社となっている。また、韓国企業はLG化学一社だが二四位と順位を上昇させ、台湾企業は台湾プラスチック一社が順位を一〇位に上げている。

そして二〇一二年になると日本企業が九社と増え、一方、韓国企業はLC化学に加えてロッテケミカル、SKイノベーションが加わるという変化を見せている。

(2) 日本企業の事業領域の再編成がランクイン企業増加の要因

二〇〇〇年代に日本の石化企業のランキングが増えている理由として、五大汎用樹脂に代表される汎用製品に徐々に見切りをつけ、付加価値の高い石化製品に事業領域の中心を移してきた成果と言える。日本の石化企業は、国内エチレンプラント停止が本格化する中、国内生産能力を将来の内需に見合うよう縮小してきた。

特に二〇一二年のランキング九社はそれぞれ特徴ある立地・事業戦略を採っており、もともと企業規模の大きかった欧米メジャーや途上国の「国家資本主義」企業が「規模の経済」を追求する製品分野を避けた事も成功要因と考えられる。

次に韓国についてみると、ランキングにあるLG化学はエチレンセンターを持つ総合化学企業であり、特に塩

2008年			2012年			2013年		
順位	企業名	化学部門売上	順位	企業名	化学部門売上	順位	企業名	化学部門売上
14	三菱ケミカルHD	186.14	10	三菱ケミカルHD	284.27	11	三菱ケミカルHD	266.85
19	三井化学	143.88	15	住友化学	190.42	17	三井化学	189.16
23	住友化学	135.71	19	三井化学	176.17	19	住友化学	181.16
26	東レ	123.98	20	東レ	172.89	22	東レ	166.65
28	信越化学工業	116.14	28	信越化学工業	128.47	29	信越化学工業	119.45
38	旭化成	92.25	29	旭化成	118.80	32	旭化成	111.99
40	DIC	90.18	40	DIC	88.17	43	東ソー	79.13
46	昭和電工	74.88	41	東ソー	83.75	45	DIC	76.06
			50	昭和電工	68.55			
ランクイン企業数 8社			ランクイン企業数 9社			ランクイン企業数 8社		
2008年			2012年			2013年		
順位	企業名	化学部門売上	順位	企業名	化学部門売上	順位	企業名	化学部門売上
7	Sinopec	337.95	3	Sinopec	564.42	3	Sinopec	608.29
17	Petro China	159.50						
ランクイン企業数 2社			ランクイン企業数 1社			ランクイン企業数 1社		
2008年			2012年			2012年		
順位	企業名	化学部門売上	順位	企業名	化学部門売上	順位	企業名	化学部門売上
24	LG化学	135.53	13	LG化学	208.97	13	LG化学	211.42
			26	ロッテケミカル	141.21	23	ロッテケミカル	150.17
			34	SKイノベーション	111.63	31	SKイノベーション	116.40
ランクイン企業数 1社			ランクイン企業数 3社			ランクイン企業数 3社		
2008年			2012年			2013年		
順位	企業名	化学部門売上	順位	企業名	化学部門売上	順位	企業名	化学部門売上
10	台塑グループ	274.76	7	台塑グループ	364.12	7	台塑グループ	376.61
ランクイン企業数 1社			ランクイン企業数 1社			ランクイン企業数 1社		
2008年			2012年			2012年		
順位	企業名	化学部門売上	順位	企業名	化学部門売上	順位	企業名	化学部門売上
6	SABIC	344.07	5	SABIC	12,481	4	SABIC	435.81
ランクイン企業数 1社			ランクイン企業数 1社			ランクイン企業数 1社		

↗3.75サウジ・リヤル、6.15元、29.68台湾ドル、1,094.67韓国ウォン、58.51インド・ルピー、30,964タイ・バーツ、2.157ブラジル・レアルなど

資料：C&EN、2014年7月28日号

表6　世界化学企業ランキング50社における日・中・韓　ランクイン企業名と総数

	2000年			2005年		
日本	順位	企業名	化学部門売上	順位	企業名	化学部門売上
	12	住友化学	93.54	13	三菱化学	179.45
	13	三菱化学	89.77	15	三井化学	133.72
	14	三井化学	87.20	19	住友化学	114.58
	18	大日本インキ化学	75.13	21	東レ	112.97
	28	東レ	63.03	25	信越化学工業	102.44
	36	旭化成	52.49	27	大日本インキ化学工業	91.26
				31	旭化成	79.27
	ランクイン企業数　6社			ランクイン企業数　7社		
中国	2000年			2005年		
	順位	企業名	化学部門売上	順位	企業名	化学部門売上
	25	Sinopec	67.92	7	Sinopec	211.21
	ランクイン企業数　1社			ランクイン企業数　1社		
韓国	2000年			2005年		
	順位	企業名	化学部門売上	順位	企業名	化学部門売上
	なし			50	LG化学	54.68
	ランクイン企業数　0社			ランクイン企業数　1社		
台湾	2000年			2005年		
	順位	企業名	化学部門売上	順位	企業名	化学部門売上
	43	台湾プラスチックス	48.81	11	台塑グループ	187.47
	ランクイン企業数　1社			ランクイン企業数　1社		
サウジ	2000年			2005年		
	順位	企業名	化学部門売上	順位	企業名	化学部門売上
	なし			なし		
	ランクイン企業数　0社			ランクイン企業数　0社		

注:2000年　化学部門には医薬、化粧品、エネルギーなどの非化学事業を含まない　資料:C&EN 2001年5月7日号

2005年　為替レートは1ドル＝0.803ユーロ、0.549英ポンド1.246スイス・フラン、3.74サウジ・リヤル、110.11円、32.131台湾ドル、44.00インド・ルピー、8.194中国人民元など　　資料:C&EN、2006年7月24日号

2008年　為替レートは1ドル＝0.679ユーロ、1.0816スイス・フラン、3.75サウジ・リヤル、103.39円、31.52台湾ドル、43.39インド・ルピー、6.95元、1.8327ブラジル・レアルなど　　資料:C&EN、2009年8月3日号

2012年　為替レートは1ドル＝0.7777ユーロ、0.9377スイス・フラン、5.8181ノルウェー・クローネ、3.75サウジ・リヤル、79.82円、1,126.16韓国・ウォン、29.558台湾ドル、53.37インド・ルピー、6.31元、1.9535ブラジル・レアルなど　　資料:C&EN、2013年7月29日号

2013年　為替レートは1ドル＝0.753ユーロ、0.09269スイス・フラン、5.8772ノルウェー・クローネ、↗

化ビニールの生産能力では一社で日本の生産能力を上回る水準に達している。さらにサウジでの合弁など積極的な海外生産の展開で成果を挙げた事が反映されたと推察される。

一方、中国とサウジは「国家資本主義」企業とされるエチレンやプロピレンを中心とした企業しか登場していない。もっともサウジの場合、世界貿易の中で川上中心のオレフィンセンターを目指した面があったから不自然ではない。しかし、中国でランキングしているのが、多くの川下傘下企業を含む「国家資本主義」企業（シノペック）一社のみであるという事は何を意味するであろうか。結局、「国家資本主義」企業が国の保護の下に成長した以外、国内で成長している企業がないという、歪んだ産業発展を表したものと言えよう。このような産業発展の在り方の課題は他の研究者も指摘しているが、ランキングの推移からもうかがえる。(6)

2　日中韓の代表的化学企業の競争力と今後の競争の在り方——

本節では日中韓の代表的化学企業の業績推移を比較して特徴を述べていきたい。

(1)　シノペックとLG化学の対照的な利益率の推移

表7は先のランキングに登場する日中韓の代表的化学企業四社の業績と収益性を示す指標の推移を見たものである。

石油化学工業は基礎原料、中間原料（モノマー）、樹脂（ポリマー）のそれぞれに市況性があり、川下に向けて価格差（スプレッドと呼ぶ）が開くほど収益性は高くなる傾向を持つ。そうした観点から表では業績として売上高を、収益性として売上高営業利益率を用いている。

表7　代表的化学企業の業績と収益性　単位、億ドル

		2000年	2005年	2008年	2010年	2012年	2013年
三菱ケミカルHD	化学部門売上高営業利益率	4.2%	5.1%	-3.4%	6.3%	1.0%	1.9%
	化学部門比率	n.a	82%	66%	72%	71%	74%
	化学部門売上高	89.77	179.45	186.14	260.21	284.27	266.85
住友化学	化学部門売上高営業利益率	8.0%	5.9%	-1.5%	5.3%	1.9%	3.8%
	化学部門比率	n.a	81%	79%	77%	78%	79%
	化学部門売上高	93.54	114.58	135.71	173.77	190.42	181.16
Sinopec	化学部門売上高営業利益率	4.3%	8.3%	-5.7%	4.7%	0.1%	0.2%
	化学部門比率	n.a	21%	16%	12%	13%	13%
	化学部門売上高	67.92	211.21	337.95	474.44	564.42	608.29
LG化学	化学部門売上高営業利益率	n.a	5.1%	8.9%	14.2%	8.1%	7.5%
	化学部門比率	n.a	75%	100%	100%	89%	100%
	化学部門売上高	n.a	54.68	135.53	171.38	208.97	211.42

注：三菱ケミカルHDの2005年は三菱化学時代のデータ
出所：表Ⅲ－１のデータより筆者作成

二〇〇五年は四社のうち、シノペックが売上高、売上高営業利益率とも最も良い値を示している。

次にリーマン・ショック翌年の二〇〇八年では、ＬＧ化学が二〇〇五年から大幅に売上を伸ばし、売上高営業利益率の上昇も際立っている。一方、ＬＧ化学以外の三社は営業赤字に転落し、特にシノペックは収益性の悪化が大きい。さらに二〇一〇年になるとＬＧ化学の売上高営業利益率は一四パーセントを上回り四社で最も高い。対照的にシノペックは、売上そのものは急増しているものの売上高営業利益率は二〇〇五年を下回っている。日本の二社は売上を順調に伸ばしつつ売上高営業利益率も改善させている。

二〇一三年では、シノペックは売上そのものの伸びは高いが売上高営業利益率はゼロに等しい。反対に、ＬＧ化学は増収増益で売上高営業利益率も四社の中で最も高いことが注目される。

このようなシノペックとＬＧ化学の収益率の対照性は、前者は川上（オレフィン）能力を先行し

て拡大しつつ川下までさまざまな製品を製造している一方、後者は塩化ビニール中心に川下の生産を拡大し、効率的にスプレッドを確保できていることが理由だと推察される。

（2）今後の日中韓石化企業の競争のあり方

以上のように、「国家資本主義」企業であるシノペックの売上高の規模とその伸びは著しいものの、収益性は他の三社よりかえって劣った現状にある。

この理由は、まさに「国家資本主義」企業であるため、他の三社に比較して株主の要求収益率に鈍感であり、生産性向上の要因が働いていないためと考えられる。実際、中国の国営企業と民間企業の二〇〇五～一〇年におけるＲＯＡの比較を行った三浦（二〇一二）の分析によると、民間企業の方が一貫して高い値を示し、その差は拡大している[7]。

このような状況は、日本の総合石油化学企業が、一九八〇年代、政府の保護的政策（産構法）の影響で他の製造業に比較して収益概念が乏しい、などと批判があったのと同様である。したがって、二〇一二年以降も生じている中国のアンチダンピング提訴に対し、日本企業はアンチダンピング制度を利用して応じるべきではなく、韓国企業も同様の態度が望ましいと言える。

石油化学工業の分野は、二〇〇〇年以降、サウジアラビア、東アジア諸国でも巨大企業が登場しつつある。その中には「国家資本主義」に近いものが散見され、今後、これら諸国の企業と日中韓の石化企業の競争が様々な製品市場で本格化することは間違いない。

そのような状況に備えて日中韓企業が行うべき事は、自由貿易・市場競争ルールの徹底を図ることである。なぜなら、「国家資本主義」企業が長期にわたり収益性を高めていくのは困難であるからである。

参考文献

（社）日本化学工業協会（二〇〇三）プレスリリース、日化協　第二回「日中化学官民対話」に参加。

恒藤晃（二〇〇三）「中国による化学品を対象としたＡＤ措置の多発について」『化学経済　二〇〇三・六月号』化学工業日報社　五六—六一頁。

中川淳司（二〇〇四）「ＷＴＯアンチダンピングルール概説」中川淳司編『中国のアンチダンピング—家日本企業への影響と対応策——』ジェトロ　七—二〇頁。

安田啓　牧野直史（二〇〇四）「中国アンチダンピング調査に対する日本企業の対応と方策——化学産業を中心に——」中川淳司編『中国のアンチダンピング——日本企業への影響と対応策——』ジェトロ　一二一—一三五頁。

丸山知雄（二〇〇四）「中国のＷＴＯ加盟後の産業政策——アンチダンピング急増の背景——」中川淳司編『中国のアンチダンピング——日本企業への影響と対応策——』ジェトロ　一三七—一五七頁。

横井陽一　竹原美佳　寺崎友芳（二〇〇七）『躍動する中国石油石化——海外資源確保と中下流発展戦略——』化学工業日報社

滝川敏明（二〇一〇）『ＷＴＯ法——実務・ケース・政策——』三省堂。

イアン・ブレマー　有賀裕子訳（二〇一一）『自由市場の終焉——国家資本主義とどう闘うか——』日本経済新聞出版社　The End of The Free Market, Who Wins the War Between States and Corporations？(2011).

宮崎 勇編／丸茂 明則編／大来 洋一編（二〇一二）『世界経済読本　第八版』日本経済新聞社。

馬田啓一（二〇一二）「ＴＰＰと国家資本主義：米中の攻防」『季刊 国際貿易と投資』Autumn 2012/No.89 国際貿易投資研究所　九〇—一〇九頁。

三浦有史（二〇一二）「中国『国家資本主義』のリスク——『国進民退』の再評価を通じて」『環太平洋ビジネス情報 RIM 2012 Vol.12 No.45』日本総合研究所　一—三四頁。

渡辺利夫　二一世紀政策研究所　大橋英夫（二〇一三）『ステート・キャピタリズムとしての中国——市場か政府か——』勁草書房。

中川淳司（二〇一三）『ＷＴＯ』岩波新書。

「韓国　輸出が生産を下支え」『化学経済　二〇一四・一二増刊号　二〇一四年版アジア化学工業白書』化学工業日報社四—一五頁。

「中国　進展する原料多様化」『化学経済　二〇一四・一二増刊号　二〇一四年版アジア化学工業白書』化学工業日報社　四一—七九頁。

注

（1）これら三企業とも二〇〇〇年、二〇〇一年にニューヨーク証券取引所に上場し、その際、一〇パーセント以上の株式を欧米メジャーが保有している。

（2）日本経済新聞　二〇一二年五月一四日。

（3）『世界経済読本　第八版』一三七頁［二〇一二］では「衰退産業であり投資の減少や優秀な人材確保に悩むアメリカの繊維業界や鉄鋼業界のアンチダンピング措置と中国化学業界のアンチダンピング措置は事情が異なる。」「このような産業保護の中で中国の化学工業は急速に力をつけつつある」と述べている。

（4）丸川知雄「中国のＷＴＯ加盟後の産業政策　アンチダンピング急増の背景」（中川淳司編著『中国のアンチダンピング　日本企業への影響と対応策』ジェトロ［二〇〇四］第七章。

（5）例えば、経済産業省　製造産業局化学品課　恒藤晃（二〇〇三）「中国による化学品を対象としたＡＤ措置の多発について」『化学経済　二〇〇三・六月号』化学工業日報社五六―六一頁、による記述、また、日本化学工業会［二〇〇三］のプレスリリース〝日化協　第二回「日中化学官民対話」に参加〟では「現在、日中間の化学産業における最大の課題である中国の化学品に対するダンピング問題をはじめ、環境問題に関する日本から中国への技術移転の問題、中国との技術交流や中国からの投資要請などについて対話を重ね、相互理解を深めることとしています。」としている。

（6）例えば三浦有史「中国『国家資本主義』のリスク―『国進民退』の再評価を通じて」『環太平洋ビジネス情報　RIM 2012 Vol.12 No.45』日本総合研究所。

（7）上記論文の二一頁、表７における分析を参照した。

第11章　中国人技能実習生の日本からの離脱とインドネシア人、ベトナム人技能実習生の増大
——東南アジア諸国との関連で——

坂　幸夫

はじめに

本稿は、中国人技能実習生の東日本大震災後の有りさまについて、その概要をまとめ、さらにそれに関連して増大しつつある東南アジア、特にインドネシアとベトナムの技能実習生について、その宗教的特性（イスラム教）などをまとめ、今後の課題について検討したものである。

まず始めに、中国人技能実習生の東日本大震災後の生活について、その概要を検討する。日本における中国人技能実習生については、日本全体の動向と比較しつつ、主に富山県での数の推移、そして中国人技能実習生の生活について見ていく。そしてその後東日本大震災によって帰国した実習生のその後について簡単に素描し、その中で今後の技能実習の制度のあり方をめぐっての課題を整理していく。

終わりに日本の受け入れ機関について行ったアンケート調査、及び中国現地で行った聞き取り調査から、中国

人技能実習生について、彼らがどのような将来像を描いているのか、を見ていく。そして増えつつある東南アジアの技能実習生、特にインドネシア人とベトナム人技能研修生について、調査結果から今後の課題をみていく。

1 日本と富山の技能実習生数の動向

1 日本の技能実習生数の動向

日本全体の技能実習生の数については、著者の別稿を参照[1]してほしいが、日系ブラジル人が減少する下で、二〇〇〇年代の急増から微減に転じ、特に中国人技能実習生は徐々に減りつつある。その理由は言うまでもなく、中国における人件費の高騰、そして東日本大震災の影響である。人件費の高騰、円安は中国人技能実習生にも影響し、送り出し機関に保証金を支払ってまで、日本に行かなくとも、中国で働く方がよい、という判断がある。震災直後には実習生の募集は二倍程度に落ちた。その後幾分回復したものの、現在でも多い業種で四倍程度、業種によってはほとんど人が集まらない。かつては大都市部でも人が集まったが、現在では例えば大連周辺ではほとんど人が集まらず、地方の農村に人を集めに行く。そうした中で日本の中国人技能実習生は減少傾向にある。そして増え始めたのが、東南アジアからの実習生である。この東南アジア、特にインドネシア人、ベトナム人技能実習生については後述する。

2 富山県の技能実習生数の動向

次に富山県について見てみよう。これも詳しくは別稿を参照[2]してほしいが、中国人技能実習生同様、単純技能に就労する日系ブラジル人は、九〇年代に急増し、その後二〇〇〇年代には漸増傾向を示しながら二〇〇六年には四六六三人のピークを形成している。しかし二〇〇七年には早くも減少傾向を示し、リーマンショックもあって二〇〇九年には二六四〇人と大きく減少している。

これに対し中国人は二〇〇〇年代に毎年増大し、二〇〇八年に至って初めてブラジル人を上回った。その後二〇〇九年には三〇〇〇人強とさすがに減少したが、一方ブラジル人はさらに減少したために、それと比べると依然として上回ったままである[3]。これには富山県の製造業が比較的規模が小さく、中国人技能実習生の受け入れが進んでいたということ、さらに技能実習生が契約上基本的に解雇することが難しいのに対して、ブラジル人、そして日本人も派遣労働者である限り、数の調整は比較的簡単であるという事情にもよる。これが数の上では今日ブラジル人を上回る実態にある所以である。要するに日本全体を眺めてみた場合、農業や漁業のようにインドネシアやベトナムなどの新興国やアメリカのような大規模化された農業との競争の中にあって、高齢化が著しく、新規の就労者が見込めない中で高齢者の代替としての技能実習生が活用されている訳である。これに対し富山県では依然として製造業が多い。そしてその製造業が実習生数のマイナスの主因であることはいうまでもない。だからこそ富山県の二〇〇九年度技能実習生数の前年度比は、先のＪＩＴＣＯ[4]の資料では二一・三パーセントと大幅な減であった[5]。

ところで日本の企業が中国人研修生を受け入れる理由は、何なのであろうか。この場合企業とは中小零細企業、とりわけ零細企業であることが前提である。いくら日本が長期にわたる景気低迷にあるとはいえ、零細企業にはなかなか日本人は就職しない、特に若い人はそうである。そのことを前提に、まず第一に日本人と比べれば、「給料を上げろ」だとか、「休日は必ず休みたい」などとは言わないということである（ただし中国人技能実習生は最近では必ずしもそうとは言えない）。

また同じ単純技能労働についているブラジル人を中心とした日系人と比べると、厳密な意味での比較は難しいものの、金額的な点でいえばそれほど大きな違いはないか、あるいはあるにしても多くの差ではないものと思われる。確かに給与は中国人技能実習生の方が安いが、雇い主が負担する往復の渡航費や宿舎代、そして受け入れ機関に支払う金額（送り出し機関への支払いも含む）も加えるとその差はごく少ないであろう。

このように企業が支払う金額は実は大差がないにも関わらず、受け入れる理由の第一は、先の人手不足に加え、受け入れ機関による面倒見の良さであろう。本稿ではT協同組合の事例で見ていくが、法律に定められた二カ月の研修期間中は言うまでもないが、会員企業に移ってからも企業からの依頼によって、技能実習生が必要とする生活用品の購入、季節ごとの実習生を誘ってのイベント、そして二四時間体制の相談に応ずる連絡網の整備などT協同組合が請負っている。また例えば会員企業が倒産の危機にあったような場合には、当該会員企業から他の会員企業への実習生の紹介などもある。これらは実習生の面倒をみるという点において、確かに手の掛ることである。(6)

しかし表現を変えれば、技能実習生はたえず受け入れ機関、そして企業等の監督下にある。そしてそれゆえにこそしばしば問題となる違法行為も、ここから発生することになる。(7) もちろん大半はそこまではいかないものの、その監督下にあることのデメリットも少なくない。すなわち法的な面では、三年間は契約があり、企業は原則的に解雇できない。したがって企業の側からすれば機動的な営業活動が出来がたい。また入国時に一つの職種に限定され、それは出国時まで固定されるが、製造業において業務に多様性のある場合も、受け入れ技能実習生にそれへの対応を求めるのは困難である。(8) これは日常の業務作業を行う上で、確かに大きな障害になるであろう。また研修を受けているにも関わらず日本語能力には問題がある等もある。

2　在留期間について

技能実習生は、三年の在留期間が認められている。だが多くの中国人技能実習生は、さらに長く日本にいることを希望する。しかし同協同組合を通じて送り込まれる人で筆者の接する範囲でいえば、より長期を希望はしても、定住化（移民）を希望する人はほとんどいなかった。

ただ現行の法制度の下でも、その枠をこえてより長期の滞在を希望する人は少数ながらいる。彼ら、彼女らは出稼ぎ労働者ではあるが、日本での在留期間のさらなる長期化を希望する人、また企業からもそれを望まれる人はいるのである。

そこで彼らは一度帰国した後、技術者の条件を満たした者を技能実習生としてではなく、技術者として就労ビザを取得して再度入国を果たす。これはT協同組合の範囲でいえば、二つの企業で見られた。両者とも仕事は本来の職務に加えて、技能実習生の指導に当たっていた。中国語はもちろん、日本語がある程度できる彼らは、中国人技能実習生の指導者としてピッタリなのである。ただし彼らが、一律に定住化を望むかどうかは不明である。

聞き取り調査の範囲では、この内金属加工を営む工場では、これまで五名の就労ビザで働く人がいたが、うち四人が帰国し、一人は日本で転職していた。この人たちの勤続年数をみると、五年勤めた人が二人、三年と二年が各一人、転職者はこの企業で四年勤めていた。また印刷工場で働く中国人は、今も日本で働いていた。この人は日本人（女性）と結婚しており、定住化の意思は明瞭である。いずれにせよこれらの工場は、技術的にはかなりの深さを持つ工場であり、それだからこそこうした技術者の存在が可能となる。

結局技能実習生は三年間という法で認められた期間の中で、それに不満を持ちつつも働いていた。

そのもとで多くの中国人技能実習生が希望し、また日本企業も望んでいる在留期間のさらなる延長については、一定の技術を持っていることを条件に五年にすることはありうる。[10] ただしその場合でも五〜六年が限度と思われる。なぜなら彼ら、彼女らはあくまでも出稼ぎ労働者であり、企業の側もそれを前提に雇いいれているからである。彼ら彼女等が働く労働市場を維持・活性化させるためにも五〜六年が限度であろう。技能実習生は、あくまでもローテイションにしたがって働く労働者と見なされており、近い将来五年に変わっても、その点は同じである。

このローテイション制度であるが、実態としては労働者の時間的（三年間）、空間的（特定の企業）にその自由を奪うものであり、やはり好ましいものではない。[11] しかしいくつかの業種では、実態として技能実習生がその根幹部分を支えており、その現状をどうすればよいかなど検討せねばならない課題も多い。

3 日本からの離脱

ところで二〇一一年の三月一一日、東日本大震災が起きた。技能実習生は、東北を中心に帰国する人が相次いだ。これは彼らを雇用している日本人が直接被災したことによるものであり、当然のことであろう。富山県でも、技能実習生の帰国の動きが見られた。ただしそれは受け入れ機関によって差異があり、本稿でみてきたT協同組合では、帰った人は全くいなかった。これは同協同組合専務理事の説得に応じたためである。専務理事の中国と日本のかけ橋となる役割の大きさが感じられる。しかし富山県も含めて技能実習生が戻ってしまった製造業では、企業活動の再開は困難であった。東北地方では、製造業だけでなく農業や漁業にも多くの実習生がおり、その対応に追われた。

以下ではこの帰国した技能実習生をめぐる状況、さらには三月一一日以後の中国の状況について、筆者が見聞した限りでの情報を述べることにする。[12] なおここでの帰国実習生へのヒアリングはあくまでも限られた数（一一人）について行ったものであり、実習生全体の声ではない。

1　基本項目

①性別・日本での業種では、男子が四人で、全員が農業である。女子は七人、うち農業が三名、水産加工が四名である。②年齢は二〇代が九名、三〇代が二名である。③既婚者が七名、未婚者が四名である。④中国での仕事は、農業の手伝いが四人、工場勤務が二人、水産加工が四人である。全員がアルバイトである。住んでいるところは全員が大連近郊である。⑤日本の勤務場所では、農業勤務者は七人全員が茨城県、水産加工の四人は宮城県であった。

2　日本に来た目的及び技能実習制度について

①日本へ来た目的では、「家族や両親のために送金」が最も多く、次いで「子どもの学費」である。

②技能実習制度について

ここでは三年間という期間の問題、そして勤務箇所について聞いた。まず期間の問題では「三年では短い」という人が五名、「期間は自由にすべき」という人が二名いた。

また勤務箇所では、「自分で選びたい」という人が三名いた。それに対して「会社も変わりたくない」と答えたのは農業の一名であった。その他「今の仕事以外にアルバイトをさせて欲しい」、「一時帰国の制度を作ってほしい」なども各一名ずついた。

3　帰国したことに関して。

①帰国した理由と会社の発言。

全員が「怖かった」と答えていたが、その中で会社側の発言は「時間が経ったら帰ってきて欲しい」と言われた人が七名いたが、一方三名は「何も言われなかった」と答えた。この三名は全員が農業勤務であり、農家の側に帰ってもらっては困るという思いがあり、その複雑な気持ちの反映でもあるようである。

②今の気持ち

「（中国に帰ったことを）後悔している」と答えた人が四人、他は「後悔していない」としている。「後悔している」のうちの一人は「まだ十分お金が貯まっていないから」としていた。

③日本への再度の訪問について

八人は「もう一度行きたい」と答え、このうちの農業をしていた四人は具体的に再入国のビザを申請していた。これは元の職場に戻る限り、再入国の際に入国許可は必要がないという今回限りの特例を利用したもののように思われる。

④送り出し機関との関係について

九名は「良好」と答えており、二名は「いいえ」と回答した。

以上が一一名に面接した内容である。面接では通訳を介しているが、それは送り出し機関の人であり、例えば④の送り出し機関との関係など、十分な聞き取りはできなかった。

しかしまず第一に彼らの多くは「再度日本に行きたい」と答え、具体的にその予定であると回答したものは四名いた。彼らは全員が茨城の農業勤務者であり、農家は震災後もそのまま営業を続けていたと思われる。その場合は元の農家に再就職が可能である。ただし問題はその場合の日本への旅費がだれの負担であったか、という点である。その辺りの事情は残念ながら不明である。法的には往復の旅費は日本の雇い主が負担することになっている。

それに対し水産加工についていた四名のうち、二名が「再び日本に来たい」としているが、他の人は「行きたくない」と答えている。この水産加工会社は地震や津波で被災しており、働く場所はもとより、交通費を出すこともできなかったと思われる。

このように帰国した技能実習生はそれぞれ事情を抱えていた。そして中国での調査（二〇一四年六月）である。調査は当初中国の国家機関を通じて送り出し機関にアンケート調査を行う予定であった。ところが現地に行ってみると、調査はできないとのことであった。そこで急遽送り出し機関四つに対するヒアリング調査に切り替えた。

4 中国でのヒアリング調査から

ヒアリングは四つの送り出し機関の職員層とその総経理（社長）におこなった。送り出し機関は四つとも比較的規模が大きい。一般的に研修機関はいくつかの送り出し機関が共同で作っているが、この四つの送り出し機関の中の一つは自分で研修機関を持っていた。

ヒアリングの結果であるが、意見は二つに分かれていた。送り出し機関の若い職員層の意見は、中国ではこれからの技能実習制度については悲観的であり、五〜一〇年の間に他の業務に転換していくであろうということで、他の業務とは現在行っている派遣事業と答えた人が多かった。これに対し依然として人数は減らないし、まだまだこのまま継続するという意見も経営者では見られた。それらの送り出し機関は、数が少なくなってきている技能実習生候補を中卒・高卒と専門学校卒に絞り、また募集する地域も農村地域に狙いを定めている。これらの送り出し機関は規模も大きく、学校も自前で持っている。しかしこうした送り出し機関は恐らくは（先の職員層の話では）少数であろうとのことであった。

こうして見てくると、中国での技能実習制度は確かに曲がり角にある（日本の弁護士連合会は制度の廃止論を主張している）。

いずれにせよ中国一辺倒でないとするなら、それは中国以外の国々にまで広がらざるを得ない。あるいはまた中国人技能実習生が指摘していた三年間の期間の問題、特定の勤務箇所といった法律の持つ拘束性も再検討の余地がありうる。

先のアンケート結果によれば、三年の期間をさらに伸ばしてもよいと考えているだけでなく、在留資格も五年に変更し、技能実習生の枠からの離脱さえも有りうるという回答結果であった[14]。こうしていずれにせよ中国人を中心とした技能研修制度については再検討せざるを得ないであろう。

5　インドネシア人、ベトナム人技能実習生の労働と生活 ――――

中国人技能実習生に代わって増えているのが、東南アジアの技能実習生である。統計的に見ると[15]、二〇〇八年では中国人技能実習生は六万八八六〇人であったが、二〇一二年では五万一一三六人となっている。これは二五・八パーセントの減である。これに対し中国以外のアジア各国は総計で二〇〇八年では二万一六五一人であったが、二〇一二年では二万八六二〇人となり、三二・一パーセントの増加を示している。その内インドネシア人は二〇一二年では五二一三人となっており、未だアジア人総体の中では少数である。しかしこうして中国以外のアジア各国の技能実習生は着実に増えている。

T協同組合の場合でみるなら、インドネシア人技能実習生を採用し始めていた(16)。その理由としては、人件費がまだまだ安い。また中国人技能実習生は、権利を強く出張するが、東南アジアの技能実習生は「性格が穏やか」で、「権利意識が弱い」ということであった。さらに何故インドネシア人なのか、という問いには、インドネシア人は、その宗教的特性（八割がイスラム教）から、他の東南アジア人よりも従順であるという答えであった。しかしそうであれば彼らは、再び人権問題に巻き込まれる可能性がある。

また彼ら、彼女の多くがイスラム教信者である以上、祈りの時間が欠かせず、一日に五回、午前三時から始める。一回が一〇～一五分程度である。また豚肉は食べない。例えば豚肉を含む調味料などもだめである。今のところこの宗教的特質は、当人の努力と日本人の配慮で大した問題にはなってはいないようである。しかし多くのインドネシア人技能実習生が日本に来た時、問題になる可能性はある。その時日本の零細企業の経営者、そして送り出し機関や受け入れ機関はどうするのであろうか。

その点で日本に来ているインドネシア人に質問する機会を得た（二〇一四年一〇月）。といってもヒアリング対象者は数がわずか二名、彼らは日本に来てひと月しか経ってない技能実習生であり、まだ働いていなかった。したがって必ずしも日本の企業の実態をあまりよく知らないようであった。その点に留意して欲しいが、彼らは楽観的であった。日本に来たのは技術を覚えたいからであり、日本語もよくできないので早く、覚えたい。パソコンはなるべく早く買いたい、そして情報交換したい。在留期間は三年でよく、三年たったら帰国して、インドネシアで働きたいということであった。

これは中国人技能実習生とはかなり異なっているというのが私の印象である。宗教的には二人はともにイスラム教であったが、これについても祈りの回数が五回から四回ないしは三回に減っても特に問題はない、という回答であった。豚肉を食べないという点についても、彼らは自炊であり、問題ないという回答であった。さらにラマダン（断食）の習慣についても、しなくても特に問題ないということであった。

なお研修所の講師（中国人）の話では、インドネシア人は体力的に中国人と比べ劣る。したがって建設業（富山では建設業が多い）でもトビ職などには向かず、タイル貼りや塗装が向いている、ということであり、それもあって企業もインドネシア人にはあまり関心を持たないということであった。

その後、二〇一四年一〇月に現に働いているインドネシア人にヒアリングする機会を得た。ヒアリング対象者は会社（正規従業員数二一名）の社長とそこのインドネシア人従業員二名（他にインドネシア人は二名）であった。従業員の性別は両者とも男性、年齢は二一歳、高卒であった。日本語も比較的流ちょうであり、日本に来て約一年、仕事は鉄線の組み立て、収入は月一三～一四万程度（残業代込み）であった。この賃金は最低賃金が上がるごとに最低賃金の上がる額だけ上がる。また役職はなく、日本の一般工員と同じであった。

まず社長に質問した。インドネシア人への評価は、良かった。まず彼らは素直であり、従順であるということであった。仕事上の手直し、やり直しに対して、緻密で正確にやる。またインドネシア人は多くがイスラム教であるが、それに対して特に対応はしていないということであった。お祈りに関しては、最初特別にお祈り部屋を用意しようと考えたが、特に必要ないのでやめたということであった。ラマダンについても、彼らは特段しないので、これも特別配慮はしない、ということであった。さらに彼らは豚肉を食べないが、それに対して飲食は彼らに任せてあり、これも特に配慮はしていない、ということであった。

次いでインドネシア人本人への面接であるが、彼らの宗教的特質である、お祈りについては、本来は一日五回であるが、今は一日二回、午前五時と寝る前の午後九時だけであり、それで問題ないということであった。またラマダンはやらないということであった。これはインドネシアの送り出し機関で、そのように教えられたということであり、もちろんインドネシアではやるということであった。また豚肉を食べないということについては、二人とも決して食べないということであった。ただ彼らがいうには、友人の中にはよく食べるものもいる、ということであった。仕事については、大分慣れてきて、面白くなったということであった。彼らは三年間の在留期間はちょうどよく、それが過ぎたらすぐに帰って、トラック会社を作りたいという意向を持っていた。

面接の概要は以上のようであったが、私の印象は、インドネシア人は従順であり、宗教的にはかなり柔軟であるということであった。

なおそれに関連して、インドネシア人を紹介してくれたR氏の話では、現在富山では、外国人技能実習生をめぐって失踪者が相次いでおり、その中心は中国人であるが、インドネシア人など東南アジアの人々も含まれる。行き先は東京オリンピック関係の建設が始まった東京が多いということであった。また大連では、人件費の高騰が激しく、大連周辺ではもはや実習生をさがすことはできないということであった。

次にベトナム人実習生に移ろう。ベトナム（ハノイ）調査（二〇一五年六月）では三つの目的があった。一つはベトナムの実習制度、特に送り出し機関はどうなっているのか、二つにベトナムの実習生はどのような状態に置かれているか、第三にそれに対して中国の送り出機関はどのような対応をしているか、である。

まずベトナムの技能実習生制度であるが、訪問したベトナムの送り出し機関C社は従業員六名、送り出し業務を始めて三年、その前は貴金属類の製造、販売、輸出をやっていた。これは送り出し業務を始めた今でもやっていた。これまでに一八〇人の実習生を日本に送り出していた。ハノイの大多数の送り出し機関は始めてまだ間がなかった。

次にベトナム人について、触れよう。私が接触したのは、日本で観光業を営む会社と建設業を営む会社の試験に来ていたベトナム人であった。観光業を営む会社は調理が試験、建設業を営むB社は溶接が試験であった。

まずA社の試験には六人が受験した。その詳細は省くが、試験に受かったら彼らは全員ができたら三年以上日本にいたい、ベトナムに帰ったら日系企業に勤めたいと答えた。またB社の試験を受けた人たちも六名であった。同じく多くの人ができるだけ長く日本にいたい、帰ったら日系の企業に勤めたいと答えた。

承知のように日本では自民党が実習制度を建設業に限って五年いられる制度に変えることにした。そのことを正確にではなくとも知っていたのかもしれない。ベトナムに帰ったら日系の企業に勤めたいというのが、ほぼ共通した回答であったが、しかし送り出し機関の話では、それらの企業は押し並べて賃金が低く、より高い賃金を得ようとすると相当の技能の高さが必要であり、それは彼らには無理であった。そこで自分から小さな企業を作ったり、飲食店を作ったりに落ち着くということであった。

次の第三の問題に移ろう。中国はそうしたベトナムの状況に対し、どのような対応を取ろうとしているのか、という点である。中国の送り出し機関が多様な変化を遂げていることは前述した。中国の送り出し機関X社は中国でも有数の送り出し機関であるが、ここは持ち株会社化し、その中の一社をベトナムの支援にあてていた。具体的には事前教育の仕方を教え、講師の派遣をしていた。そうすることにより将来は自らベトナムに進出し、技能研修生を日本に派遣することを考えているようであった。事の是非は別にして、日本の受け入れ機関はその点で遅れているといえよう。

私の印象を言えば、中国人が最も都会的とすると、インドネシア人は最も素朴・従順であり、ベトナム人はその中間であった。

以上中国人とインドネシア人、そしてベトナム人の実習生について、みてきた。なぜ中国人とインドネシア人、そしてベトナム人にこのような違いが生じるのであろうか。一つには三カ国の間の国情の違いがあると思われる。中国は現在物価も上昇し、人件費も毎年上がっている。また一人っ子政策も子どもたちに影響を与える。これに対しインドネシア、ベトナムともに物価や人件費が上昇しているが、中国ほどではないし、物価水準は依然として低い。そんななか、中国人技能実習生は人件費の高騰、そして円安の中で、技能実習生として日本に来る人は減っている。インドネシア人の技能実習生は賃金の高い日本に来たがるが、三年をこえて長く日本にいたいとは思わない。なぜなら日本の方が賃金水準は高く、さらに日本で覚えた技術はインドネシアに帰って十分生かせるからである。ただインドネシア人は七～八割がイスラム教であり、それゆえに特別の配慮も必要かもしれないし、その点でベトナム人の方が受け入れやすいかもしれない。

いずれにせよベトナム人、インドネシア人ともに再び人権的問題に巻き込まれる危険性は少なくない。現に失踪問題も生じている。

むすび

本稿では中国人技能実習生とインドネシア人、ベトナム人技能実習生について見てきた。まだ日本では中国人技能実習生が多いが、これからは東南アジアの人々が多くなる。そうした中で、インドネシア人やベトナム人技能実習生は今後どのように生きていくのであろうか。インドネシアを始め、東南アジア諸国は、今後も発展していく。そしてインドネシアで言えば、人口二億三千万人の中で彼らはいまだわずかであるが、日本に行く人数は少しずつ確実に増えている。

いうまでもなくインドネシアはフィリピンと並ぶＡＳＥＡＮの盟主である。日本と中国は現在外交関係があまり良くなく、それもあって実習生は集めにくくなっている。しかし農業国であるインドネシアやベトナムとは関係は良い。東南アジアの技能実習生は日本にますます来やすくなるであろう。

しかしその中にあってなかなかに難しい面もある。例えば東京オリンピック関係の建設を契機に、日本での実習生失踪事件が最近頻発している。また政治的には中国と東南アジア諸国、とくにフィリピンとは現在、長沙諸島をめぐって争っており、日本は中国や韓国との間で、やはり領土問題で争っているからである（例えば竹島問題）。さらに視点を広げれば、米国を中心に現在ＴＰＰ交渉の最中でもある。ＴＰＰ交渉がどうなるかは、まだ判然としないが、その下にあってインドネシア人やベトナム人技能実習生の多くは一次産業から第二次、第三次産業へ移行しようとしている。

そして政府のレベルでは、今後の外国人政策もまた再検討を迫られるであろう。建設業の技能実習生を五年まで日本に居られるようにした。また職業の範囲も少しずつ広げようとしている。彼らを取り巻く環境は大きく変わろうとしている。

注

（1）坂　幸夫「中国人技能実習生の日本在留と日本からの離脱」『東アジアの競争と協調』富山大学「東アジアの共生」学創成の学際的融合研究、一八七―二〇七頁、二〇一三年。

（2）同上。

（3）実習制度の見直しに係る法務省の改正・制度等」の参考資料より二〇〇八年まで引用。二〇〇九年度は法務省『平成二二年度在留管理統計』による。ただし技能実習生数は在留資格「特定活動」の「その他」に含まれるため、正確な数値ではない。

（4）Japan International Training Cooporalition Organization（国際研修協力機構）の略。

（5）ＪＩＴＣＯ白書「外国人技能研修事業実施状況報告書」二〇一〇年度版、一三三頁。

（6）①②項は同協同組合専務理事Ｒ氏の話。

（7）例えば、外国人労働者問題とこれからの日本編（二〇〇九年）『〈研修生〉という名の奴隷労働』花伝社など。

（8）この点は徐々にではあるが、改善に向けて努力がなされている。具体的には最近の製造業の多能工化に対応して、実習生の本来の作業としての「必須作業」に加えて、「関連作業」「周辺作業」が認定されている。ただし現場にこの点が正しく認識されているかどうかは、別問題である。
(9) (1)~(4)の項目は主に面接調査結果より。
(10) 当時の自民党長瀬甚遠元議員(元法務大臣)の構想では五年間の延長は認めるという案であった。そして最近自民党は建設業に限って在留期限を五年とし、職種も広げることに決めた。
(11) 最近行なわれた労働政策研究・研修機構の〈労働政策フォーラム〉『今後の外国人労働者問題を考える』でのパネルディスカッションでは、この方式は極めて評判が悪かった。例えば厚労省の課長でさえも「ローテーション方式は日本ではうまくいかないのではないか」(労働政策研究・研修機構編『ビジネス・レーバー・トレンド』二〇一五年三月、三一頁)と述べている。ただそうはいってもこの方式は現行では問題点をはらみつつも機能しており、現実には政府は有効期限を延ばすことで、当面の対応としているのが現実である。
(12) 面接は二〇一一年七月五—七日の三日間で行った。
(13) 国際研修協力機構編(二〇一〇)『二〇〇八年度に帰国した技能実習生フォローアップ調査報告書』によれば、送り出し機関に「保険料を納めた」は三一・六パーセント、「納めなかった」六一・六パーセント、収めた額は一九・五一九元(二八万三〇二六円、一元=一四・五円、二〇〇九年四月)であった。この保証金が「全額返還された」が七七・八パーセント、「一部返還された」七・五パーセント、「全額返還された」七・五パーセント、「全額返還された」が九・二パーセントであった。
(14) この点に関しては、二〇一二年八月一日付け朝日新聞朝刊で「彼らの話を聞いていると三年の実習期間が短いようで『(技能実習での)再入国を認めて』『高度な技術を身につけるために五年間は必要』との声が強い。すでに五〇万人を超し、帰国した若者に『知日』『親日』の輪も広がりも大きなものがある。……縛りは少し緩めた方がよい」としている。このような動きをみると五年の期間延長はかなり現実的な考えである。
(15) 二〇一三年度版「外国人技能実習・研修事業実施報告書」参照。
(16) T協同組合の話では、なぜインドネシア人かというと、他の受け入れ機関ではベトナム人やタイ人が多いが、ベトナム人やタイ人は電車のキセルが多い。それでインドネシア人となる。彼ら、彼女らはイスラム教信者が多く、宗教的に犯罪が少ないのではないか、とのことであった。ただし東南アジア人では技能の経験者が少なく、その点では苦労する、とのことであった。

【特別寄稿】中国ビジネス四〇年——ビジネスマンの想い——

横井幸夫

1 私と中国ビジネス

私は一九七二年に東京外国語大学中国語学科を卒業し、化学繊維メーカーの東レ株式会社に入社した。研修後の配属先は希望通り貿易部門だった。東レは化学繊維の中国向け輸出のために一九七〇年ころから広州交易会に毎年参加していた。私は入社三年目の一九七五年秋の交易会参加で初めて中国を訪問した。部長クラスを団長に五、六名の交渉団の使い走りだった。大学で中国語を専攻したが、とても中国語で会話、交渉ができる能力などなかった。友好商社にも若い入社したばかりの社員がいて、彼らと親しくなった。

広州交易会の参加申し込みは友好商社経由だった。東レは友好商社として新生交易と産業貿易を起用していた。友好商社は戦前に中国に住んでいた人を多く社員として採用していた。彼らは敗戦前に中国に渡り、日本の敗戦後もしばらく中国に残って中国共産党に加わり国民党軍と戦った人もいた。商談には友好商社の中国語のできる社員が不可欠だった。彼らの中国語の能力は中国人と一緒だったし、中国政府、中国共産党に深い人脈があった。

日中国交回復以前に日中の貿易に従事していたのはこれら友好商社だった。この時代の出張で、私の出番はなく何ら役に立たなかった。しかし、私はそれから定年退職するまで四〇年近く中国ビジネスに携わることになった。いまも東レの子会社の顧問をしており毎年何度も中国への出張を繰り返している。会社員生活としてマレーシア駐在の四年を除き、北京駐在四年、上海駐在四年を含め中国に行かなかった年は一度もない。

一九七五年以来、いままで四〇年近く中国ビジネスに携わってきたことになる。いまの安倍政権の中国敵視政策は日中の貿易にも確実に悪影響を与えていると思う。二〇一二年の野田政権の尖閣諸島国有化以来の日中関係の悪化は極めて深刻だ。私は二ヵ国間の関係で政治関係は悪いが経済関係は良いという関係は有り得ないと考える。政治関係が悪ければ、経済関係も悪くなる。「政経分離」は日本政府の願望に過ぎない。中国政府は一貫して「政経不可分」だ。かつてのソ連、アメリカの圧力に対しても言いなりにならず、屈しなかった中国を言いなりにしようとする安倍政権の対中姿勢はあまりにも幼稚で無謀だ。

一九七四年一月に日中航空運輸協定が締結されたことを受け、同年九月から日本（東京、大阪）―中国（北京、上海）間の直行便の運航が始まった。それ以前は東京から北京に行くのに　第一日目に羽田―香港に行き、香港で中国入国ビザの取得し、香港泊まり。第二日目に丸一日がかりで香港から広州に入る。香港の九龍駅から中国側の羅湖まで香港の列車で行く。羅湖と深圳にかかる川が国境で、国境を歩いて渡る。中国側の深圳で入国手続きをして、中国の列車に乗り広州着き、広州泊まり。三日目の早朝に広州―北京の国内便で北京に飛ぶ。日本を出てから北京に着くまで三日がかりだった。今、東京―北京の直行便は三時間強で着く。また一九九七年に香港が中国に返還され、いま九龍―広州間は直通の通勤電車で二時間だ。

私も広州交易会の参加には二日かけて東京から広州に入った。中国入国ビザは香港のミラマーホテル内の中国旅行社で取得する。当時のビザは中国に入国したらどこにでも行けるわけではなく、訪問する都市が指定されている。訪問地を広州市で申請したら、広州市以外の街を訪れることはできなかった。

当時の中国はまだ文化大革命（公式には一九六六～一九七六年まで）の影響が残っていた、広州市に合弁ホテル、外資ホテルは無かった。日本人ビジネスマンには一〇月の広州は暑かったが、広州賓館に冷房はなかった。商談が成立するまで、広州に一週間、一〇日と滞在するのだが、交易会組織が平日の夜は演劇、サーカスに、土日は郊外の日帰り旅行に招待してくれた。また「食は広州にあり」といわれるとおり、商談が終わってから広州市内の有名料理屋に広東料理を食べに行くのが楽しみだった。

一九八〇年代に入り、私の北京、上海への出張は直行便を利用することで便利になった。中国もだんだん異常な国、異質な国から通常の国、普通の国になっていた。中国への出張や、旅行に日本人が特別の緊張感を持つことも減っていた。しかし、一九九〇年代に成田からの中国便で短パン、Tシャツの若者を見かけたときには中国便はハワイ便ではないのだがという複雑な気持ちになった。

いま一九七〇年代、一九八〇年代の中国を知り、その時代から中国ビジネスに携わり、いまも携わっている人は少ない。私はすべての中国人が貧しかった一九七〇年代の中国を懐かしく思う。中国に拝金主義もなく、貧富の格差もなかった。街には広告の看板はなく、広い道路に車は少ない。通勤、退勤時には自転車の洪水。夜の街、道路は暗かった。広州賓館では部屋の入口に鍵はない。服務員（当時ホテル従業員をこう呼んだ）は中国に泥棒はいないので部屋の鍵は必要ないと説明していた。またレストランで従業員は女性も男性も黒いズボンに上は人民服だった。町にスカートをはいた女性を見かけることはない。もちろん化粧した女性は一人もいない。レストランで従業員を呼ぶのに男性でも女性でも「同志（トンツ）」と呼ぶ。女性従業員を「小姐（シヤオチエ）」と呼ぶのは禁句だった。当時は「貧しきを憂えず、等しからざるを憂うる」という考えだった。中国の国全体、そして国民すべてが貧しかったが、金持ちもいなかった。今のような貧富の格差は無かった。

私は中国に行くたびに日本と中国との比較を考えた。日本は資本主義国だから金《カネ》さえあれば何でも買える。一方、当時の中国は国全体が貧しく、買うべきモノがなかった。そのような国では金を持つことの意味、金をためることの意味がなかった。中国国内に金で買えるモノ、買いたい品物がなかったのだ。私は一国の通貨の価値は、その通貨で換金に値するモノ、製品があるかどうかで決まると考えるようになった。今もこの考えは変わらない。ドル、ユーロに値打ちがあるのはその通貨で米欧の製品、奢侈品であれ、また土地、家屋など私有財産が買えるからだ。買うべきモノに換金できない通貨は紙くず同然だった。社会主義崩壊以前の東欧の通貨はソ連のルーブルでも紙くず同然だった。北朝鮮の通貨・ウオンに価値がないのは当然のことだ。いま中国国内では人民元で土地（中国で買えるのは所有権ではなく使用権。原則七〇年間）以外はどんなモノでも買える。マイホーム、マイカーから欧米の一流ブランド製品まで。四〇年前の中国は拝金主義、貧富の大きな格差、汚職と腐敗を抱えるいまの中国とは全く違っていた。

一九八九年の東欧崩壊、一九九一年のソ連崩壊で一部の人は資本主義は社会主義に勝った、社会主義は滅びたと言った。私はこの考えに与しない。社会主義はソ連、東欧型のマルクス主義に基づくだけではない。イギリス、北欧の社会民主主義も資本主義の対抗軸になり得るし、またいまも社会民主主義は政治制度として存続している。資本主義は豊かな者がますます豊かになり、貧しい者がますます貧しくなる政治制度だ。貧富の差の拡大は一国の政治、経済、社会の安定を阻害するだろう。フランス革命を含め、近代の革命は貧しい者の豊かな者に対する抵抗であった。資本主義国同士、また国内で貧富の差が拡大すれば、貧しい者はいずれ抵抗、反乱するだろう。いまのアメリカ流の資本主義もいずれ行き詰まるだろう。

2　中国人と日本人――考え方のココが違う――

「彼を知り己を知れば 百戦殆うからず」。孫子の言葉だ。中国人は交渉上手だ。私は中国人相手の交渉、商談で中国人に負けないようにするにはどうしたらいいか考えた。そのためには中国人の性格、国民性を理解した上で交渉に臨むのがよかろうと判断した。四〇年中国とのビジネスに関わり、私なりにまとめた中国人の性格、国民性と中国人との付き合い方だ。

1　日本と中国とは同文同種」――この挨拶の決まり文句は日本人の片想い

これは日本の政治家、経済団体が中国に出張し団長のあいさつがあるとよく使われる文句だ。「日本と中国とは同文同種の国なので云々……」。

確かに日本は言語として漢字を利用している。かつてはベトナム、韓国などでも自国の言語として漢字を利用していたが、漢字を追放してしまった。いま漢字をみずからの文字として利用し続けている国は日本のみだ。しかし、日本が漢字を利用しているからといって中国人が日本人に対して特別の親近感、身内意識を持っているわけでない。中国人が一番好きな国はアメリカなのだ。

日本人と中国人とは黄色アジア人種ということで同じ人種に属し、欧米の白色人種とは違うといえばその通りだ。しかし日本人と中国人との間であれ韓国人、東南アジア諸国の民族との間であれ、アジア人という人種による共通の文化、習慣、宗教があるわけではない。民族の祖先ということで言えば日本人は大和民族で祖先は天照大神、中国人は漢民族で祖先は黄帝で永遠に平行線のままだ。

2　中国人の見た中国人の性格、国民性

中国の近代作家・林語堂（リン　ユイタン　一八九五―一九七六）は中国人の国民性、性格を分析した英文の"My Country My People"を一九三六年にアメリカで出版した。後に『中国人』との表題で中国語訳が刊行された。林語堂はこの本の中で中国人の性格、国民性として次の八点を挙げた。

「老成温厚」　大人の民族で、温厚である
「遇事忍耐」　ひとたび大事に遭っても慌てず耐える
「消極避世」　世間の余計なことには拘らない
「超脱老獪」　世俗を離れ、処世術に優れる
「和平主義」　揉め事、喧嘩を好まない
「知足常楽」　自分の分際をわきまえて、楽しみを見出す
「幽黙滑稽」　ユーモアとしゃれを好む
「因循守旧」　昔からの習慣は安易に変えず、新しいものにすぐ飛びつかない

私は四〇年以上多くの中国人と付き合ってきて、またいまも付き合っていて、林語堂の中国人の八項目の性格、国民性に納得する。そしてこの八項目の反対が日本人の性格、国民性を表していると思う。そこから見えてくるのは中国人が大人で、したたか、日本人が単純で、やわだということだ。

3　中国人の時間と金銭に対する考え――中国人にとって時間は無限で金銭は有限

中国人は商談をしていて値段が少々でも折り合わないと自分の要求、願望がとおるまで、じっくり時間をかけて交渉する。日本人は少々の金額で時間をかけるよりは早く商談を纏めたがる。中国人にとって「金は有限で時間は無限」、日本人にとって「金は無限（に近く）で時間は有限」と考える。従い、商談で少々の値差の一致点を見出すまで中国人は延々と長い時間を費やすが、日本人は少々の問題で長い時間を掛けるのは無駄、ばかばかしいと考える。中国人の粘り、根気に圧倒される。交渉で最後に勝つのは中国人だ。値段に対するこだわり、交渉に対する粘り、根気はインド人との交渉でも見られる。

4　中国の情報は自分で見たことだけを信じる――「中国では……」とひとくくりは禁物

社会主義国という政治体制の違いが、現在の中国理解を難しくしている。社会主義国は日本人にはなじみがない。中国に行ってみると大国中国の風土、国民性と政治体制の違いから強烈なインパクトを受けることになる。日本と違うことばかり、いままで経験したことのない世界だ。そこでどうなるかというと中国に行った人は「中国を好きになる」か「中国を嫌いになる」かの選択を迫られることになる。中国好きの人、親中国人間は中国のいいところ（かつてはハエがいない。ドロボーがいない。国民が純粋で素朴だ。などなど）だけを強調する。中国嫌いの人、反中国人間は中国の嫌いなところ（中国人は自己主張が強い。間違っても謝らない。便所に扉がない。などなど）だけを強調する。その結果、中国に対する見方、考え方は個人の経験、体験に基づいた極めて主観的、情緒的なものになりやすい。

要するに中国の事情は他人の意見を聞いてもバイアスがかかっていて客観的かつ有益な意見に出くわすことは少ない。特に「中国はこうだ」と断言、言い切ることが最も危険。中国では現地で見聞きした実例、事実から「中国はこうだ」という一般的、普遍的な結論を導くことは止めた方がいい。中国については知れば知るほど発言は慎重になるものだ。「私の知る限りこうだ」、「私の見た限りこうだ」という知的正直さを失わないようにしたい。こと中国の状況は自分の眼だけを信じることだ。

5　中国人は仲間内とよそ者を厳然と区別する――コネをつかめば中国生活は快適

中国を知る人はよく「中国はコネ社会だから人脈が大事だ」という。確かにこのことは一面では当っている。たとえば、地方から北京に出て料理屋を開いたオーナーが従業員を採用しようとする。最優先は自分の身内、親族、親戚を探す。次の候補は同郷出身者、同じ省の出身、さらには同じ町、村の出身であればなおさらいい。中国は国土が広いから誰を信用したらいいか判断に苦労する。同郷の者なら悪いことをしても探しやすいので悪いことをしないだろうと考える。中国は地縁、血縁で結ばれた社会だ。中国人が初めて会うと、出身地、学校などを聞き合い、共通の知人を探し当てようとする。共通の知人にたどりつけば、会ったその日から二人は「老朋友（ラオ・ポンヨウ）」となる。老朋友は裏切らないのが掟。中国人にとり同姓、同郷は大事だ。東南アジアに行くと「陳（タン）氏祖廟」とか「林（リム）氏祖堂」とか、姓を同じくする者の集まりがある。同姓は何代も先祖を遡ればいずれ同じ祖先に突き当たるだろうから同姓は助け合おうという考えがある。清末、中華民国初めに海外に出かけた中国人留学生は見ず知らずで成功した同姓の中国人華僑を訪ね学業資金の援助を求めることがあった。いま日本に住む中国人の同郷仲間（中国での同じ故郷、学校、職場）の交流、付き合いは活発である。

中国人は人を介して紹介された場合、仲介者に迷惑がかからない対応を心がける。中国では「友達の友達は友達」。中国ではこのように人々がチェーン、鎖でつながっていくように広がり、人脈が形成される。中国人は初めて会った人とこれからつきあうかどうか判断するのに、その人に利用価値があるかないかが考慮される。その結果、社会的に地位が高くなればなるほど人が寄ってくる。たとえば知り合った人の父親が税務署に勤めていようものなら、税務署とトラブルになったら彼の父にもみ消しを頼もうと瞬時に判断し、彼との付き合い、交流を大事にするだろう。

中国語ではコネのことを「関係（クアンシー）」という。したがって中国では身内、仲間内とは「有関係（ヨウクアンシー）」で、よそ者、他人とは「没関係（メイクアンシー）」と言えよう。就職から昇進までコネ、人脈、人間関係が大きく影響するのは中国社会だけではなく日本、アメリカでも事情は同じなのだが、意味合いがちょっと違うようだ。

6　通訳の出来不出来が商談結果を決める――「おはよう」と「さようなら」が話せれば日本語堪能？

中国での商談に通訳は必須だ。中国に駐在する日本企業の駐在員は仕事で中国企業、役所との交渉、連絡は日本語のできる現地スタッフ経由で行う。中国人と会うのに現地スタッフを同席させるので、中国で仕事をしていても業務指示、交渉はすべて日本語でおこなえばいい。通訳の良し悪し、上手下手は商談の結果を左右するぐらい大きな影響を与える。ただし問題は現地スタッフの日本語能力に大きなバラツキがあることと、日本人駐在員の中に残念ながら現地スタッフの通訳能力が下手か、上手か、いい加減か、正確か見抜ける人が少ないことだ。

商談に参加して相手側から的確な答えが返ってこないので、日本側は「中国側はわかっていない」とか「答えをはぐらかした」と怒ることがある。こちらの質問に的確な答えが来ないのには二つの理由が考えられる。一つめは（通訳は問題ないのだが）日本側の質問があいまいなので、あいまいな返事しか返ってこない。二つめは通訳に問題があり内容が正確に伝わっていないので、正確な回答が返ってこない。いずれの場合も質問が不正確だから、不正確な答えが返ってきたに過ぎないのだが。

7　中国人との交渉、付き合いは気長に——中国人とインド人は偉大なマイペースの国民

中国人とのつきあいは一般に「焦らず」「慌てず」「当てにせず」「諦めず」の心構えが大事。中国人は極めてマイペースである。駅の切符売り場とか、銀行の窓口とかで問題があり、わからないことがあれば後ろにいくら順番待ちの長い行列ができようがお構いなく長時間窓口を占領する。中国の国内便航空機に乗ろうとして、ぎりぎりに空港に着きチェックインしようとしたら、延々長蛇の列、かつ誰もが大きな、たくさんの荷物を預けているといった状況にでくわすことがある。このような場合は中国にいることを自覚し中国の習慣に従いじっくりと待つことだ。中国人はあまり慌てず、焦らない。中国でビジネスをおこない、生活するのに一番大切なのは「忍耐力」だ。あせったり、慌てたりしてもよい結果になることは少ない。役所、銀行で処理が遅いのを担当者に文句、苦情をいうと嫌がらせで余計ゆっくりやられて遅くなるだけだ。

8　中国人との交渉で言うべきことははっきり言う——即座に断ってもカドがたたない

中国人は相手が一パーセント程度しか受けないだろうと思われることでも何でも頼んでくる。「言うのはタダ」。日本人が相手に頼みごとをする場合は相手が受けてくれるだろうことしか頼まないので（受けないだろうと思ったら頼まない）、相手が受けてくれないと「みずくさい」ということで気まずい関係になる。ということは中国人との交渉で相手が無理難題を言ってきたらその場ではっきりと断る、明確な返事をすべき。それで関係がこじれることは決してない。逆にこちらの要求、依頼も中国人は受けられなければ直ぐに断ってくる。検討しても受けられない要求、依頼を「後で返事」などと持ち帰ると相手は期待するし、ますます断りづらくなるだけだ。中国人はドライで日本人はウエット。中国人はダメ元で何でも頼む。

9　中国人は聞かれたことしか答えない――中国に「転ばぬ先の杖」のことわざはない

中国人に質問するときはしつっこく質問して真実を聞き出すこと。中国人はしつっこく、くどいくらい聞いても気を悪くすることは決してない。中国人は大人の国民だ。中国人は質問すれば答えるが、聞かれないことはこちらから答える必要はないと考える。日本人のように転ばないように注意してあげるという気配りはない。日本語の「気配り」「遠慮」のニュアンスにぴったり当てはまる中国語の言葉はない。中国の状況は本の知識や中国に行った人の意見を鵜呑みにしてはいけない。中国に関しては本の知識、人の意見は信用せず、自ら行って見て確認したことのみを信じるべき。要するに「すべて自分の目で確認」することだ。中国人は聞いたことは答えてくれるが、日本人のように「ついでながらここにも注意してください」とは言ってくれない。中国の役所にヒアリングして中国進出を決め、工場を建て後に重大な問題、トラブルが出てくることがある。日本側は中国側に「ヒアリングしたときに何で言ってくれなかった。指摘してくれなかったのだ。」と相手を詰《なじ》る。中国側は「あなた方が聞かなかったから答えなかったに過ぎない。こちらに落ち度、手落ちはない。」と言われて返す言葉がなし。中国人に「転ばぬ先の杖」を期待してはいけない。

10　日本に住んでいる中国人の意見は慎重に扱う――中国人の理想は「衣錦還郷（故郷に錦を飾る）」こと

日本に留学に来ている中国人、働いている中国人の意見は慎重に扱うことが必要だ。まず日本に住んでいる中国人は中国の最新事情には疎くなりがちで、実際の状況から離れた時代遅れの知識、情報にもとづき意見を言う場合がある。上海は半年ごとに変化するので、半年前の上海の情報では古いというビジネスマンもいるほどだ。日本に五年、一〇年と住んでいる中国人に中国の最新事情を聞いても意味がないと知るべき。日本にいる中国人に中国での投資の候補先を探させると故郷や、コネのあるところに誘致して客観的な候補地を薦めないこともある。故郷に外国の企業を誘致すれば、故郷から英雄として迎えられ、故郷に錦を飾ることができる。

日本企業が日本で中国人を本社の正社員に採用する例は広がりつつある。その際に、多くの日本人が誤り、誤解するのは「彼は中国人だから中国のことは何でも知っている」と思いこんで、何でも彼の言うことを聞いてしまうことだ。上海に生まれ、育ち日本に留学した中国人に北京のことを聞いても知っているわけがないのに。北京に駐在した自社の駐在員に北京の状況を聞いた方が正確で、最新の情報が得られるだろう。全ての日本人が「源氏物語」を読んだわけではないのと同様に全ての中国人が「水滸伝」を読んでいる訳ではないのだが。

11　中国人は会社の利益と個人の利益とが一致することを理想とする――目指すは組織のトップと金持になること

中国人にとって会社は給料をもらい、将来自分が転職するための単なる通過点と考える傾向が強い。日本人に比べより高い給料、より高いポジションをめざす上昇志向が強い。従い、優秀な人間は会社に長くとどまらず、転職を繰り返す。多くの中国の欧米系の外資企業では従業員と会社とで一年、三年といった雇用契約を結び、解雇は自由だ。中国の日本企業の場合、会社は安易に従業員を解雇できないと考える。従業員は特別理由がない限り、好きなだけ会社にとどまっていられると考える。日本企業に勤める中国人社員にとって日本企業は管理が甘いので、いつまでも留まれる気楽さはあるが、会社のトップはいつまでも日本人が占めるので会社のトップ、幹部への道は遠いと考える。野心のある中国人には欧企業を好み、野心がないチャレンジする勇気、自信のないものは日本企業に長くとどまる。

中国人社会では同じ会社に長く勤めるのはマイナス評価だ。ほかの会社に行く能力がないと見られる傾向が強い。現地スタッフが営業で客先回りをする。客先回りは彼らにとって自分を高く売り込む絶好の機会なのだ。現地スタッフが取引先の社長に見込まれ突然そこに転職というのはよくあること。取引先ならいいが、優秀さを見込まれ競争相手の同業他社に引き抜かれることもある。こうなったら泣くにも泣けない。中国の現地法人の責任者は優秀な現地スタッフにはいつ他社に転職されるか心配し、他方、引き抜きの来ない転職される見込みのない現地スタッフをどう活用するか、これまた常に頭が痛いのだ。多くの中国人はジョッブホッピング（転職）を繰り返し、キャリアを積み、いずれは自ら会社を興し（起業）、小さくとも会社の社長、トップになりたいと考えている。中国の諺に「むしろ鶏頭となるも牛後となる勿れ」とある。

12　中国人の仕事に対する考え方と倫理観——リベートを取るのに罪悪感は薄い、歩合給が好き

中国の会社、工場の購買担当者が仕事上関係のある出入り業者からバックマージン（リベート）を取ることが時には見られるが、中国ではバックマージン、リベートを取るのは道義的に悪いという考え方があまりない。買う側の人間がリベートなり、バックマージンを受け取った場合にすべてを自分のものにせず、売る方にも多少なりとも還元し、保険をかける、リスクをシェアすることが多い。購買担当者には納入業者が賄賂を贈ったりするなど誘惑が多い。そこで台湾、香港などの華僑の会社、個人会社は購買責任者に経営者の身内、親族や娘婿などを据えるのだ。

中国に進出した日本の企業の中には現地スタッフの営業担当者を固定給社員ではなく、歩合給社員にして個人の成果を直接給与に反映させているところがある。日本人はこのような収入が不安定な雇用形態を嫌う傾向があるが、仕事の成果と収入とがストレートに反映される歩合給に中国人の抵抗は少ない。

中国では優秀な現地スタッフを引き止めるにはそれなりの、ほかの者より多い給料を払うくらいしか手はない。それでも他社に移る者がでるのは仕方ない。仕事で成果をあげた現地スタッフにはねぎらいの言葉や誉め言葉で

は喜ばない。中国人は仕事の評価を言葉ではなく報酬（実利、目に見える形の給与、ボーナス）で反映されてこそ納得する。「誉め言葉より金をくれ」「同情するなら金をくれ」。中国人は自分の成果が給与、ボーナスに反映されてこそ会社が自分を正当に評価してくれたと判断する。

13　日本に来る中国人はみな日本語が話せるが、中国に派遣される日本人ビジネスマンはほとんど中国語ができない

日本に駐在する中国人のビジネスマンに接すると皆日本語が全く不自由しない。一方、中国に派遣される日本人はほとんど中国語ができない。日本企業にとって中国人スタッフの人件費は安いので、日本人一人に一人ずつ専用の通訳をつけてもコストは気にならないのだろう。東京では毎年数多くの中国の各省、各市の投資誘致セミナーが開催される。その際に在日中国大使館から大使や公使や経済参事官があいさつをするが、誰もが完璧な日本語で話をする。

日本の大企業から中国の大都市（上海、北京、大連など）に派遣された駐在員の生活パターンだ。中国の国内の客先訪問には日本語のできるスタッフ、秘書を通訳として同行させる。日本からの出張者が来たら日本人だけ集めて日本料理屋で会食する方ほうが気は休まる。日本からの社長や役員がアメリカやヨーロッパに出張しても現地の顧客と会食せずに、現地派遣の日本人幹部、日本からの同行者だけと宴会をするのはよくあることだ。もっとも欧米の企業トップは夕食を顧客と一緒にすることを喜ばないし、英語が堪能でない日本企業トップが英語での会話をしなければならない会食は苦労が伴う。

土、日の休日は会社の日本人派遣者や現地駐在の日本人仲間とゴルフで過ごす。中国語で付き合わなければならない中国人は二人だけだ。カンパニーカー（社有車）の運転手と単身住まいマンションのお手伝いさん（中国では「阿姨（アイ）」、東南アジアでは「阿媽（アマ）」という。）、この職業で日本語のできる人はほとんどいない。なん

てことはない日本企業派遣の駐在員は上海、北京に住んでいるが、日本の東京での生活パターンと何ら変わらない同じ生活をしている。このような生活を何年送っても中国語がまったく進歩しないのは当然といえよう。

言葉の理解の差は、日本に来る中国人の多くは自分の自由意志で望んで来る者が多く、日本に来る前に一応の日本語は学んでいる。日本に来る中国人は若者が多いが、中国に派遣される日本人駐在員は日本で業務経験をつんだ者、さらに職位の高い者が多い。中国に駐在する日本人は業務命令（社命）で派遣されるので、会社にとって派遣者に中国語ができる、できないは考慮されない。

14　中国人にとり宴会は商談の延長──大事な話は一緒に酒を飲み、食事をしながら

これもよく言われていることだが中国での仕事に宴会は日本以上の重みをもつ。宴会は仕事の延長だ。昼間の交渉、商談では中国側は本音をなかなかは言わないし、打ち解け信頼しあう関係にはならない。中国人にとり宴会は相手の本音を探る場であり、交渉相手の人物を値踏みし、見抜く場でもある。ということは宴会の場での発言に責任を取らされる。日本では宴会や酒を飲んでの発言は「酒の上のことだから」と責任を取らされないし、「リップサービスだった」という言い訳が通り、甘く見てくれる。中国人との宴席では酒が入ったとしても安易な約束や、いい加減な発言をしてはいけない。言ったことは後まで残る。

中国人が宴会で強い酒の乾杯を繰り返しても酒酔いになった様子、姿を見たことはない。中国での宴会で酒の飲めない人に酒は強要しない。思うに中国の宴会で酒を飲むのは初めから酒に強い人、自信がある人だけが飲む。少し飲める人、酒の弱い人は宴会で初めに「飲めない」と言って飲まないので、酔っ払った中国人に出くわさないのだろう。

中国人とのつきあいの中では商談のマナー、宴会のマナー、贈り物のマナーなど礼儀を失しないことが必要だ

し、厳しいマナー、ルールがあるので、中国での商談の仕方は中国ビジネスの専門家のアドバイスが必要だ。商談のマナーでは部屋に入る順序、名刺交換する順序、座る椅子の席順などはきちんと序列に従わねばならず、いい加減や自由ではいけない。宴席でのルールで言えばテーブルの座る位置に上下の序列があるので、順番を間違えてはいけない。

また贈り物にも何を贈ってもいいということにはならない。喜ばれるものと忌み嫌われるものとがある。中国人は縁起にこだわる。中国で置時計は贈ることは避けられる。中国で腕時計は「手表（ソウピヤオ）」といい、置時計は「鐘（ツオン）」という。置時計を贈ることを「送鐘（ソンツオン）」と言うが、中国では人が亡くなる、最期を看取ることの同じ発音で「送終（ソンツオン）」と言う。置時計を贈ることが同時に死者を看取ることに通じるとして置時計は贈答品としては避けられるようになった。

15　中国人を理解するキーワードは「面子（メンツ）」

中国に派遣される駐在員は中国人の性格、国民性を理解しないと中国人を管理し使うことができない。中国人のメンタリテ（心情）を理解しないために日本人駐在員が中国人スタッフとモメ事を起こすことはよくある。たとえば従業員を人前で叱ることは絶対にいけない。人前で叱られると中国人は人前で恥をかかされた、面子（メンツ）をつぶされたと考える。中国では日本社会で広く行われている「愛の鞭」という考え方は全く通じない。中国人はメンツを極めて重んじ、またこだわる。人前で注意すると反省するどころか、恥をかかされたという反感、恨みを買うだけである。中国人を叱り、注意するには別室に呼び誰もいないところで諭すのである。

中国人を理解するキーワードは「面子（メンツ）」という言葉だ。面子は中国人の考え方、生き方の行動原則を規定している。面子は「面子を重んじる」、「面子が保たれる」、「面子が立つ」（日本語は「顔が立つ」）、「面子を失う」（日本語は「顔が立たない」）という使い方をする。基本は『有面子（ヨーメンツ。メンツが立つ）』と『没有面子（メイヨーメンツ。メンツがない）』。

面子とは日本語で「プライド」、「意地」、「体面」、「恥」、「矜持」、「顔」といった意味を含む語彙で日本語にぴったりの訳語はない。中国人はきわめて見栄っ張りで、体面やプライドが傷つけられるのを嫌う。中国人とうまく付き合うには中国人の面子を保ち、失わせないことが大事だ。

3　日中関係の将来をどう見るか

福田康夫元首相は二〇一四年九月二五日に東京都内で講演し、悪化している日中関係について「首脳同士が会って、握手することを一刻も早くしてもらいたい。過去の話をしていてもきりがない」と述べ、早期に日中首脳会談を実現すべきだとの考えを示した。

「過去の話をしていてもきりがない」といって、日中の首脳が会って握手をすることに何の意味があるのだろうか。首脳が会うのは会う目的があるからだろう。問題は会って何を話し合うかである。首脳同士が会うのと恋人同士が会うのとでは意味合いが全く違う。恋人同士なら会うことに意味があるだろう。日本政府、日本のマスコミは中国の首脳が日本の首脳との面会に応じないのはケシカランという言い方をする。何のために、何を話しあうかは明らかにしない、それは明らかにできないからだ。要するに今の険悪な日中関係、冷え切った日中関係を作った原因の多くが日本側にあるからだ。相手（中国）に喧嘩を売っておいて、自分（日本）と会わないのはケシからんと言っているのと一緒だ。あまりにも身勝手な理屈だ。会うだけで今の冷え切った日中関係が改善する、解決することなど絶対にないのだが。

いま日中関係のシンポジウム、大会で発表者、発言者（学者、評論家）は日中間の悪化した政治関係の原因と責任がどちらにあるのか、またはどちらの責任が大きいのかは一切論ぜず「日中の首脳が話し合うべきだ」「日中は仲良くすべきだ」との論調に終始する。私はいまの日中関係悪化の原因と責任の多くは日本側にあると考える。その最大の原因は野田政権の尖閣諸島の国有化と安倍政権の中国敵視政策にあると考える。シンポジウム、大会の発表者のほとんどはこのことにまったく言及しない。とにかく日中は、仲良くすべきだと訴えるだけだ。学者、大学教授に求められるのは真実、事実に対する謙虚さと知的誠実さだと思う。

過去の問題とその責任を総括しないで、将来のことを考えることは意味が無い。現在も将来も、過去の上に成り立っているのだから。ドイツがヨーロッパで平和国家と認められているのはドイツが過去の事実、第二次世界大戦の侵略の事実を謝罪、総括したからだ。

加藤周一（一九一九～二〇〇八）さんの言葉だ。

『日本の諺言に「過去は水に流す」という。過ぎ去った争いは早く忘れ、過ちはいつまでも追及しない。その方が個人の、または集団の、今日の活動に有利である、という意味である。しかし、事の他面は、個人も集団も過去の行為に責任を取る必要がない、ということを意味する。もちろんそれは程度問題であり、どういう文化のなかでも過去に遡っての責任追及には限度がある。たとえば、刑法に時効があるのは、日本の場合に限らない。しかし、日本社会においては殊に、現在の生活を円滑にするために、過去に拘らないことを理想とする傾向が著しい、と言えるだろう。争いの決着を法廷でつけるよりも、過去を水に流して和解する方が、争いの性質によっては、便利で実際的である。しかし、第二次世界大戦後、しばしば指摘されてきたように、ドイツ社会は「アウシュビッツ」を水に流そうとしなかったが、日本社会は「南京虐殺」を水に流そうとした。その結果、独仏の信頼関係が「回復」されたのに対し、日中国民の間では信頼関係が構築されなかったことは、言うまでもない。』「日本文化における時間と空間」（二〇〇七年　岩波書店）

福田元首相と加藤さんとの距離はあまりにも遠い。

近代中国は中華民国も、中華人民共和国も一兵士たりとも兵士を日本列島に送り込んではいない。日本は一五年戦争（一九三〇～一九四五）で大量の兵士を中国大陸に送り込み、中国人民の財産と生命を奪った。日本と中国のどちらの国が対外膨張的、侵略的であったかおのずから明らかだ。民族が過去に行った過ちを見つめ、反省することは自虐史観とは全く関係ないことだ。

また二〇一〇年に中国のGDPが日本のGDPを越えた。日本経済は停滞し、中国経済は勢いがある。このために日本人の心の中に中国に対する複雑な気持ちが芽生えた。中国に対する屈折感ともいえるだろう。その結果、日本国民には政府が中国と事を構え、マスコミ、評論家が中国の悪口を言うと国民が喜ぶという気持ちがあるように思う。政府、一部マスコミもそのような雰囲気、風潮を煽っている。

日中両国は首脳会談実現のための合意文書を作成し、北京のAPEC首脳会議期間中の二〇一四年一一月一〇日に二年半ぶりに日中首脳会議を開いた。テレビに映る両首脳の顔からは空々しい、冷ややかな雰囲気が漂う。関係改善を演出するどころか、険悪な関係を全世界に見せつけただけだった。中国が日本の要求に応じたと日本のマスコミのはしゃぎぶりが目立った。今回の首脳会談実現は中国政府が国際会議のホスト国の立場から、国際礼儀としていやいや首脳会談に応じただけだと考える。中国政府幹部は「会うのはよくない。しかし、会わないのはもっとよくない」と語っていた。

私はビジネスの世界から中国人と四〇年以上付き合ってきた。ビジネスのために中国人の国民性、性格を知ろうと努めてきた。ビジネスの世界と政治の世界は同じではない。しかし、そこには中国人として共通の考え方があるだろう。それは何か。中国人はいかなる場合でも自己の原理原則を譲り、曲げることはないということだ。中国人は交渉上手だ。今後は日中が対話を繰り返すとしても、そのことで中国が日中の関係改善に妥協的になったと考えるのは間違いだと思う。現在の悪化した日中関係の改善は結局、日本が譲歩、妥協する以外にないだろう。日本が中国に強く出れば、中国もそれに比例して強く出るだろう。従い、いまの安倍政権が続く限り日中の関係改善はないだろう。

あとがき

本書は、富山大学アジア共同体研究会のメンバーにより提起され、編纂された書である。本研究会を設立したのは二〇一二年であるが、東アジア経済にあとがき関する関心はそれ以前からあり、二〇〇〇年代始めから学内研究グループを組織し、富山大学学長裁量経費など様々な研究費を得ながら研究を進めてきた経緯がある。二〇一二年からはワンアジア財団からの助成を受けて研究を継続し、それを土台にした教育にも取り組んでおり、本財団からの支援には心より感謝したい。研究会のメンバーの多くは、同大学経済学部に所属しており、経済・経営領域に問題関心を持つ者が多い。緊密度を深める東アジアの経済を対象に、それぞれの専門領域から現実を正確に把握し、課題を明らかにし、方向性を考察しようというのが当初からの目的であった。その後、対象の性格上、より総合的なアプローチが必要との認識から、国内外の政治・歴史・経済部門等の専門家に参加いただいて、国際シンポジウム（二〇一二年「東アジア地域統合の可能性～日中韓の立場から～」、二〇一三年「日中韓関係の再構築」、二〇一四年「新しい『冷戦』とアジア共同体構想の行方」）等により研究を深めてきた。本書は、これらによる集大成にむけた一里塚である。

ただし、各論文を概観すると、特に経済・経営分野の研究会メンバーの多くは、現状分析により東アジア経済の連携深化の実態を明らかにし、各分野の課題を明らかにしてきているものの、その解決の方向性の提示に関しては概して慎重であるといえよう。国家の役割やＦＴＡの評価には慎重な分析が加えられ、その方向として「共同体」という枠組みが相応しいのか否か、またそれはいかなる「共同体」なのかについては、今後さらに議論を深めるべき課題として残されている。

最後に、本書の出版にあたり、忍耐強く懇切丁寧なご指導をいただきました昭和堂の鈴木了市編集部長には、この場を借りてお礼申し上げたい。

二〇一五年九月

富山大学アジア共同体研究会

代表　酒井富夫（富山大学研究推進機構極東地域研究センター教授）

岩内秀徳（富山大学経済学部教授、まえがき、第 9 章、編者）

1964 年生まれ。1994 年明治大学大学院政治経済学研究科博士後期課程単位取得中退。2006 年富山大学経済学部教授。専門はアジア経済論、多国籍企業経営論（在アジア日系企業の国際経営）。主要著書等：『日本企業のアジア・マーケティング戦略』（共著）、同文館、2014 年、『現代の人的資源管理』（共著）学文社、2004 年、『国際関係用語辞典』（編集委員）学文社、2003 年、その他論文多数。

小柳津英知（富山大学教授、第 10 章）

1962 年生。1988 年早稲田大学大学院経済学修士課程修了、同年（株）三菱総合研究所入社、2001 年高岡短期大学助教授を経て、20013 年より富山大学経済学部教授。専門　地域経済学、石油化学産業論。主要著書・論文：「東アジアの都市化と都市間競争論の問題点」（共著『東アジア地域統合の探究』所収）法律文化社、2012 年、「ASEAN4 カ国の石化工業の発展段階の比較」（共著、『東アジアの競争と協調』CEAKS 研究叢書所収）富山大学、2013 年など多数。

坂幸夫（富山大学経済学部教授、第 11 章）

1950 年生まれ。2006 年法政大学大学院社会科学研究科博士後期課程満期退学。専攻　労働経済学。主要著書・論文：「企業別労働組合における系列と非系列」（上）（下）富山大学経済学部『大経済論集』第 51 巻第 1 号及び第 2 号、2005 ～ 2006 年、「現代の企業組織再編と労働組合」北川隆吉監修『企業社会への社会学的接近』（シリーズ現代の産業・労働　第 2 巻）学文社、2006 年、「中小企業における労使コミュニケーション」（北島滋・山本篤民編著『中小企業研究入門』）文化書房博文社、2010 年。

横井幸夫（前国際アジア共同体学会事務局次長、特別寄稿）

1948 年生まれ。1972 年東京外国語大学中国語学科卒業。1972 ～ 2009 年東レ株式会社勤務。この間、北京駐在 4 年、上海駐在 4 年。現在は東レ（株）の子会社で中国業務担当顧問。現在、インターネット上に、著者の長年に亘る中国ビジネスの経験を生かし、中国の経済事情やビジネス慣行、文化・芸術、日中の文明批評に至る広範囲で興味尽きない情報を提供する「中国業務通信」を定期的に配信中（現在第 56 号）。

大学歴史学部教授。専攻：日本歴史と日本政治。主な著書に『現代日本政治』経済日報出版社、1997年（中国社会科学院優秀学術著作賞）、『政治体制と経済現代化――日本モデルの再検討』社会科学文献出版社、2002年（北京大学優秀学術著作賞）、『日本簡史』北京大学出版社、2005年（北京市大学教科書優秀賞）、『日本史エッセイ』江蘇人民出版社、2011年、『戦後日本史』江蘇人民出版社、2013年、など。

星野富一（富山大学名誉教授、まえがき、第6章、編者）

1948年新潟県生まれ。1981年東北大学大学院経済学研究科博士課程単位取得退学、1981年盛岡大学文学部講師、1984年同助教授、1991-92年カナダ・ヨーク大学客員研究員、1994年富山大学経済学部教授、2014年富山大学名誉教授（現在に至る）。2003年博士（経済学、東北大学）。『景気循環の原理的研究』富山大学出版会、2007年、SGCIME編『グローバル資本主義と景気循環』（共著）御茶の水書房、2008年、飯田剛史編著『東アジアの中の日本～環境・経済・文化の共生を求めて～』（共著）富山大学出版会、2008年、星野富一ほか編著『東アジア地域統合の探究』（編著）法律文化社、2012年、星野富一・金奉吉・小柳津英知編著『東アジアの競争と協調』（編著）、富山大学、2013年（CEAKS研究叢書『東アジア「共生」学創生の学際的融合研究』全四巻）、『現代日本の景気変動と経済危機』御茶の水書房、2014年。

金　奉吉（キム　ボンギル）（富山大学教授、第7章）

1989年神戸大学大学院経済学研究科博士前・後期課程修了（経済学博士、国際経済）。1999年神戸大学経済経営研究所助教授、2002年富山大学経済学部教授、現在に至る。主著：「韓国の部品・素材産業の育成政策と国際競争力」『北東アジア地域研究』第19号、2013年、「北東アジアにおける地域経済圏形成の必然性」（『東アジア地域統合の探求』所収）法律文化社、2014年、『東アジア共生学創生の学際的融合研究』（編著）、富山大学出版会、2013年、「韓日中FTAの必要性と政策的含意――経済・地政学的環境変化を中心に――」韓国慶熙大学『亜太研究』2013年。

趙貞蘭（韓国仁荷大学研究教授、第7章）

日本拓殖大学商学博士、韓国仁荷大学静石物流通商研究院・研究教授。専門分野：FTA, 通商、貿易、研究業績：趙貞蘭『TPPが日韓自動車貿易に与える影響についての分析』貿易学会誌　第39巻4号、2014年。趙貞蘭『砂糖の関税引下の波及影響についての分析』韓国関税学会　第12巻2号、2011年。趙貞蘭『AEO認証制度の評価：中小企業の立場から』国際通商研究　第15巻3号、2010年。

郭洋春（立教大学経済学部教授、第8章）

1959年生まれ。立教大学経済学部教授。専門は開発経済学、アジア経済論、平和経済学。主な著書は、『TPP すぐそこに迫る亡国の罠』三交社、2013年、『現代アジア経済論』法律文化社、2011年、『開発経済学』法律文化社、2010年、その他多数。

■執筆者紹介

進藤榮一（筑波大学大学院名誉教授、総論、第1章）

1939年北海道生まれ。京大法卒。同大学院修了。法学博士（京大）。ジョンズホプキンズ大学留学。プリンストン大、ハーバード大、オックスフォード大学などの上級研究員、メキシコ大学院大学等の客員教授歴任。筑波大教授を経て03年名誉教授。国際アジア共同体学会会長、一般社団法人アジア連合大学院機構理事長、東アジア共同体評議会副議長、霞が関アジア中国塾共宰。国連DEVNET評議員。著書に『アジア力の世紀』岩波新書、2013年、『東アジア共同体をどうつくるか』ちくま新書、2007年、『アメリカ・黄昏の世紀』岩波新書、1994年、『分割された領土』岩波現代文庫、2002年、『戦後の原像』岩波書店、1999年など多数。共著に『なぜ、いま東アジア共同体なのか』花伝社、2015年など。訳書に『巨龍・中国の新外交戦略』柏書房、2014年など。『芦田均日記』全7巻　共編、岩波書店、1986年。

平川均（国士舘大学教授、第2章）

1948年生まれ。1980年明治大学大学院経営学研究科博士課程単位取得・退学。1996年京都大学博士（経済学）。2013年名古屋大学名誉教授、国士舘大学21世紀アジア学部教授。専門はアジア経済。主著に、『NIES――世界システムと開発――』同文舘、1992年； H. Hirakawa, N. Tokumaru et al. eds., Servitization, IT-ization, and Innovation Models, Roultedge, 2013など。

喬林生（南開大学准教授、第3章）

1973年生まれ。南開大学日本研究院博士後期課程修了。博士（歴史学）。2004年から南開大学日本研究院専任講師。2006年より南開大学日本研究院準教授。専門分野は、日本政治・外交、日中関係、東アジア国際関係。著書に『日本対外政策とＡＳＥＡＮ』人民出版社、2006年、共著に『近代以来の日本の中国観　第五巻（1945―1972）』江蘇人民出版社、2012年、『日本首相評伝』天津古籍出版社、2012年、『黒い3・11――東日本大震災と危機対応』中国財政経済出版社、2011年、『日本民主化のプロセスの研究』上海三聯書店、2011年、『日本近現代外交史』世界知識出版社、2010年など。

五十嵐暁郎（立教大学名誉教授、第4章）

1946年生まれ。1976年東京教育大学大学院文学研究科博士後期課程修了。1987年立教大学教授。主要著書に『女性が政治を変えるとき』（ミランダ・シュラーズと共著）岩波書店、2012年、『日本政治論』（単著）岩波書店、2010年、『東アジア安全保障論の新展開』（編著）明石書店、2005年など。

王新生（北京大学教授、第5章）

1956年生まれ。1982年山東大学歴史学部卒業（歴史学士）、1984年北京師範大学大学院卒業（歴史修士）、2000年北京大学大学院卒業（歴史博士）。1985年北京師範大学歴史学部講師、1988年中国社会科学院日本研究所研究員、2001年北京

東アジア共同体構想と日中韓関係の再構築

2015年10月30日　初版第1刷発行

編　者　星野富一
　　　　岩内秀徳

発行者　齊藤万壽子

〒606-8224　京都市左京区北白川京大農学部前

発行所　株式会社　昭和堂

振替口座　01060-5-9347

TEL（075）706-8818/FAX（075）706-8878

印刷　亜細亜印刷

ISBN978-4-8122-1521-0

＊落丁本・乱丁本はお取り替えいたします

Printed in Japan